今求められる質の高い

乳児保育の実践と子育て支援

榊原洋一・今井和子 編著

ミネルヴァ書房

はじめに

　「根を養えば樹は自ずから育つ」
　人間の生命を植物の育ちにたとえると，人生の最初の３年間，すなわち０・１・２歳児はまさにこの地面の中の見えないところで，ひたすら根を伸ばしていく，最も重要な時期といえるのではないか。どんな日当たりのよい良質の土に植え，適度な水や肥料をやったとしても，根が病んでいたら育たない。地面にしっかりと根を張った樹は，その根に支えられ空に向かってぐんぐん伸びていくものだ。
　十数年前，私は23年間勤めた保育所を退職し，保育者養成の仕事に携わるようになった。その間多くの保育園の園内研修に呼ばれ，子どもの様子を今までとは異なる視点からビデオに収めてきた。ところがどの園でも共通に子どもの姿で気になることがあった。０・１・２歳児においては笑いが少なくなっていることだ。スマイルはあっても声を出して笑うこと，笑い声を聞くことが少なくなっている。私が保育者になった頃は，１・２歳児に「何がおかしいの？」「何を笑っているの？」という言葉が口癖のように飛び出すほど子どもはよく笑っていた。子どもはよく笑うものだという印象を強くもっていた。おとなから「あなたが居てくれて嬉しい」という笑いのメッセージが，日常的に子どもに贈られることで「自分は愛されている，喜ばれる存在だ」という自尊感情を育み，笑いによる自己表出を活発にするようになる（この「子どもの笑いと自我の育ち」については，巷野悟郎先生にご指導をいただき17人の園長，主任の先生方と一緒に，０〜２歳の保育園児約3000人を対象に全国アンケート調査を行ない日本保育学会第57，58回大会で発表ずみである。20項目あるアンケートの設問のひとつ「あなたのクラスにあやしたり，ふざけたり，おはしゃぎ遊びなどしても，あまり笑わない気にかかる子がいますか？」に対し「いる」という回答は保育所では６％であった）。「よく泣く子どもほどよく笑う子に育つ」と昔から言い伝えられてきたが，今回の調査では「声を出してよく笑う」と「怒る，泣く」などの項目の相関を調べたところ０，23という強い相関関数が出た。すなわち「さまざまな感情表出をする子どもほどよく笑う」という言葉の信ぴょう性が明らかになった。自分の感情を豊かに表出するには，受け応えてくれる相手が必要である。乳児期において，自分の感情に調和してくれる他者の存在こそほんとうに重要だということ，他者と共鳴し，共感する，その感情交流こそ自尊感情をしっかりもった自己形成の礎ではなかろうか。そういう意味で，幼い子どもの笑いが多いか少ないかは，おとなと子ども双方の心の通い合いがどれほど豊かにあるかをはかるバロメーター。家庭でも，保育所

でも子どもたちはあまり笑わなくなっている。

　次に気にかかったことが，子どもたちの遊びにみる育ちの幼さである。遊びは子ども自身の考え，自身の判断で行動していく活動だからこそ，そこには活気や元気があった。この活力の源は，体力と気力（豊かな感情と意志）である。遊びながら多様な感情が揺さぶられ子どもたちの表情が豊かになる。楽しい，怖い，悔しい，怒りなどいろいろな感情を経験する。だから遊ぶ子は感情が豊かである。その感情の豊かさが活力を生み，それが子どもであることの特権だった。これこそ「生きる力」の原動力である。ところが現在，深刻になっていることが子どもたちの体力，気力の低下である。ことに体力の低下は今から20〜30年ぐらい前から始まっていた。テレビ・ビデオの長時間視聴，自然破壊や遊び場の壊滅などの理由で，仲間と汗まみれ泥まみれになって遊ぶ戸外活動が減り，子どもたちは夜型の生活になり（生活リズムや食生活の乱れ）体のおかしさを訴えるようになった。それが表情や意欲の乏しさにもつながってきた。あまりに人工化した生活環境のなかで，人間として生きていく基本的な力の育ちが危うくなっている。遊びにおける仲間関係や自律心の育ちもSOSである。その根っこにあることが，0・1・2歳頃の「人が好き，人って言うものはいいものだ，人と一緒にいることが楽しい」と思える「人への基本的信頼感」（自己信頼と他者信頼）の育ちではなかったか。植物の育ちが「根」にあるように，人の育ちのさまざまな問題点の根も乳児期（0・1・2歳）に連なっていると思えてならない。

　さらに追い討ちをかけるように今，乳幼児教育のあり方が混迷し激動している。少子化対策や規制緩和，待機児童0作戦などから保育所の「質」と「量」をどう確保していくか。とくに乳児保育に対する需要がふくれあがり，待機児童の約7割を低年齢児が占めている。

　そうした社会状況にあって私は，これからの保育所の重要課題のひとつが「質の高い乳児保育の創造にある」と思ってやまない。質の高い乳児保育とは，まず一つ目，「乳児期の特徴は発達が他の時期に比べ著しいことであるから，その著しい育ち，発達の経験を確実なものにしていくこと」。3歳未満児においては，生涯にわたるおとなと子どもの愛情の絆である愛着関係を築き，自我のめばえ，自律のめばえを育みたい。二つ目が子育て支援である。3歳未満児は思っていること，考えていることを言葉で伝えられないだけにまずは，保護者と保育者の信頼関係が築かれ，車の両輪のように，一緒に子どもを育てあう。双方の信頼関係があればこそ子どもの情緒の安定が保障される。「保護者と一緒に子育ての大変さを分かち合いながら，子どもが道筋をたどって成長していく姿を学びあい，保護者が子育ての喜びをつかめるよう支援すること」である。子育て支援は，在園の保護者と地域の在宅の保護者，その両方を支援する必要があるわけだがまずは，前者の「働くことと子育ての両立支援」をしっかりしてほしいと思う。あえてもうひとつ補足するとすれば「泣いたりぐずったりする子

どもの情緒をなだめ安心させることが上手な人」である。それが乳児保育者の専門性ではないかと思っている。

この度，第1章「乳児の発達の経験を確かに踏み固めるために」という重要な部分をお茶の水女子大学の榊原洋一先生に担当していただくことができた。この上ない喜びである。また乳児保育の課題である「愛着関係の育ち」については，その研究調査で高い実績のある金沢大学の木村留美子先生に執筆をお願いすることができた。アタッチメントにおける世代間連鎖を断ち切る援助こそが真の子育て支援になる，というあたりをぜひ読んでいただきたいものである。さらに，乳児保育に最も重要な今日的課題のひとつである「食育」については，白鷗大学の高橋美保先生に執筆をお願いした。多くの保育者に喜んでいただける内容になったと感謝の気持ちでいっぱいだ。そして，入間市おおぎ第二保育園の中瀬泰子先生には主に第5章第2節のなかで担当制の実践を通して見えてきたことなど書いていただいた。また，保育園の実際的な環境に関する資料や写真を提供していただいた。

全国的に行なわれる「乳児保育研修」で多くの保育関係者といろいろ話しあううちに，乳児保育ならではの「担当制の考え方について」「難しくなっている家庭との連携のあり方」「保育記録（日誌や連絡帳）のポイントを押さえた書き方とは？」「実践に生かせる指導計画のたて方は？」「保育所で家庭的な環境を構成するってどういうこと？」など乳児保育の課題が山積していることを知り，今までその多方面において発表してきた原稿をまとめ，これから現場で仕事をする保育を学ぶ学生たちのことも視野に入れ，書き直しをしてみた。それぞれの専門分野からの寄稿をいただき願ってもない一冊になったと感謝している。

人の寿命が80〜90年になろうとしている今日，人生の初めの3年間がどんなに重要な意味をもつかを改めて確認した次第である。

2006年1月27日

今井　和子

目　次

はじめに

第1章　人間発達における乳児期の意味　　1
――子どもの発達，その不思議さ，すばらしさ――

第1節　乳児期の発達・その特質　2
1　人として生きることのすばらしさ　2
2　胎内から外の世界へ　3
3　育つ力と響きあう能力をもった乳児　5
4　発達の特質　10
5　発達のリズムと個人差　15
6　発達の道筋　17

第2節　0・1・2歳児を支える養育者の関わり　19
1　出生〜3か月未満　19
2　3〜6か月未満　22
3　6か月〜1歳3か月未満　26
4　1歳3か月〜2歳未満児　29
5　2〜3歳未満　32

第2章　愛着関係と自我の育ち　35

第1節　養育者への愛着と共生関係はどのように育まれるか　36
1　愛着とは　36
2　アタッチメント行動　37
3　内的作業モデル　37
4　アタッチメントの重要性　38
5　アタッチメントの研究　39
6　世代間連鎖を断ち切るための支援　45
7　保育は「実践の科学」である　48

第2節　言葉の獲得と自我のめばえ──0歳〜1歳3か月まで……50
　　1　泣　く　50
　　2　笑　う　52
　　3　視線の共有　53
　　4　喃　語　54
　　5　モノとの関わりと共同注視から指さしへ　55
　　6　やりとり遊びと三項関係　56
　　7　象徴能力の発達　57
　　8　言葉の理解　57

第3節　1・2歳児の言葉と自我の育ち……59
　　1　一語文の発生と第一質問期　59
　　2　拒否の言葉と自我のめばえ──自己主張の始まり　60
　　3　欲ばり　61
　　4　行動を通して自分の要求やイメージを表わす　62
　　5　自立と甘えの間を揺れ動く　63
　　6　「自己主張」と「わがまま」　63
　　7　多語文や従属文の発生と自己確認の言葉　67
　　8　葛藤をくぐりぬけ自律のめばえが育つ　69

第3章　親と共にすすめる育児　71
──基本的生活習慣の自立と養護──

第1節　保育所における養護と生活……72
　　1　養護とは　72
　　2　抱っことおんぶ　73
　　3　睡眠と生活リズム──乳児にとりわけ睡眠が重要なわけ　77
　　4　環境と睡眠　78

第2節　健康・安全に対する配慮……81
　　1　日常の保育における保健活動　81
　　2　疾病予防と健康管理　82
　　3　事故防止・安全管理について　84

第3節　からだ育て・心育ちの食育を……89
　　1　乳幼児期の食生活と食育の意義　89
　　2　発育・発達過程に応じて育てたい「食べる力」　90
　　3　保育所と家庭で進める食育　94

第4節 「着脱」と「排泄」の自立 …………………………………………………… 100
    1 0・1・2歳児の育ちに添った「着脱」の援助を   100
    2 排泄の自立を支える援助   102

第4章 遊びと環境　　　　　　　　　　　　　　　　　　　　　　107

第1節 遊びの発達的意味 ………………………………………………………… 108
    1 0・1・2歳児の遊びと心の発達   108
    2 遊びを育むおとなの役割   111
第2節 遊びにおける心身の発達とその援助 ……………………………………… 114
    1 出生〜6か月——感覚遊び（見る，聞く，触る，なめるなど）   114
    2 6か月〜1歳3か月——移動の喜びと指先の発達   116
    3 1歳3か月〜2歳   121
    4 2〜3歳   128
第3節 友だちへの関心と社会性の育ち …………………………………………… 135
第4節 環境構成と自発性の育ち …………………………………………………… 144
    1 環境構成を考える視点——家庭的な雰囲気とは   144
    2 0歳児室の環境構成とそのポイント   147
    3 1歳児室の環境構成とそのポイント   148
    4 2歳児室の環境構成とそのポイント   151
    5 3歳未満児の園庭
       ——戸外活動の環境（入間市おおぎ第二保育園の場合）   154

第5章 クラス運営とチームワーク　　　　　　　　　　　　　　157

第1節 担当制保育で乳児保育の質の高い実践を ………………………………… 158
    1 担当制保育とは   158
    2 担当制保育のすすめ方   160
    3 担当制保育の課題   163
第2節 0・1・2歳児それぞれのクラスの担当制のすすめ方 ………… 165
    1 0歳児クラスの場合   165
    2 1歳児クラスの場合   167
    3 2歳児クラスの場合   168
第3節 複数担任の難しさと保護者との関わり …………………………………… 170

第6章　保育記録と指導計画　173

第1節　保育記録　174
1. 記録の必要性　174
2. 保育記録の種類　176
3. 記録の書き方——日誌を中心に　177

第2節　保育課程と指導計画の作成　187
1. 保育課程（全体計画）の必要性　187
2. 「開かれた保育所保育」をめざした保育課程の編成を　189
3. 0・1・2歳児期の指導計画　189
4. 計画の作成とその手順　192
5. 日課表（デイリープログラム）　194

第7章　保護者と信頼関係を築くために　207

第1節　連携の基本——指示者ではなく支持者に　208
1. 保育所の子育て支援　208
2. 毎日の出会いと別れに思いを込めて　209
3. 正論を押し付けるのでなく，保護者の悩みに共感する　211
4. おとな同士として向きあう　212
5. 本音で語りあえる関係になる　212

第2節　子育て支援として連絡帳の活用を　214
1. 連絡帳とは　214
2. 連絡帳の様式　214
3. 子育て支援になる連絡帳の書き方　216

第3節　家庭との連携を育む行事　222
1. 保護者会（懇談会）　222
2. 個人面談——面談のすすめ方　226
3. 保育参観と保育参加　227

第4節　保護者とのトラブルを未然に防ぐ対策
——こんな時，どうするか。保育者からのQ&A　229
1. 保育中の怪我——安全保育を考える　229
2. 噛みつきを防ごう　232

第8章　これからの乳児保育とその課題　235

第1節　子育て支援 ……………………………………………………236
1　少子化にともなう子育て支援の動向　236
2　子育て支援の今後の課題　237
3　現代の子育て環境　237
4　子育てしにくい社会環境のなかでの子育て支援　241

第2節　保育の動向と課題 ……………………………………………245
1　総合施設「認定こども園」　245
2　規制緩和による保育サービスの推進　246
3　延長保育と乳児保育　247
4　乳児保育の現状と今後の課題　248

索　引

第章

人間発達における乳児期の意味
──子どもの発達,その不思議さ,すばらしさ──

第1節　乳児期の発達・その特質

1　人として生きることのすばらしさ

　かつては人生50年といわれていたが，いまや80〜90年。人の人生は長くなった。でも宇宙が誕生してから，45億年の時間が過ぎている。そうした悠久の時間のなかで，ひとりの人が生きることができる時間は，ほとんど無に等しいくらい短いものである。

　宇宙の時間で測ると短い人生かもしれないが，私たち人間はその短い人生の間に，人間に与えられた，世界を見，感じることのできる，すばらしい能力を発揮することができるのである。フランスの哲学者パスカルに次のような有名な言葉がある。

　「人間は一茎の葦にすぎない。自然の中でもっとも弱いものである。だが，それは考える葦である。彼を押しつぶすために，宇宙全体が武装するにはおよばない。蒸気や一滴の水でも彼を殺すのに十分である。だが，たとい宇宙が彼を押しつぶしても，人間は彼を殺すものより尊いだろう。なぜなら，彼は自分が死ぬことと，宇宙の自分に対する優勢とを知っているからである。宇宙は何も知らない。」

　オギャーと生まれてきた乳児には，この考える葦になる資格が備わっているのである。

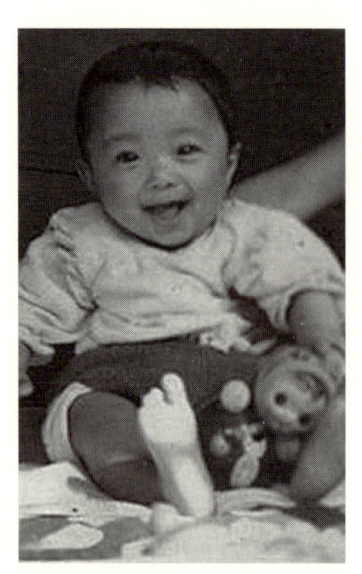

写真1-1　あやすと笑う

　人はただ知るだけではない。どんな人でも，生きていることの喜びを感じることができる。生後3〜4か月の乳児は，社会的笑いをするようになる。笑いは，人が心地よいときに自然にみられる顔の表情筋と呼ばれる筋肉の収縮である。なぜ，人はうれしいと笑うのだろうか。この疑問に答えるために，進化論で有名なダーウィンは，「人と動物の感情表現」という大著をあらわしている。そのなかで，なぜ人は笑うのか，人以外の動物と比較しながら考察している。人の子どもは他人の表情や体

の動きを模倣する本能をもっている。笑うことも，他人の真似ではないか，という疑問に対して，ダーウィンは，生まれつき視聴覚障害があったある女性のことを紹介している。この女性は，他人の笑う顔や笑い声を聞いたことがまったくなかったにもかかわらず，身振りで楽しいことを伝えると，笑顔で応えたのである。

　生後3〜4か月の乳児をあやすと笑うのはどうしてだろうか。それは，人の乳児は他人と一緒にいることが喜びであることの証に違いない。もちろん，苦痛や悲しいことがあれば，乳児は泣いて反応する。この世の中のことがすべて快いわけではないが，自分が人として生まれてきたこと，そして自分の周りには自分の仲間がいる，ということだけで，乳児は幸福感を感じているのである。このように，この世の中に生まれてきたことは，すべての人の乳児にとって快いことであるのだ。

2　胎内から外の世界へ

1　出生前

　こうして，この世の中を知り，他の人の仲間に加わることの喜びを感じるために生まれ出るまでの間，人は胎児として40週間母親の子宮の中で生活しなくてはならない。子宮の中で，人の胎児は，生存のために必要なものを，すべて母親から供給してもらっている。

　生存と成長に必要な栄養は，すべて臍帯を通じてもらう。逆に，いらなくなった老廃物も臍帯経由で母親の血液中に戻される。私たち成人は，栄養は消化管を通じて吸収し，必要な酸素は呼吸によって肺から血液中に取り入れられるが，胎児では必要な酸素も臍帯中を流れる血液中から取り入れられる。胎児の肺は，まだ働いておらず，肺胞とよばれる空気の入る小さな袋はまだ開いていない。胎児の腎臓は，大部分の老廃物処理を母親に頼っているので，必要はないが，少しだけ働いている。そのために少量の尿が作られ，羊水中に排泄されている。消化管もほとんど働いていないために，胎便とよばれるごくわずかの量の便があるが，通常は排泄されず，腸の中にとどまっている。

　栄養面以外でも，胎児は母親に頼りきっている。子宮内では自分で体温調節をする必要もない。また，母親の子宮壁，腹筋，皮膚によって，外界の光や音からさえぎられた静かで暗い空間の中にいる。聞こえるのは，母親の血管内を血液が流れるときの音や，心拍，そして腸が動く音などである。大きな外界の音は聞こえているが，低くくぐもった柔らかな音である。母親の出す声も胎児に聞こえるが，やはりくぐもって聞こえる。

　臍帯を流れる胎児の血液は，母親の血液と直接はつながっていない。胎盤を介して，

母親の血液と栄養分や不要になった成分を交換しているのである。分子量の多い成分，たとえば抗体の一種である免疫グロブリンMは，母親から胎児には移行しない。多くのホルモンは，母親の血液中から胎児の血液中に自由に移行する。ストレスホルモンという別名をもつコーチゾルは，母親の副腎皮質で作られる。母親が強いストレスを感じると，このコーチゾルの濃度が上昇する。その結果胎児の血液中のコーチゾルも上昇する。胎児が男児の場合，母親の血液を介して受け取った材料を使って，胎児の精巣で男性ホルモンが作られるが，これが胎盤を介して母親の血液中に移行する。微量であるために母親の体に影響を与えるほどではないが，まさに胎児と母親は一心同体の状態なのである。

2　誕　生

　私たちの人生のなかには，入学，卒業，就職，結婚，そして女性の場合には出産などいろいろな大きな出来事がある。こうした出来事のなかで，一番大きな変化をともなうものが出生である。前項で述べたように，胎児はそのすべてを母親から供給されている。ところが生まれ出た途端に，多くのことを自分でしなくてはならなくなるのである。乳児の世話は，もちろん大部分は親がやるので，本質的には変わらないのではないか，と思われるかもしれない。しかし，それは大違いなのである。

　第一に，生まれ出たとたんに，胎児期には一度も経験したことがないことを，一度に始めなくてはならないのである。

　その第一が呼吸である。出世直後の「オギャー」という第一声は，人の人生のほかのときの「泣き声」とまったく違った意味がある。あの第一声とともに，乳児の肺の中に空気が入り，これまで母親の血液を介してもらっていた酸素を自分で血液の中に取り込み始めるのである。まれに，生まれたときこの第一声がうまくできない乳児がいる。出産をサポートしている助産師や医師，看護師は，第一声をあげない乳児の口の中を吸引して羊水を取り去るとともに，体を刺激して第一声をあげさせる。生まれ落ちるときにはもう臍帯を介した酸素の供給はほぼ止まっているから，第一声をしばらくあげない状態が続くと，乳児の脳が酸素不足になってしまう。自分で呼吸することは，出生という大きな出来事のなかの最大の変化なのだ。

　呼吸だけではない。呼吸ほど急に変わる必要はないが，これまで母親から全部もらっていた栄養を自分で摂らなくてはならない。そのために，一応準備は行なわれてきている。自分の意思で体をコントロールすること（随意運動）はほとんどできない新生児だが，頬や口元に触れたものに吸い付いて哺乳する能力だけは，すでに出来上がっている。

　消化管の中も，胎児期は空っぽであった。生まれてすぐに胎便という黒っぽい便を排泄するが，これは消化管の壁から剥がれ落ちた細胞や，飲み込んだ羊水などから成

り立っているもので，消化管の内部に食物が入ったことはない。生まれてしばらくして消化管に入ってくる母乳やミルクをうまく消化できるように，消化酵素はすでに分泌の準備ができている。私たちおとなの腸管には大腸菌が住み着いており，食物の残滓から栄養をもらうと同時に，私たちには合成できないビタミンKなどを作り出してくれているが，新生児の腸管内は無菌状態である。しかし生後数日もすると，ビフィズス菌が増殖し始め，乳児と共生関係を作り出す。

　体温調節も，大仕事のひとつである。外が寒かろうが暑かろうが，子宮内はほぼ一定の体温に保たれていた。それを全部ひとりでやらなければならない。体の中で熱を発生させることができるのは，筋肉と心臓や肝臓などの内臓である。こうした発熱器官を総動員するとともに，乳児にのみある褐色脂肪細胞を使って熱を発生する。そして，私たちおとなは沐浴が終わったあとに，服を着せて新生児の努力を支援するのである。

　もうひとつ忘れてならないことがある。私たちが生きている世界には，あらゆるところに細菌がすんでいる。こうした細菌の大部分は，人に感染して病気を起こすことはないし，一部には大腸菌やビフィズス菌のように，人と共生する細菌もいる。しかしすきがあれば人に感染して，感染症を起こす細菌もいる。胎児は子宮内という無菌的な状態で40週をすごしてきたが，生まれ出たとたんにあらゆるところにいる細菌に身をさらさなくてはならない。こうした細菌による感染に対して，乳児は免疫グロブリン（抗体）を作って対抗するが，その準備ができるまでに半年くらいかかる。こうした準備不足を補うのが，母乳の中に含まれている免疫グロブリンである。とくに初乳のなかに大量に含まれている免疫グロブリンによって，当面の間乳児は細菌感染から守られているのである。

3 育つ力と響きあう能力をもった乳児

1 新しい世界に対応する乳児の豊富なレパートリー

　かつては，生まれたばかりの新生児はまったく無力な存在であると考えられていた。自分で自由に移動することもできず，哺乳能力はあるが，もちろん自分で食物をさがすこともできない。視力もあまりなく，ただただ受身の状態の存在が，新生児であるというのが従来の考え方であった。

　しかし，そうした考え方は誤っていたことが最近の乳児研究で明らかになってきている。

　かつては，生まれたばかりの新生児は目が見えないと考えられてきた。ところが近年の乳児行動を詳しく分析する方法の確立によって，新生児は輪郭がぼやけてはいる

が，目の前のものを見ることができることがわかっている。新生児は目の前のものや人をただぼんやり見つめているのではないこともわかってきた。新生児は人の顔，とくに人の目元や口元を好んで見つめるのだ。胎児期にはほぼ真っ暗な空間にいたわけだから，生まれたばかりの新生児が人の顔を好んで見つめるのは，経験によるものではない。本能であるといってしまえばそれまでだが，それでは説明にはなっていない。現在でも，新生児が顔を好んで見つめる明らかな理由はわかっていない。ただ，新生児の脳の中に，すでに顔や目にとくに注意を向ける仕組みが出来上がっている，と考えるしかないことは多くの研究者が認めている。

　乳児は母親の声を好んで聞くこともわかっている。乳児に母親の声と，母親と同年齢の女性の声を聞かせると，母親の声を聞いているときに乳首をより強くすうことが観察されている。子宮の中でも，くぐもった母親の声が聞こえるので，これは乳児が母親の声の調子を覚えているためではないかといわれている。また，乳児室で母親の子宮内で聞こえていた母親の心臓の拍動音を聞かせると，泣いている乳児が泣き止むことが知られている。これも子宮内で音の記憶があるためであると考えられている。

　新生児の脳は，何も書かれていない真っ白な紙のようなもの（タブラ・ラサ）であるとたとえられることがある。こうした考え方は，とくに人の言葉の獲得のメカニズムを説明するのに便利だった。世界中に4000以上の言語があるといわれるが，子どもは教えもしないのにらくらくと，自分の周りにいるおとながしゃべっている言語を身につける。世界中の言語は，単語だけでなく文法も違っているから，少なくとも言語については，タブラ・ラサのたとえは正しいように思える。しかし，現在は，言葉を獲得する能力も乳児に生まれつき備わっていると考えられている。乳児は，誰にも教えられずに，自分の親が話している言葉の流れのなかから，単語を拾い出し，いずれその単語を文法にしたがって組みあわせて話すことができるようになる。生後6か月くらいまでの乳児は，世界中のどんな言葉の発音でも聞き分ける能力をもっているが，自分の周りにいる人の言葉を聞いているうちに，母国語にはない発音を聞き分ける能力は次第に消えてゆく。

　文法についても，言語学者チョムスキーによって，世界中の4000以上ある言語の構造は，基本的なルールに従っていることが示されるとともに，人の子どもは教わらなくてもこの共通のルールに従って言葉を覚えてゆくことが明らかになっている。さらには最近の脳科学的研究によって，人の脳には文法の中枢があることや，文法を身につけるために必要な遺伝子があることさえわかってきた。つまり，言語能力は人という種に特有の生まれつきの能力であることがわかってきたのである。

2　世界と響きあう能力

　このように，人の乳児には生まれつき備わった豊富な能力があり，決して受身な存

図1-1 視覚の断崖

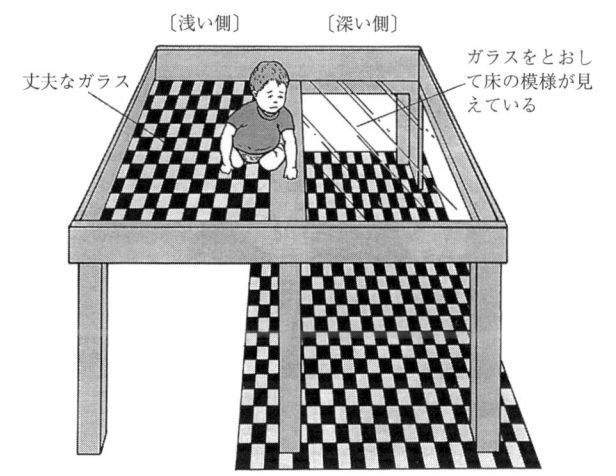

在ではないことがわかってきた。

しかし、そういっても、生まれてきたばかりの乳児にとって、この世の中の構造や物は生まれて初めて出会うものばかりであることに変わりはない。

乳児の行動研究のもうひとつの成果は、乳児には生まれつき備わった諸能力とともに、目新しい世界に関心をもち、積極的に関わりながら、それを学んでゆく能力があることがわかってきたことである。

生まれたばかりの新生児には、目に映るものに奥行きがあることがわからない。目の前にある赤いボールと、部屋の隅にある赤い風船が、異なった距離にあることももちろん知らない。しかし、世の中の奥行きを生まれて数か月もしないうちに理解できるようになる。生後数か月までは、目の前のボールにも、部屋の隅の風船にも等しく手を伸ばしていた乳児も、生後6か月頃になると、ボールにだけ手を伸ばすようになる。立体的に見える絵を見せると、乳児は手前に見えるほうに触ろうと手を伸ばすようになる。

ハイハイができようになると、乳児は高いところが危険であることを、教わらなくても理解できるようになる。図1-1は、そうした乳児の能力を示す実験である。乳児が乗っている高い台の上の半分は不透明の板だが、半分は下が透けてみえる丈夫なガラス板になっている。ガラス板の側から、母親が乳児にハイハイでこちらに来るように誘っても、乳児はガラス板のほうにはなかなか行こうとしない。乳児の心拍を計れるようにしておくと、意を決して母親のいるほうにハイハイしてゆくときには、心拍が速くなる。つまり、生後7～8か月の乳児でも高いところを怖がるのだ。それまでに高いところから落ちて痛い思いをしたことのある乳児が高いところを怖がるのならよくわかるが、そうした経験がなくても、危険を予測できる能力をもっているのである。

乳児は周りのものの動きを予測する能力も、短期間で身につける。生後半年くらいの乳児の目の前についたてを置き、その一方の端からおもちゃの自動車をついたての後ろ側を走らせる。すると、自動車がもう一方の端からでてくる前にそちら側（の端）に目を移すのである。これは、この乳児が目には見えないついたての後ろの自動車の動きを予想していることの証拠である。

毎日、ミルクを飲んで周りを見つめているだけのように見える乳児は、その鋭い観察力で初めてみるこの世の中の仕組みを学習する能力をもっている。重要なことは、

そうした能力は、周りから特別な働きかけなしに身についてゆくことである。親や保育者が乳児と遊んだり、語りかけたりすることは大切なことであるが、それは乳児がこの世の中のことを学習するためには、必ずしも必要なことではない。乳児の発達のためには何か刺激を与えなければならない、と信じられているが、そうではないのである。

3 模倣

これまで述べてきたように、乳児はその鋭い観察力で、世の中の仕組みを急速に学んでゆく。その学習はきわめて能動的なもので、周りのおとなが何か刺激をあたえてあげなければ学習が進まないというものではないことはすでに述べた。

では、乳児は周りのおとなに関心がないのかといえば、そうではない。乳児は、ひとりで遊んでいるように見えるときでも、頻繁に周りにいる人の顔や行動を見ている。

スティル・フェースといわれる心理実験がある。スティルとは静止しているという意味の英語である。スティル・フェースは、静止した顔という意味になる。

生後数か月以降の乳児と母親と一緒に遊んでもらう。最初はいつものように自然に遊んでもらうが、途中から母親にスティル・フェースをしてもらう。つまり、能面のように顔の動きや表情を止めてもらうのである。最初は気がつかなくても、乳児は時々母親の顔をみる習性があるので、すぐに母親の顔が動いていないことに気がつく。気がついた乳児の行動にはいろいろなパターンがあるが、ほぼ全員、止まった顔に戸惑い、驚く。そのまま泣き出す乳児もいるが、なんとか顔に表情を取り戻そうと、母親の顔に手を伸ばして動かそうとする行動を示すことがよくみられる。つまり、乳児は、ひとりで遊んでいるようなときでも、傍らにいる母親や保育者の顔と表情をいつも気にしているのだ。まだ言葉のない乳児にとって、表情は他人の気持ちを知るための重要な情報である。保育者は、相手が乳児であっても、いつも顔や表情を見られているのだということを自覚しておく必要がある。

乳児が人の顔を注意してみていることを示す、有名な実験がある。新生児模倣と呼ばれる実験である（写真1-2）。生まれてからまだ数日しかたっていない乳児の目の前で、おとなが舌をだしたり、口をあけたりして見せると、偶然に起こる確率よりもずっと高い確率で、乳児が

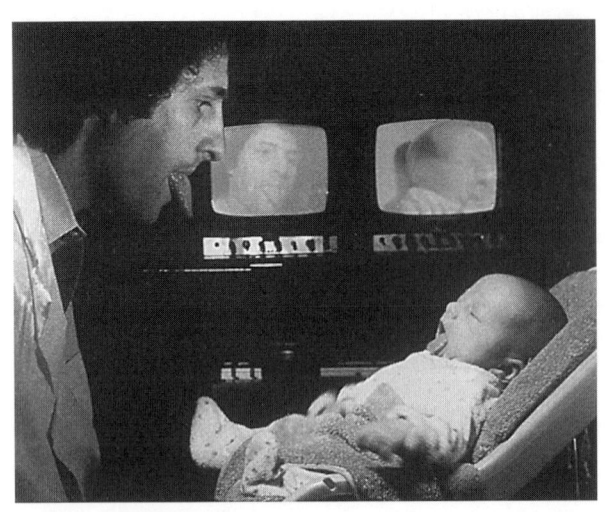

写真1-2　新生児模倣（A. メルツォフ）

第1節　乳児期の発達・その特質

写真1-3　手でボタンを押したくなるおもちゃ（「共同注意」大藪泰）

舌をだしたり、口をあけたりするのである。この模倣は、私たちおとなが他人の表情を模倣（真似）するのとはまったく異なるものであることは、すぐにわかる。私たちおとなが、他人が口をあけているのを見て、自分の口をまねしてあけるのは、他人と自分の顔が同じようなつくりをしていることを知っているからだ。自分の顔にも口があることは、鏡を見たり写真を見たりして私たちおとなは誰でも知っている。しかし、生まれたばかりの乳児には、自分に顔があることや、それが目の前のおとなの顔と相似のつくりをしていることなど知らない。それにもかかわらず、目の前のおとなが舌をだすと、自分の舌を同じようにだすのである。生まれる前から、乳児の脳の中に、人の顔の情報が入っていると考えるしか、この新生児模倣を説明する方法はない。これも、人の乳児の脳が「タブラ・ラサ」といった何も情報が書きこまれていない真っ白な紙ではないことを示す現象だ。

乳児がもう少し経験をつみ、周りのおとなと自分が似たような体のつくりをしていることを知ると、乳児の模倣にますます磨きがかかる。

生後6か月くらいして、おすわりが可能になり、目の前で手をかなり自由にあやつれるようになると、乳児はおもちゃや身の回りのもので盛んに遊ぶようになる。まだ指先を細かく操ってものをつまむことはできないが、手のひらでものをつかむことがうまくできるようになる。小さなつまみをひっぱったり、つまんだりして、おもちゃをいろいろな方法でいじることもできるようになる。

目の前に、写真1-3に示したように、手で押したくなるようなボタンのついたおもちゃを置くと、大部分の5か月の乳児は、しばらくおもちゃを観察したのちに、そのボタンを押す。今度は5か月の乳児に、このおもちゃを見せ、その後で乳児の目の前で、おとながボタンを指ではなく、額で押して見せる。その日は、乳児にそのおもちゃを触らせず、翌日乳児の目の前に同じおもちゃを置いてみる。すると、多くの乳児は、ボタンを指では押さずに、おとなと同じように額で押すのだ。つまり、何のお手本もない場合には指で押すのに、おとなが額で押すのをみた乳児は、その光景を翌日まで覚えていただけでなく、おとながしたのと同じように額で押すのである。

このように、生後5か月の乳児は、周りのおとながすることを、きわめてよく観察しているだけでなく、それを実際に模倣することがわかる。乳児におもちゃの扱い方を教えるのは、実際におとながそのおもちゃで遊んでいるところを見せればよいこ

とがこの実例からわかる。年長になればなるほど，乳児のまねのレパートリーは広がってくる。幼児期のおもちゃのベストセラーが，日常おとな生活のなかで使うもの（電話，ティッシュペーパー等）であることも，こうした子どもにある模倣したいという本能から説明することができるのである。

4 発達の特質

■1 発達の臨界期

　3歳児神話という言葉がある。日本では「3歳までは発達にとってきわめて重要な時期であるので，母親が子育てをすべきである」という考え方だ。欧米でも3歳児神話という言葉が使われる（The myth of the first three years）。その意味は日本とは少し異なり，「3歳までは，発達の臨界期・敏感期であるので，さまざまな刺激を与えて，良い環境に置かなければいけない」という意味で使用されている。母親の意味づけ以外のところでは，この2つの3歳児神話には共通点がある。

　それが，発達の臨界期である。臨界期とは，「人間の能力の発達には，外界からの働きかけ（刺激）に敏感な時期がある。この時期に，正しい刺激を与えないと，後になってから刺激を与えても，発達は促進されない」という概念である。

　発達の臨界期という考え方が生まれた背景には，人や動物でのさまざまな観察や実験がある。

　臨界期という言葉は，アメリカのレネバーグという精神科医が，言葉の学習はある年齢を超えると困難になることを見いだしたことから使われるようになった。レネバーグは，さまざまな理由で言葉が遅れている子どもに言語訓練をしても，12歳を超えると急に訓練の効果がでなくなることに気がついた。また，バイリンガルになるためには，やはり10歳くらいまでにバイリンガルの環境にさらされる必要があることなどもわかってきた。言葉の学習（習得）には，臨界期がある，といういわれ方をするようになったのである。

　その後，ネコの乳児の片方の目を，しばらく目隠ししておくと，その目の視力がなくなることがわかり，視力の発達にも臨界期がある，といわれるようになった。そして子育てにおける臨界期に一番大きな影響を与えたのは，オーストリアの動物行動学者であるローレンツによるインプリンティング（刷り込み現象）の発見だった。

　ローレンツは，灰色ガンという鳥の雛が卵からかえるところを観察していたが，生まれてきた雛を確認して，自分の部屋に帰ろうとしたときに，雛が鳴き声をあげながら，ローレンツの後を追いかけてきたのである。ローレンツは灰色ガンの雛に，卵からかえって初めて目にした動くものの後を追いかける習性があり，そうした行動がか

えってから数時間という短い時間に出会った場合に限られることに気づき，インプリンティング行動と名づけた。その後に，多くの研究者がローレンツと同じような実験をし，鳥類の一部にそのような行動があることが明らかになった。インプリンティングが起こるのは，生後数時間という短い時間であるが，これにも「インプリンティングの臨界期」という名前が与えられた。

アメリカの小児科医のクラウスは，生後すぐに母子分離をした母親が，しばらくしてからわが子に対面すると，生まれてすぐに自分の子どもと母子同室になった親と異なり，なかなか子どもになじめないことに気づき，母子の愛着関係の形成にも臨界期がある，と報告した。

レネバーグ，ローレンツ，クラウスなどの報告によって，今では人の乳児も生まれてすぐに母親と対面，あるいは母親と接触し，インプリンティングを行なうことが実践されている。

しかし，実はこうした臨界期やインプリンティングの考え方が，本当に人の乳児に当てはまるか実証されているわけではないのである。

ローレンツが灰色ガンで観察したインプリンティングは，実は鳥類の一部だけに観察される行動様式であることがわかっている。人を初めとする哺乳類では，インプリンティングがあることは証明されていない。また，クラウスのいうインプリンティングは，ローレンツのような雛や乳児の行動ではなく，母親の行動について述べたもので，もともとローレンツの観察とはまったく異なるものである。

視力の臨界期についても，両眼を目隠しすると視力低下は起こらないことがわかり，覆われていないほうの視神経が，覆われた方の視覚中枢に結びついてその代わり（代償）をするために起こる現象であることが明らかになった。

早期教育や幼児教育の現場で，臨界期やインプリンティングという言葉が盛んに使われているが，厳密な意味での臨界期は，今までのところ言葉の発達において成り立つ現象であるといってよいと思う。

乳幼児期が人の発達において重要な時期であることは間違いないが，3歳児神話で言われるように，そのときに何か特別なことをしなくてはいけない，あるいはこの時期でしか刺激が有効でない，といったことはないのである。

2 発達のロバストさ

どんな乳児でも，生後5〜6か月になると寝返りをし，おすわりやハイハイを経て，最初の誕生日の頃に初めて立位歩行することは，昔からよく知られていた。「這えば立て，立てば歩めの親心」という言葉がある。「ハイハイができるようになれば，今度は早く独り立ちしてほしいと思い，独り立ちをすればしたで，今度は歩いてほしいと思うのが親心だ」という意味のこの言葉は，どんな親でもわが子が順調に発達し

第1章 人間発達における乳児期の意味

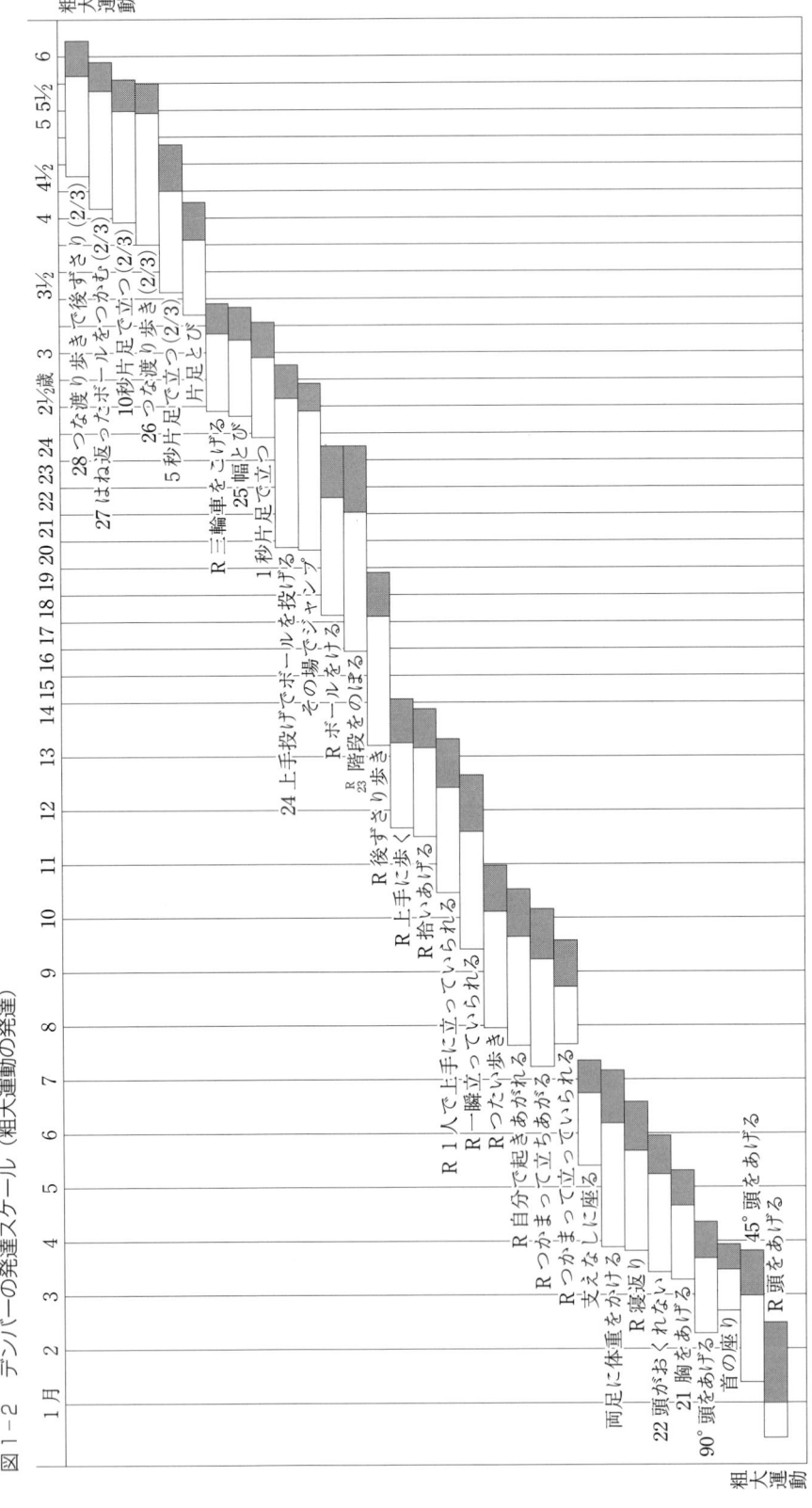

図1-2 デンバーの発達スケール（粗大運動の発達）

出所：上田 1983。

第1節　乳児期の発達・その特質

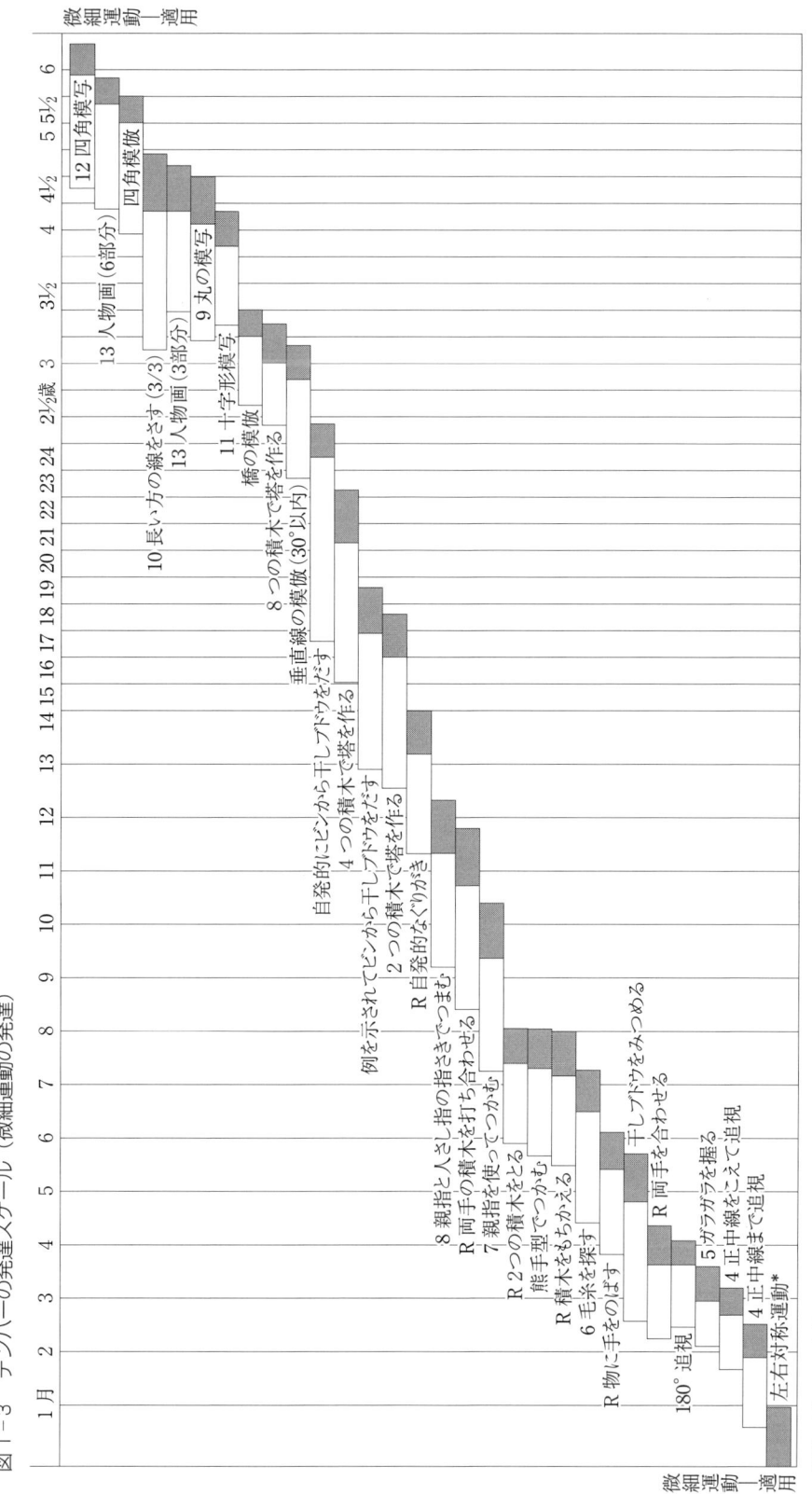

図1-3　デンバーの発達スケール（微細運動の発達）

出所：図1-2に同じ。

てほしい，という親の気持ちを表現したものである。また，この言葉は誰でも，ハイハイ，独り立ち，そして立位歩行という順番で乳児の運動発達が起こることを知っていた証拠ということもできる。

　もちろん，こうした発達には個人差がある。早い子どもでは生後8か月くらいで歩いてしまう場合もあるが，逆に1歳半くらいになって初めて歩く子どももいる。

　それぞれの発達の段階に達するのに個人差があるにもかかわらず，発達の順序は決まっている。このことをどのように理解すればいいのだろうか。

　こうした発達の段階（里程標と呼ぶ）を，多数の乳児で調べ，個人差と集団としての発達の平均値やばらつきを調べ，表にまとめたものが発達スケールである。図1-2，1-3に示したのは，アメリカのデンバー市に生まれた約1000人の健康な乳児の発達里程標を並べたものである。例としてあげた，立位歩行の時期には，8か月から1歳半くらい幅があるが，大部分の乳児は生後12か月前後で立位歩行を開始し，8か月や1歳半で歩行を始める子どもはごく少数である。デンバーの表に示されたそれぞれの横長の長方形の左端に当たる月齢は，100人の乳児のうち25人の乳児がその里程標を通過する時期，右側の灰色の部分の始まるところが75人，そして右端が90人の乳児が通過する時期を表している。立位歩行にあたる「上手に歩く」という里程標を見ると，11か月の終わりに100人中25人，1歳2か月までには90人が歩くようになることがわかる。個人差は大きいように見えるが，一人ひとりの生育環境が違うにもかかわらず，数か月という幅のなかにひとつの里程標が入ってしまうということは，むしろ個人差はあまり大きくないと考えるべきなのかもしれない。このデンバーのスケールは，世界中で使われているが，それぞれの国の乳児で実際に調べた結果が示されている。アメリカで調査されたオリジナルのデンバーのスケールと，日本人の乳児で調査された日本版のデンバースケールを比較すると，国や民族，そして生育環境の違いによる差はきわめて小さいことがわかる。日本で生まれ日本で育った乳児と，アメリカやインド，あるいはアフリカの国で育った乳児の基本的な発達の順番と，発達の速度はほとんど同じなのだ。これは，少なくとも基本的な人の発達というものは，人種や，育て方，生育環境，栄養などによって，ほとんど影響を受けないことを意味している。条件によって左右されないということは，人の発達という過程がきわめて強固に定められている（ロバスト）ということに他ならない。どんな育て方をしても，子どもはある一定の時期の間に寝返りをし，歩き出すように最初からプログラムされており，発達の順序を変えることはできないのである。

5 発達のリズムと個人差

■1 運動発達の生得性

皆さんのなかには、乳児期からいろいろな運動をさせると、運動発達が早くなると思っておられる方がいるだろう。たとえば「たくさんハイハイをさせると、早く歩く、あるいは足が強くなる」といった考え方は、社会的にも広く信じられている。自転車に乗ったり、ピアノやバイオリンを弾くためには、長い時間かけた練習が必要である。それと同じように、1歳過ぎに立位歩行をするためには、その前にハイハイで練習をしておく必要がある、と考えられるのも無理はない。

しかし、多くの事実が、そういう考え方に根拠がないことを示している。以下に2つほどそうした実例を紹介する。

ひとつは、スウォドリングで育てられた乳児の発達である。スウォドリングは、現在でも南米やモンゴルなどで広く行なわれている育児習慣である。図1-4に見られるように、乳児を布でぐるぐる巻きにして育てる方法だ。乳児は、おむつ交換などのときに、布をはずす以外は、四六時中この状態で1歳過ぎまで育てられる。親が外出したり、外で働くときには、乳児はスウォドリングされたままの状態で、床に寝かせられたり、あるいは板に括り付けて親の見えるところに立てかけられる。一見、ネグレクトのようにも思えるが、こうしたほうが乳児にとって安全なのである。ハイハイで動き回って事故を起こしたり、転落したりすることを防げるのである。実際南米で調査した研究者によれば、スウォドリングを育児の方法として取り入れている村のほうが、そうでない村よりも子どもの数が多い。つまり、子育てと労働の両方をしなくてはならない親にとって、スウォドリングは便利な子育て方法なのだ。

図1-4 スウォドリング

スウォドリングで育った子どもは、おすわりやハイハイをする機会がほとんどない。おむつ換えのときに、少し動き回ることができるくらいである。こうした自分での運動の経験が少ないことが、発達の遅れにつながるのではないかと疑った発達の専門家が、実際にスウォドリングで育った子どもの運動発達を調査している。すると、研究者の予想に反して、発達の遅れはなかったのである。まったくハイハイなどの経験をしなくても、1歳を過ぎてスウォドリングをやめるとすぐに、歩き出すのである。このことは、立位歩行のように人の基本的な運動能力は、すでに脳の中にプログラムされて、練習（経験）はほとんど影響しないことを示している。

もうひとつの例は、ハイハイをしない子どもたちの存在である。皆さんが将来担当する乳児にもきっといると思う。ハイハイをしない子どもはシャッフラーと呼ばれている。シャッフルとは「引きずる」という意味の英語であるが、シャッフラーは、おすわりの姿勢のまま床の上を尻を滑らせるようにして移動する。シャッフラーにはいくつか特徴がある。まず、うつ伏せの姿勢を嫌う。また、脇で支えて足を床につけても、ぴょんぴょんと足に体重をかけてはねない。しかしなんといってもシャッフラーに最大の特徴は、ハイハイをせずに、尻をずらせて移動する方法を続け、そのまま立位歩行に移行してしまうことである。つまり、ハイハイを経由せずに歩いてしまうことなのだ。シャッフラーは親子で見られることが多く、素質が遺伝すると考えられているが、ハイハイすることが立位歩行するために必須のことではないことを示す重要な実例である。

このように人の基本的な運動発達は、脳の中にすでにプログラムされていると考えることができる。ハイハイをたくさんさせて動き回ることは、乳児が経験を通じて世の中のことを学習してゆくという点では重要であるが、それが運動発達にとって必須のものではない。

2 言葉の発達の生得性

基本的な運動発達は、すでに脳の中にプログラムされている、ということは理解していただけたと思うが、言葉の発達はどうだろうか。単語は周りの人がしゃべっているのを聞いて覚えるしかないわけだから、単語や文法は生まれてから覚えるものと思われるのは自然なことだ。

ところが、最近の研究によって、単語（語彙）は覚えるものであるが、文法にしたがってしゃべるという能力は、生まれつき備わっている（生得的）ものであるということがわかってきた。

こうした考え方の元となる考え方を提唱したのが、アメリカのチョムスキーという言語学者である。チョムスキーは世界中の言葉の文法構造を比較検討し、そのすべてが、一定のルールに従っていることを証明した。そのうえで、こうした文法構造が一致する理由として、言葉は人間の脳の働きが外に表されたものであるという結論に達したのである。たとえば英語も日本語も、基本的な文法構造は、一定のルールに収まるという。素人である私たちには理解しにくいことだが、専門家の間でも認められている。

さらに、文法は学習して獲得するものではなく、脳の機能がそのまま外にでたものであるというところも、理解しにくい内容だが、それを支持する観察や実験データが次々にでてきている。

詳しい内容については紙面の関係で省略するが、乳幼児には別に言葉を教え（教

育）なくても，みな自由に母国語をしゃべれるようになる理由は，そうした生まれつきの言語獲得能力が備わっているからなのだ。

6 発達の道筋

　人の乳児の運動発達の順番にはひとつのルールがある。それは，まず頭に近いところから自分の意思で動かす（随意運動）ことができるということである。
　まず最初に自由になるのが，目の動き（眼球運動）である。生後2か月で，水平方向の追視が可能になる。ついで，首のすわりである。英語ではヘッド・コントロールと呼び，胴体の向きや位置にかかわらず，顔の方向を自由に決めることができるようになることをいう。ついで，乳児がほぼ自由に動かすことができるようになるのが，上肢（腕）である。目の前に自分の手を掲げて眺めるハンドリガードや，おもちゃに手を伸ばして握ったりすることが可能になる（4か月前後）。4～5か月の乳児の運動で最も目覚しいのが，寝返りである。寝返りには3つの大きな意味がある。
　まず，仰向けの姿勢から，うつ伏せの姿勢になれるということである。うつ伏せの姿勢では，乳児の視線の位置が高くなり，おもちゃなどのものを立体的に見ることができるようになる。その結果，仰向けのときのように，目の前に誰かによって提示されたおもちゃだけでなく，床の上にあるさまざまなものに手を出すことができるようになる。そして，寝返りによって乳児は生まれて初めて自分で移動することが可能になるのである。それまでの乳児は，他人によって顔面上に示された物や他人の顔しか見ることができなかった。ところが，寝返りができるようになると，床の上にあるものすべてを自分から見て，手を伸ばして握ることができるようになるだけでなく，寝返りをくり返して，自分の関心のあるものに近づき，触ったり握ったりすることができるようになるのだ。
　寝返りができるようになった乳児は，しばらくするとおすわり（座位）ができるようになる。おすわりの意味は，腕と手がうつ伏せの姿勢に比べて格段に自由に使えるようになることと，周りの世界と物とをさらに高い位置から見ることができるようになることである。
　おすわりに続いて，すでに述べたように全員ではないが，大部分の乳児がハイハイで移動できるようになる。そして平均して10か月前後でつかまり立ちができるようになり，1歳ちょっとすぎに伝い歩きを経て，ひとり歩き（立位歩行）が可能になる。
　随意運動のできるようになった身体の部分を順を追って見てゆく。
　目（追視）→首（頸定：首すわり）→腕（ハンドリガード）→腰（寝返り）→骨盤（おすわり）→膝（ハイハイ）→足首（つかまり立ち，立位歩行），

と上から下に随意運動の可能な部位が下りてゆくことがわかると思う。

随意運動の発達の道筋にはもうひとつルールがある。それは、体の中心に近いところから末端へと随意運動可能部位が広がってゆくことである。

まず胴体の随意運動が可能になり、それが四肢の先端に広がってゆく。上肢でいうと、まず腕を自由に動かすことができるようになり、ついで手首、手のひら、最後に指先が自由に動かせるようになる。最初はおもちゃを手のひらでつかんでいた乳児も、1歳前後になると、親指とそれ以外の4本の指でつまめるようになってくるのだ。

こうした運動発達の順番は、脳の運動をつかさどる部位の成熟の順番が決まっているために、どのような育てられ方をされても変わらない。つまり脳内に運動発達のプログラムがすでにあるのである。

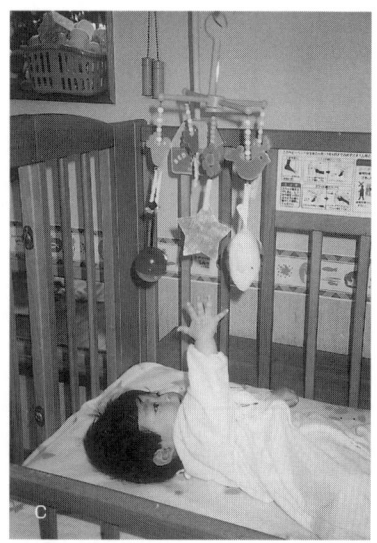

写真1-4　a　ハイハイができるようになると急速に物への関心が高まる，b　「幸宏さん，こんにちわ」人形の動きをじっと見つめる0歳児．c　思わず手が出る手づくりのメリーゴーランド

第2節　0・1・2歳児を支える養育者の関わり

　乳幼児を支える養育者に求められる最大の資質は，子どもと一緒にいることが楽しいと感じることのできる性格かもしれない。しかし，それと同様に，乳幼児の体と心の発達とその障害についての基本的な知識と，乳幼児が生活し発達してゆく物理的環境と，人間的環境を，適切なものにする技術を身につけていることである。
　ここでは，養育者の関わり方を，乳幼児の月齢（年齢）ごとに，概説する。
　発達過程区分は，保育所保育指針では，(1)出生～6か月未満，(2)6か月～1歳3か月未満，(3)1歳3か月～2歳未満，(4)2歳～3歳未満となっているが，最初の区分についてさらに細かく，出生～3か月未満と，3か月～6か月に分けて述べる。

1　出生～3か月未満

■1　発達の特徴とケアの総点

　出生から生後3か月までの乳児は，胎内生活から出生後の外界での生活との移行期にあたる。
　この時期は呼吸や，体温保持，そして栄養摂取自立といった基本的な生命現象を維持できる体制を作りあげる時期である。また，この時期の乳児は，寝返りなどの随意的な移動ができない。そのために，移動はすべて養育者が抱いたり，移動用の器具で行なわなければならない。そのために乳児の自発的な運動による事故などへの注意はまだあまり必要がないが，頸定がまだないので，移動時の身体保持（抱き方）時に，首と体幹（胴体）を同時に支持するなどの配慮が必要である。頸定がないこの時期の乳児の体を不用意に振り動かしたり（たとえば乱暴な高い高いをする），強く振動させると「揺さぶられっこ乳児症候群（shaken baby syndrome）」と呼ばれる頭蓋内出血や眼底出血をともなう外傷性脳疾患が起こることが知られている。
　栄養は，この時期はすべて母乳あるいは人工乳で摂取され，離乳食はまだ始まっていない。出生直後は，吸啜（きゅうてつ）反射によって反射的に乳首に吸い付くが，うまく乳首をくわえられない乳児がいるために，乳首をうまくくわえられるように指で乳首を口の

中に誘導する介助（ラッチング）が必要な場合がある。授乳時間は，最初は2時間おきくらいだが，次第に授乳間隔が広くなり，3時間くらいになる。母乳栄養でも，時間を決めて授乳することがあるが，現在では飲みたいときに授乳する自律授乳が広く行なわれている。保育所では，母親から家庭での授乳の情報を入手して，できるだけ家庭での授乳スケジュールに沿うようにしたい。

　生まれたばかりの乳児は，一日に15～16時間眠る。年長の子どもやおとなは夜にまとめて眠るが，この時期の乳児の眠りは夜昼の区別がなく細切れである。睡眠には，盛んに体を動かしたり，呼吸や心拍が変動する浅い眠り（レム睡眠）と，深い眠りがあるが，この時期の乳児では，眠りの約半分がレム睡眠である。レム睡眠のときには，体を盛んに動かしたり，ため息をついたり，時々目を半開きにしたりする動きが盛んに見られる。慣れない保育者は，こうしたレム睡眠時の乳児が起きているものと思い，睡眠不足を心配することもある。このように，生後3か月までの乳児は，睡眠のリズムがまだ確立していない。睡眠のリズムの確立には，朝夕の明るさの変化によって脳の松果体というところから分泌されるメラトニンというホルモンと，視床下部の視索上核と呼ばれる部分にある体内時計の相互作用が関係している。夜は暗い環境に，昼は明るい環境において，睡眠のリズムの形成を促すことが重要である。

　この時期の幼児のケアで重要なことのひとつに，睡眠時の乳児の体勢がある。周知のように，乳（幼）児突然死症候群（SIDS）は，生後6か月未満の乳児に多発するが，とくに，3か月以下で頻度が高い。うつ伏せ寝，暖めすぎた室内，喫煙などが危険因子（それがあると発生率が高くなる）として知られているが，とくにうつ伏せ寝が重要な危険因子である。乳児をうつ伏せ寝で育てる習慣のあった欧米では，仰向け（ないし横向き）で寝かせるキャンペーンを行ないSIDSの発生率を半分くらいまで低下させることに成功している。保育所で午睡を取るときには，(1)仰向けで寝かせる，(2)布団は固めで，万が一仰向けになっても，口が布団でふさがらないような材質を選ぶ，(3)必ず定期的に，乳児の様子を観察する，の3点に注意する必要がある。この時期は，まだ自分では寝返りできないので，上記に注意すれば，SIDSを未然に防止することが期待できる。

　生後すぐの乳児にできる随意的な運動は，口による吸啜運動，目による追視，頭を左右に動かすこと，そして，上肢や下肢のリズミカルな進展運動などである。上肢や下肢の動きは，よく観察するとでたらめに動いているのではなく，一定のリズムで動いている。このような動き（ジェネラル・ムーブメント）は，乳児の脳がきちんと働いている証拠だと考える研究者もいる。この時期の終わり（3か月）になると，仰向けの姿勢で頭を左右にほぼ自由に動かすことができるようになる。このような頭の自由な運動は，平均して3か月半頃に可能になる頸定（首のすわり）につながってゆく。ばんざいの姿勢をとることが多かった上肢を顔の前に持ってゆき，しばらく自分で眺

めるような動きが見られるが、これがハンドリガード（手を見つめるという意味）である。この時期の乳児は、まだ原始反射と呼ばれる自分ではコントロールできない不随意運動が残っている。頭が後方に急にそれると、上肢を広げ何かに抱きつくような動きを示す「モロ反射」、顔の向いた方の上肢が伸び、反対側が屈曲する「非対称性緊張性頸反射」、手のひらに何かで触ると握る「手掌把握反射」などがそうした原始反射の例である。こうした原始反射は、随意的な運動が増えるとともに消失してゆく。

2 観察者としての乳児

　この時期の子どもは、外見的にはまさに寝たきりで、自分から移動することはない。しかし、まったく消極的で受身の生活を送っているのかといえば、そうではない。周りの様子をしっかり見聞きし、この初めて見る世界の様子を観察していく。生後2か月くらいの乳児の目の前に横から光のビームを通し、偶然目の前にでた手に光があたるような仕掛けをしておくと、まだ自由に動かすことができない手に盛んに光のビームを当てていることが観察される。手をだすと、そこが光るという一種の因果関係に気がついている行動であると解釈されている。

　乳児は、自分の身の回りのものすべてを関心をもってみているが、とくに人の顔には関心を示す。新生児は、図1-5に示した人の顔の形をした図柄のない図形よりも、人の顔が描いてある図形をよく見ることがわかっている。顔の中では、目と口にとくに注意を払っている。目も漠然と見ているのではなく、3か月くらいになると、目の向いている方向に顔を向けるようになる。そして他人の関心が、その人の視線の方向にあることに気がつくようになる。音も注意深く聴いている。生まれたばかりの新生児は、母親の声と、他の女性の声を聞き分けていることがわかっている。この時期の乳児は、人のさまざまな言語に含まれる音（語音）を聞き分けることができる。おとなの日本人には難しいRとLの発音の違いも聞き分けていることが、乳児の行動観察や、脳波を使った検査で明らかになっている。しかし、乳児は自分の周りでしゃべられている母語に次第になれ、1歳になる前には、母語にない発音の音の聞き分けができなくなっていく。しかし逆に、母語に含まれて

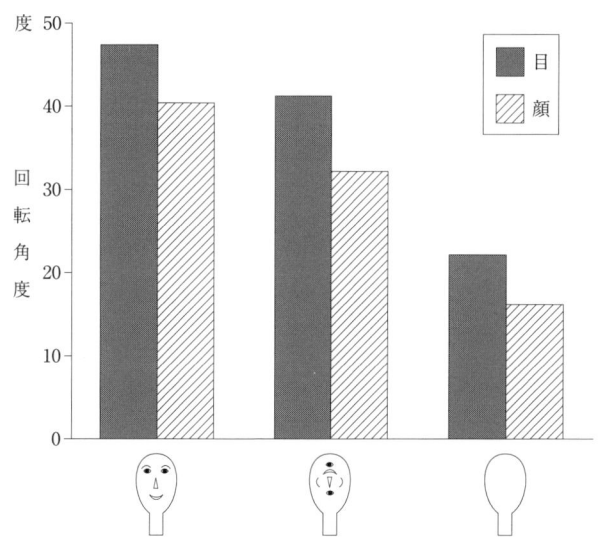

図1-5　新生児の目の前に下のような図形を示し、動かした時の顔と目の回転角度を示した（Johnsonらによる）

出所：榊原 1995。

いる発音には，ますます敏感になってゆく。

　このように，この時期の乳児は，養育者の顔や表情をよく観察している。年長の子どもやおとなに対するのと同じように，この時期の乳児にも養育者は自分の気持ちを豊かな表情と声で表現することが大切だ。

　まだ言葉をしゃべることはできないが，この時期の乳児は，最初の喃語である「クーイング」（鳩音）と呼ばれる母音を主とした「あーあ」「うーくん」といった声をだす。乳児のクーイングをよく観察すると，養育者が話しかけると，しばらくクーイングの発声が収まることや，声かけをしないとクーイングが長く続くことがわかる。これは，乳児がクーイングで養育者と声によるやりとり（コミュニケーション）をしている証拠だと考えられている。

　乳児は言葉をまだ理解していないが，声によるコミュニケーションは，盛んに行なっているのだ。乳児に声かけをすることの意味は，それで意思伝達をするというよりも，乳児の周りには，乳児が働きかければ応えてくれる他人がいるということを知る意味で重要である。人の社会性の第一歩がここにある。

2　3〜6か月未満

1　発達の特徴とケアの注意点

　保育指針では，「出生〜3か月未満」と一緒にくくられている「3〜6か月」であるが，乳児の様子は「出生〜3か月」と大きく異なる。一番大きな差は，なんといっても，この時期の乳児は自分で「動き始める」ということだ。3か月までの乳児は，顔や手足の運動はあるが，移動をすることができない。養育者が運んであげなければ移動できないことは不便だが，逆に目を離している間にどこかに移動していってしまう心配がない。3か月を過ぎると，乳児は次第にその運動能力が高まり，4か月過ぎになると首がすわって腹ばいの姿勢がとれるようになり，早晩寝返りで体の位置を移動させることができるようになるのである。

　乳児のこうした発達は，養育者にとってうれしいことだが，同時に動き回る乳児の安全を確保しなくてはならない，という仕事が増える。こうした乳児の運動能力の発達にともなって，着実に増えてくるのが，屋内での乳児の事故である。寝返りを打って，ベッドから転落したり，ベッドの柵に首が引っかかった状態になって窒息したり，あるいは床の上に落ちていたものを食べてしまったりする事故が増えてくるのだ。事故対策については，室内事故がさらに多くなる6か月〜1歳3か月の乳児のケアのところで述べるが，この時期からそうした注意が必要になることだけを養育者は念頭に置いておく必要がある。

第2節　0・1・2歳児を支える養育者の関わり

2　リリーサー

　こうした心配事はあるが，3〜6か月の乳児は，それまでは見られなかったさまざまな能力を駆使して養育者に働きかけ，養育者を困らせたり喜ばせる技を身につけ始める。

　親や保育者の注意をひきつける乳児の能力は，人間に限ったものではなく，脊椎動物一般に見られ，動物行動学の用語でリリーサー（解発因）と呼ばれている。鳥の雛は巣の中でエサを求めて大きな口をあけるが，その光景を見ると親鳥は，エサを捜して雛に与えたいという逆らうことのできない気持ちになり，せっせとエサを運んでしまうという。このような養育者に一種のマジックをかけてしまうような影響をあたえる子ども（雛）の行動をリリーサーと呼んでいる。生後3か月未満の子どもにももちろんリリーサーがある。満腹して眠っているときなどに，ふと口元に浮かぶ反射的笑いなどは，どんなに世話が大変であっても，いっぺんにそれを忘れさせてくれる力をもっているから，リリーサーといってよいだろう。リリーサーには，養育者を幸福な気持ちにさせるものだけではない。例としてあげた，雛の大きな口を見た親鳥は幸福な気持ちになるのではなく，むしろ何とか大きく開いた口に何かを放り込まなければならないような強迫的な気持ちになるのではないかと思う。托卵をすることで有名なかっこうやホトトギスの雛に，体つきではむしろ小さな托卵をされた親鳥がせっせとエサを運んでしまうことも，親鳥の心理を考えれば理解できる。そうした意味で，人の乳児の最強のリリーサーは泣くことであることは明らかである。乳児の泣き声を聞き流して平気なおとなはいない。乳児が泣いていると，理由なく年長の幼児までももらい泣きしてしまうことは，泣き声がそれを聞いた人の気持ちを不安にさせる性質をもっていることと，そうした不安な気持ちになるのは経験によって身についたものではなく，本能的な反応であることを示している。養育者も，世話をしている乳児が泣くと，不安な気持ちになり，なんとかして泣き止ませようと行動を起こす訳である。

　乳児の泣きに対して養育者が考えることは次の2つのことである。まずなぜ泣いているのか，ということだ。生後3か月までの乳児に比べて，3〜6か月未満の乳児の泣きの原因はより複雑になる。養育者は泣きの原因について考えながら，ほぼ同時に，不安な気持ちを引き起こす強力なリリーサーである泣きをとめる方法を考える。ほとんどの養育者が取る方法は，乳児をとりあえず抱き上げることだ。どんな原因による泣きでも，抱くことで軽減ないしは泣き止むことが経験的に知られている。ある保育所で保育の様子を一日ビデオに収めて，乳児が泣いたときに保育士のとる行動を観察したことがあるが，ほとんどの保育士は，(1)抱き上げる，(2)体をタッピングする，(3)おんぶする，(4)ミルクをあげる，のいずれかの方法をとっていた。こうした方法が有効なことは，誰でも知っているし，実際に検証した研究もある。アメリカで行なわれた研究であるが，泣いている乳児を抱いてあげると，そうでない場合に比べて泣く時

間が半分くらいになったと報告されている。しかし，イギリスで行なわれた別の研究では，長く泣き続けている乳児に，抱き上げる，相手をしてあげる，何もしない，の3つの方法で対応して，泣きの持続時間を計ったが，まったく差がなかったという結果がでている。こうした結果の差はどう考えればよいのだろうか。確実なことはいえないが，2つの研究で乳児の泣いている原因が違っていた，と考えることができる。通常の泣きを減らす効果のある「抱き上げ」も，生後2〜4か月くらいまでの一部の乳児に見られるコリック（たそがれ泣き）には効果がなかったという研究があるのは，乳児の泣きの原因がさまざまである証拠だ。母親の多くが，自分の子どもの泣きの原因をだいたい言い当てることができるようになるが，これは泣き声や，泣くタイミング，乳児の様子などの情報から経験的に割り出すことができるようになるのである。複数の乳児のケアをする保育者は，一人ひとりの乳児と接する時間が相対的に短く，特定の乳児について母親ほど経験をつむことはできないが，逆に，多数の乳児のケアを経験するなかで，乳児が泣くときにだす共通のサインを敏感に感じ取ることができるようになるはずだ。これは，なれた臨床の医師が，患者の体がだすさまざまなサインを敏感に感じ取ることができるようになるのと同じである。

　3〜6か月未満の乳児はもちろん，養育者が喜ばせる多数のリリーサーをもっている。ほぼ首がすわり，手におもちゃを持って遊ぶことができるようになると，養育者と乳児が対面することができるようになる。もちろん3か月未満でも，養育者と乳児は対面可能であるが，仰向けの姿勢の乳児を上から眺め下ろす形の対面であった。うつ伏せになって顔を床に垂直にした状態や，おすわりの姿勢で養育者と乳児が顔を見合わせることができるようになり，視線を交わしたり，お互いの表情を交換することができるようになる。顔を見合わせながら，声をかけたり，抱き上げたりすることで，養育者は乳児の表情の変化を見ることができる。笑顔はもちろんのこと，何か新しいものを見たときの驚いた様子や，悲しいときの表情の曇りなど，養育者は自分の働きかけへの反応を見ることができる。こうした乳児の表情は，乳児の心理状態のモニターとしてではなく，それ自身が養育者にとっては保育という行為への対価の意味がある。前述の泣きが，できるだけ早くとめたいリリーサーであるのに対し，笑い顔や驚いた顔は，いくら眺めていても飽きないだけでなく，養育者を楽しい気持ちにさせてくれるリリーサーである。

3　養育者の対応

　寝返りが可能になると，乳児の世界は格段に広くなる。自分の興味のある場所やもののそばに移動し，それを自由になった手で握ることができるようになる。こうした動きに対して，養育者はどのように対応すればいいだろうか。日本では，好奇心にかられて動き回る乳児に合わせて，養育者も乳児について移動し，相手をしてあげる，

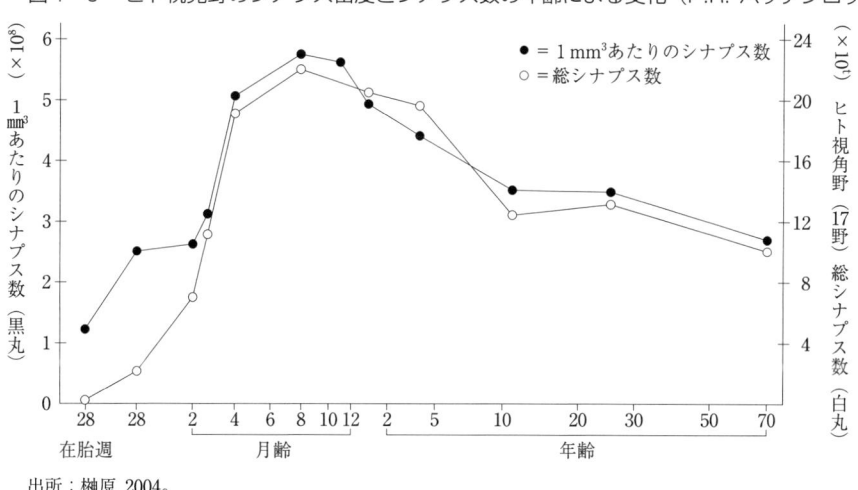

第❷節　0・1・2歳児を支える養育者の関わり

図1-6　ヒト視覚野のシナプス密度とシナプス数の年齢による変化（P.R. ハッテンロッカー）

出所：榊原 2004。

というのが標準的な保育の考え方である。その根底には，乳児に多くの「刺激」を与えた方が発達が促進されるという考え方である。しかし，こうした考え方にその根拠があるのだろうか。

　3歳児神話や早期教育の根拠としてよく持ち出されるものに，人の脳内の神経細胞が形作るネットワークがある。神経細胞同士はシナプスと呼ばれる部分で情報を伝達する。神経細胞を伝わる情報は，細胞の膜の内外の電圧の差（電位差）であるが，これが神経細胞の末端まで到達すると，神経細胞の末端から神経伝達物質と呼ばれる物質が分泌される。神経伝達物質には，グルタミン，ドーパミン，セロトニンなどがあり，これが神経の末端のシナプスで分泌され，隣の神経細胞に情報が伝わる。このシナプスは，生まれたばかりの乳児には少ないのだが，発達に従って急速にその数が増すことが知られている。図1-6は，月齢・年齢別のシナプスの数を示したものである。図でもわかるように，シナプス数は生後1歳前後でピークを迎え，2歳頃になると少しずつ減り始める。シナプスの数が多いときこそが，脳の活動が一番活発なとき，と考えると（そして多くの人がそう考えているのだが），3歳になるまでにいろいろな刺激を与えて，脳の発達を促した方がよいことになる。多くの早期教育の宣伝文句にこの乳児期のシナプスのことがうたわれている。ところが，シナプスは数が多ければより脳の働きがよくなるのではなく，無駄なシナプスを捨て（刈り込み），よく使う神経回路にシナプスがより効率よく情報を伝えることができるようになる（長期増強現象という）ことが，脳の働きがよくなることに関係していることがわかった。現在は，私たちの記憶も長期増強現象によってたくわえられていると考えられている。人が一番速いスピードで単語を覚えてゆくのは5～6歳といわれているから，図でもわかるようにシナプスはすでに減り始めている時期にあたるのである。このことだけでもシナプスが多ければ，より脳機能がよいということがまったく根拠のないことで

あることがわかるだろう。

　動き回り始めた乳児にできるだけ刺激を与えたほうがよいという考えから，シナプスの話になったが，この時期の乳児への接し方に示唆をあたえるような事例がある。それは，フランスの保育のやり方のお手本になっているロッツイ乳児院（ハンガリー）で行なわれていた乳児保育の方法である。保育者は乳児を自由にさせておき，ほとんど相手をしていない。ただし，食事（哺乳）とおむつ交換，衣服の着替えなどの対面的な世話をするときには，ほとんど間断なく表情豊かに乳児に話しかけ，体にさわり，顔を見つめあう。話しかけるときには，もっと年長の幼児に話しかけるように感情をこめて話しかける。授乳時にはたとえば「そう，おなかがすいていたのね。ほら今私がおいしいミルクを用意しましたよ。うまく飲めるかな。そうおいしいでしょう。ミルクを飲むのがうまいのね。10分もかからないで飲めてしまいそうね。でもあんまり急いで飲むと，空気を呑んでしまってあとでゲップがでますよ。そう落ち着いて味わいながら飲んでくださいね。……」。こうした会話を授乳中延々と続けるのだ。こうした濃厚なふれあいの時間以外は，特別に大泣きしたりしない限り，ほとんど何もしないのである。こうしたフランスの標準的な保育方法になれた保育者は，日本の保育所のビデオをみて「日本の保育士は乳児にかまいすぎる」という印象をもつようだ。こうしたロッツイ方式の育児方法がフランスの標準的な育児方法になったのは，そこで保育された乳児がほんとうにすくすくと育ってゆくという事実があるからだ。決して日本の保育より優れているというわけではないが，刺激を間断なく与えたほうがよい，という事実はないのだ，ということがロッツイ乳児院での実践が証明している。

3　6か月〜1歳3か月未満

1　発達の特徴と注意点

　6か月〜1歳3か月は，保育指針による月齢区分であるが，なぜ切りのよい6か月〜1歳ではなく1歳3か月になっているのだろうか。デンバーの発達スケールを見てみよう（図1-2，12頁参照）。1歳3か月頃を境として，その前後の乳児の行動の特性で大きな変化があるだろうか。「上手に歩く」という乳児の能力を見てほしい。1歳3か月（15か月）になると，ほぼ全員が「上手に歩く」ことがわかる。切りのよい1歳では，まだ30％の乳児が「上手に歩いている」だけである。つまり，この時期は，まだ歩かない乳児期の後半にあたるのだ。立位歩行ができるかできないかで，保育者にとって大きな違いであるからである。

　では，この「まだ歩かない乳児期の後半」にあたる6か月から1歳半という時期の

乳児の特徴は何だろうか。それは一言でいえば，動き回る好奇心のかたまり，である。まだ歩くことはできないが，この時期の乳児はさまざまな形のハイハイで室内を動き回り，探索する。ハイハイをせず，おすわりの姿勢で尻を浮かして前に進む「シャッフル」という移動方法をとる乳児もいる。シャッフルをする乳児は，ほとんどハイハイをせずに歩くようになる。ハイハイを経て歩くようになる子どもに比べて，このシャッフルする子どもの歩き始める時期は遅い（1歳半以降）ので，病気と間違えられることがあるが，病気ではない。

　この「動き回る時期」の乳児は，ただハイハイなどによる移動能力が増すだけではない。目の前のものがややぼやけて見えていた，6か月以前の乳児に比べ，より視力が向上し，細かいものまで見えるようになる。また，空間の奥行きや遠近感もわかるようになり，より遠いところにある物や人に興味をもって，それに近づこうとする。6か月までの乳児は，まだ顔から個人識別が十分できない。しかし，この時期の乳児は「人見知り」をするようになり，いつも自分の世話をしてくれる特定の養育者との間に愛着関係を作りあげる。ある特定の保育者をハイハイで追いかける「後追い」も見られるようになる。

　この時期の運動能力の向上によって，より自由に移動できるようになるばかりではない。手足指の使用もより器用になる。ただつかむだけだったおもちゃを持ち替えたり，より細かなものでもつかめるようになる。

　遠くの小さいものまで見え，自由にハイハイで動き回り，小さなものまでつかむことができる，こうした能力をこの時期の乳児は身につけている。こうした「性能」は，火星や月面の探査機に似ているともいえる。なんでも興味のあるものに近づき，つまみ上げて調べる，というのが探査機の仕事であるが，乳児の場合にはこの調べる方法は「口に入れる」になる。ここまで読んできて，この時期の乳児のケアが，6か月未満児に比べて大変になることが理解できたと思う。保育者は，いわば多数の月面探索機が動き回る場所で，それらの動きに気を配って働かなければならないのである。

　保育空間の安全の確保は，この時期の乳児の保育の重要な課題である。乳児が動きまわれる空間を，保育者自ら乳児の視線で，できればハイハイを実際にしてみて検証してみる必要がある。机の下や部屋の隅に，「月面探索機」が「調べ」てしまう可能性のある危険なものがないか確認して，安全を確保したい。

2　共同注意と言葉の発達

　このようにこの時期の乳児は，旺盛な好奇心で動き回り，さまざまな経験を通じて，この世界の仕組みと構造を理解してゆく。自由に移動できることと，手をより器用に使えることが，世界の仕組みを理解するための大きな手段になる。座位で上肢と手を自由に動かせるようになり，より操作的なおもちゃや，動かすことのできるおもちゃ

で遊べるようになる。養育者と対面して遊ぶことも可能になる。

　この養育者と乳児が対面して、お互いの顔を見て、声や動作を通じて相互交渉することは、子どもの社会性や言葉の発達にとって大きな意味がある。この時期の乳児は、他人と対面しながら、おもちゃや第三者に対する関心を共有することを通じて、他人の意図を理解できるようになってゆく。共同注意は、そうした対面した場面のなかで、養育者と乳児が、共通の対象物（者）に注意を向ける行為である。養育者と乳児が、おもちゃや絵本などを媒介にして、対面遊びをすることは、まさにこの「共同注意」を行うことなのだ。

　共同注意の場面は、乳児が言葉の意味を理解する場でもある。養育者の視線の先にあるものを乳児が見ているときに、養育者がそのもの（人、動物）の名前を発音するのを聞きながら、乳児は単語を蓄積してゆく。もちろん、共同注意の場面以外でも乳児は旺盛な好奇心で単語を聞いてゆく。この時期の乳児がこうした旺盛な好奇心で、言葉やこの世界の仕組みを吸収してゆくというと、保育者が何か特別なことをしてあげないといけない、と考えてしまいがちだ。でも前項で触れたロッツイ乳児院での実践を思い出してみよう。特別なことをしなくても、日常のケアのなかを丁寧に行なうことで十分に乳児の要求に応えているのである。

　6か月～1歳3か月未満の乳児は、初めて意味のある言葉を使う時期である。言葉を発するためには、発する単語数の何倍もの単語を理解していなくてはならない。数語の単語を発している乳児は、少なくとも50前後の単語を理解しているといわれている。この時期の乳児に、手や身体の動作による表現方法（ベビーサイン）を教えると、まだ意味のある言葉の発音ができない乳児でも、さまざまなものの名前や基本的な動作などのサインを教えることができるが、これは言葉（単語）をこの時期でもすでに50個以上理解できているからだ。

　こうした「敏感」な乳児に対して保育者としてたくさん話しかけなくてはいけないのではないか、と思われるかもしれない。もちろんたくさん話しかけてあげてよいのだが、意図的に話しかける努力をする必要はあまりないのである。1歳から3歳くらいまでの乳児がいる家庭で、乳児の耳に聞こえている言葉がどのくらいあるか調査したアメリカの研究があるが、平均して1時間当たり700語の（英）単語を聞いていることがわかっている。一日に1万5000語以上にもなる。養育者同士の話や、ほかの子どもに話しかけている言葉も、乳児の耳に届いている。そして、自分に話しかけられたのではない言葉でも、ちゃんと聞き耳を立てて聴き、脳の中の言葉の辞書に登録しているのである。

3　運動機能の発達

　自分で移動できることによって、6か月～1歳3か月の乳児は、より広い生活圏を

もつようになる。座位の姿勢から寝返りで移動することはできたが，この方法ではさまざまな制限がある。段差が少しでもあれば，超えることはできないし，ハイハイでは通ることのできる肩幅くらいの空間では移動できない。また，寝返りによる移動では，行く先を見ながら寝返りをすることはできず，移動のスピードも遅く，的確に目標物に到達できるとは限らない。ところが，ハイハイによって，関心のあるものに向かってまっすぐにすばやく移動することができる。

　平面での移動が可能になるだけではない。ハイハイが可能になると，段差があっても登ることができるようになる。そして，この時期の後半になると，低いソファーやテーブルの上に手をついて這い上がる動作から，自然につかまり立ちができるようになる。

4 １歳３か月〜２歳未満児

1 ひとり歩きをはじめる

　この時期の乳児には，日本語では対応する呼び名がない。まだ母乳（ミルク）を飲んでいる子どもが多数いるので，乳児でもかまわないかもしれない。英語では乳児は infant と書くが，infant はラテン語の「話さないもの」という言葉からきている。この時期の子どもはミルクは飲んでいるが，多くの子どもが片言をしゃべり始めているので，infant ではおかしいのである。それが理由というわけではないが，英語では１〜２歳くらいまでのよちよち歩きの子どものことを toddler（トッドラー）と呼んでいる。toddle とは「ヨチヨチ歩く」という意味だ。

　いうまでもなく１歳３か月〜２歳未満の子ども（もう乳児とはいえないので）の最大の特徴は，ひとり歩きするということである。他の（哺乳）動物にはない人間の特徴というと，言葉を使うこと，手を器用に使うこと，立位歩行をすること，の３つをあげることが多いのであるが，この時期の子どもは，この３つの特徴を相次いで達成するのである。

　立位歩行ができるということの意味は何だろうか。速く移動できるという点では，よつ這いにはかなわない。類人猿と海生の哺乳動物（イルカ，アシカなど）以外は，重心が低く安定したよつ這いですばやく移動する能力を進化させるという道筋を選んだ。類人猿のうち，ジャングルを完全に離れて平原に住んだ人だけが常時立位歩行をするという進化の道を選んだのである。

　よちよち歩きの子どもには，ハイハイをしていたときに比べてどんな利得があるのだろうか。いずれは，ハイハイよりは速く移動できるようになるが，最初のうちは移動のスピードではハイハイにかなわない。安定性は重心の低いハイハイのほうがはる

かに有利である。よちよち歩きの子どもは、少しでも気を緩めると転んでけがをする危険性と隣り合わせである。さらにけがをする部位は、人間の体の中で最もけがに弱い頭部であるというおまけもついてくる。

立位歩行で有利なことといえば、視点が高くなってより遠くまで見渡せること、高いところに届くこと、そして移動しながら手が自由になるということである。手で物や道具を運べるのは類人猿と人だけである。前についている目で遠くを見渡しながら、手に物や道具を持ち運ぶ能力は、やがて石器や槍、斧などの加工や狩猟の道具の使用に結びつき、素手では他の大型動物にかなわない人間を、地上に棲息する動物のなかで最強の存在にまで押し上げたと考えることができる。

2　愛着心のめばえ

こうした進化のシナリオのなかで考えれば、立位歩行を選んだ理由がよくわかる。しかし、今目の前にいる1歳過ぎの乳児は、なぜあえて立ち上がろうとするのだろうか。ハイハイから、つかまり立ちを経て、伝い歩きを始めるまでの過程は、乳児の好奇心で説明することもできる。しかし、伝い歩きから初めての一歩を踏み出すときの恐怖は、好奇心だけでは克服できない。図1-7は、オランダの画家ゴッホがフランスの画家ミレーの作品の画題を気に入って同様の構図で描いた絵である。

農家の庭先で最初の一歩を踏み出そうとしている女児に対して、父親が手を差し伸べている。女児はまだひとり立ちも不安定なのだろう。後ろから母親が、しっかり支えている。注目していただきたいのは、父親の前に伸ばされた手に呼応するかのように、女児の手が伸びていることだ。この女児が歩き出そうとしていることは明らかであるが、最初の一歩を踏み出そうとする気持ちは「好奇心」ではなく、差し伸べられた手と、女児に向けられたまなざしに示された父親の期待に応えようとする気持ちであろう。自分の好きな人のそばに行きたい、という気持ちを愛着心といい、その行動を愛着行動と言うが、この絵に描かれている女児を歩行へ駆り立てている気持ちは、まさに愛着心そのものである。もちろん、立位歩行をまさに始めようとする子どもの動機がすべて愛着心とは限らないが、純粋に運動機能の発達過程であるとみなされている立位歩行の動機に、愛着心という人の社会性の基礎があるのだ。

図1-7　ゴッホの絵——はじめの一歩

養育者は，歩き始めた子どものこうした心理的特性を理解して，人として第一歩を踏み出し始めた子どものチアリーダー役である。うまく歩けても，途中で転んでしまっても元気づけほめてあげるようにする。私たち人間は誰でも自分は誰かから愛されている，必要とされているという気持ち（自尊感情）をもって生きている。自尊感情は，人が社会性を身につけるときの最も奥深い心的な動機ということができる。私たちが社会のルールを守るのも，ルールを守ることが目的ではなく，ルールを守らないことによって他人から嫌われたり責められたりすることによって，この自尊感情が傷つけられることを回避したいという気持ちがあるからだ。また，一生懸命努力し，他人に対して優しくするという気持ちも，その根底には自尊感情がある。社会的に不適応を起こしている子どもの自尊感情を調べると，押しなべて低くなっていることが報告されている。乳幼児期に自尊感情がうまく育たないことが，将来の社会不適応の遠因であると考えることもできる。不安定で転ぶこともある自立歩行の第一歩に対して，ゴッホの絵にあるように周りのおとなが元気づけ，ほめてあげることの大切さはそんなところにもある。

ハイハイをしていた時期以上に，子どもの移動空間の安全性を確保する必要がある。自立歩行を開始する少し前に，転んだときに無意識に手が出るパラシュート反射ができるようになっているが，それでも机の角に顔や頭を打ってけがをすることがある。ただ，机や家具は，子どもがつかまり立ちをするときのよい支えにもなるので，そうしたものを生活空間からなくすのではなく，保護パッドなどを角にはるなどの工夫をしてみよう。

3 自己表現が豊かに

この時期の子どものもうひとつの特徴は，自己表現がより豊かになることである。個人差があるが，数語〜数十語の単語によって，自分の関心のある物の名前や，動作を言うことができる。さらに指さしによって，他人に自分の関心が向いているものや場所を指し示すことができるようになる。言葉や他人の表情を理解はできても，自分の気持ちを表現する方法としては，笑顔や泣きが主体であった1歳3か月未満の乳児とは大きな相違である。片言の言葉だけでなく，指さしや視線，身振りで，この時期の子どもたちは養育者に対してさまざまなサインを出してくる。ほしいものを指さしする，興味のあるもののそばに行ってさわる，養育者と視線をあわせる，要求が通らないと手足をばたばたさせて泣く，他の子どもが持っている欲しいおもちゃを取る，といった積極的な行動ができるようになる。こうした子どもたちの意思を表すサインや行動に養育者はどのような接し方をすればいいのだろうか。

前に述べたロッツイ乳児院のように，放任しておけばいいのだろうか。まだ自分で移動することができない乳児の場合にはそれでも対応できる。しかし歩き回ることの

できるこの時期の子どもは、たとえ放任していても、子どものほうから養育者に対して盛んにサインを出し、行動してくる。

アメリカで長時間保育の子どもたちの発達と、保育形態の関係を調べた大掛かりな追跡調査がある。その研究のなかで子どもの言語や認知、社会性に影響を与えるいくつかの因子が明らかになった。そのなかで際立っていたのは、子どもの発達に一番大きな影響を与えるのは、養育者の「積極的な保育」(positive care giving) であることがわかったことだ。「積極的な保育」は下記のような行動によって実現される。

　積極的で明るい態度
　積極的な身体接触
　子どもの言葉（声）に対する積極的な応答
　子どもに質問をする
　よくほめる
　お話をする、歌を歌う
　子どもの運動を援助する（立ったり、歩くときに手助けする）
　子どものよい行動をほめる（笑う、遊ぶ）
　本を読む
　ルールを作る

この研究は4歳半までの年齢を対象にしたものだが、大部分はこの時期の子どもにも当てはまる。積極的に働きかけてくる子どもたちに、養育者も積極的に対応することがきわめて重要であることがわかる。

5　2〜3歳未満

1　発達の特徴

2歳児の特徴は、本書のほかのところでも述べられているが（とくに、63〜70頁参照）、行動の特徴は次の2点にまとめられる。

ひとつは、立位歩行がほぼ完成し、おとなの日常生活上の行動はだいたいできるようになることである。階段を上ったり、その場でジャンプしたり、短時間ですが片足で立つこともできる。3輪車をこぐといった身体の左右の分離した運動もできるようになる。こうした行動力を身につけた子どもたちは、室内だけではなく屋外でも好奇心に導かれて盛んに遊び、探索行動を行なう。手先も器用になり、小さなものでも器用に操作できるようになる。ビンの中から小さなお菓子をつまみだしたり、積み木を積み上げたり、ボールを投げたりすることができるようになる。おとなの行なう行動の大部分の模倣を行なうことができるので、しきりにおとなのしていることを自分も

やってみようとする。

　二つ目は，こうした行動能力の向上にともなう好奇心が，養育者のそばにいたいという愛着心を上回るようになることである。しばしば，養育者の意思に反して自分の欲求に従った行動をする。2歳代の幼児を英語では terrible two（恐るべき2歳）というが，ほぼ自分のやりたいことができる行動力と手先の器用さを身につけた子どもが，養育者の言うことを聞かずに自己主張をすることからつけられた名前である。自己主張はしばしば，養育者の意図とぶつかり，かんしゃくを起こしたり，養育者に反抗する行動となって現われる。

2　自我のめばえ

　養育者によっては，それまでは自分のそばを離れず，常に養育者の意図に従っていた子どもが，急に言うことを聞かなくなるように見える。これは，もっと年少の子どもが，養育者の意図がわからずに行動してしまうのとは違い，明らかに意図を理解していながら，それに従わないのだから，養育者にとっては「反抗」しているように写る。これまで自分の指示に唯々諾々と従っていた子どもが，急に言うことを聞かなくなれば，誰でも自分が軽んじられたというように思ってしまう。こうした養育者の気持ちは時として，子どもを自分の指示に従わせるために，より強い口調で指示をだしたり，叱責や身体的な抑制や体罰につながってしまうことがある。

　決して忘れてはならないことは，2歳代の幼児は，いままで以上に養育者の意図をよく理解していることである。2歳過ぎには，多くの子どもが2語文をしゃべるようになるが，2語文をしゃべるためには少なくとも300以上の単語が使え，理解できる単語はその数倍あるといわれている。表情や動作だけでなく，養育者の言葉による指示や禁止も，2歳児はよく理解している。

　では，理解しているのに，どうして養育者の意図に反する行動をするのだろうか。養育者の意図に反する行動をするシナリオはいくつかあると思う。

　自分の関心のあることをしたいという気持ちが強く，養育者の意図を大きく上回っている，というのがひとつのシナリオだろう。養育者が制止しても，それが子どもの意識に上らないような状況である。初めてみた面白そうなおもちゃに近づいてゆくときや，怖いもの（動物など）から逃げ出しているときなどがそれにあたるであろう。

　養育者の指示はよく理解しているのに，現在自分がしていることを続けたいという場合もある。好きなおもちゃで遊んでいるときに，それをやめるようにいわれたときなどがそうした場合である。養育者の指示は，子どもの意識に上っているものの，現在自分がやっていることを続けたいという，子どもの自我意識がまさっている状態である。

　他のシナリオもありえる。ある女性の心理学者が，幼児期に親の言うことを聞かず

に反抗したときのことを著書のなかで書いている。彼女は，親が触ってはいけないというものに親の前でわざと触ったときのことを覚えていた。この心理学者の母親は，指示に従わない反抗的な行動をとると手を叩いて制止していた。驚くべきことに，この心理学者は，母親に叩いてくれといわんばかりに手を差しだしながら禁止された行動を行なったというのだ。触ることを禁止されているものにそれほどの興味があったわけではないのに，叩かれることを予測しながら，「いたずら」をしていたのである。小さなエピソードであるが，この行為のなかに，2歳児の「反抗」の大きな意味が隠されていると思う。それは，2歳児は自分の興味にしたがって行動すること（自我意識）が，この社会のなかで，どこまで許容されるのか，値踏みをしているということである。手を差し出しながら，いたずらをしているときに，その子ども時代の心理学者の脳裏には，「きっと母親は手を叩くだろうな。どのくらいの強さで叩くかな」という意識があったのではないだろうか。

3　養育者の対応

「反抗的な」行動をとる2歳児に，養育者がどのような対応をしなくてはならないか，という課題に対する回答はおのずから明らかではないだろうか。

　すべてを許容すれば，この世の中でどこまでの行動が許されるのか，別の言い方をすればこの世の中のルールはどうなっているのか，と学習することはできない。同様に，すべてを制止しても，してはならないことの境界線がわからない。してはいけないことをした場合には画一的に叱ったり制止したりするのではなく，その行動の社会的な意味合いに応じて，叱責や制止の度合いを按配することによって，2歳児は反抗しながらも自分の行為のもつ意味を学んでゆくことができるのである。そして，養育者が子どもへの対応を「按配」するためには，養育者は自分自身のなかに子どもの行動の基準をきちんともっておくことと，子どもの行動を観察する暖かくかつ敏感な目をもつことが必要であることは説明を要しないであろう。

参考文献（第1章）

上田礼子『日本式デンバー式発達スクリーニング検査』医歯薬出版，1983年。
榊原洋一『ヒトの発達とは何か』筑摩書房，1995年。
榊原洋一『子どもの発達　臨界期の敏感期』講談社，2004年。

第 **2** 章

愛着関係と自我の育ち

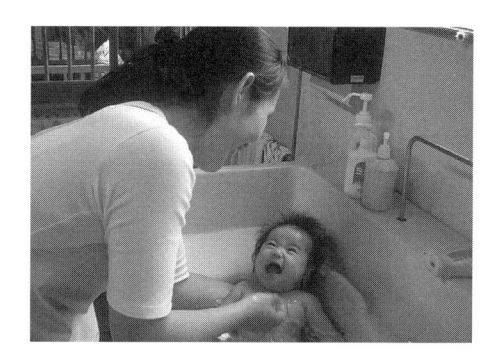

第 1 節　養育者への愛着と共生関係はどのように育まれるか

1　愛着とは

　愛着は，アタッチメントとよばれ，1950年代にボウルビィ（Bowlby, J. 1969）[1]が愛着理論のなかで紹介したのが始まりである。その後，彼の弟子たちによって，理論的にも実験的にも研究が進められ，各国の子どもたちのアタッチメントの特徴が紹介されてきた。とくに，エインズワース（Ainsworth 1978）[2]とその共同研究者たちが，生後6か月以降の乳幼児と母親を対象に，新奇場面（Strange Situation Procedure：SS法）を用いた実験的手法を確立したことにより，乳幼児のアタッチメントの判定は実験室で容易に確認できるようになった。以後，実験的研究は急速に進歩した。

　アタッチメントは，人間の子どもに生まれながらに備わっている生来的なものではない。親やそれに代わる祖父母や保育者などの重要他者により，日常的にくり返し行なわれる世話を通して，子どものなかに形成される「心理的な絆」のことである。したがって，アタッチメントは他者に依存したものといえる。とくに，まだ言語を獲得していない乳児が，「泣き」によって表現する「お腹が空いた」「おむつがぬれた」「遊んでほしい」などの欲求に対し，親やそれに代わる人が，適切に，応答的にケアを提供できるかどうかが重要である。このときのおとなの対応が子どものアタッチメントの質を決定し，将来の子どもの対人関係の基礎を形成する。

　子どもにとって，親やそれに代わる人から受ける日常的な世話は，生きていくことそのものであり，生命に直結したものである。そうであるからこそ，親やそ

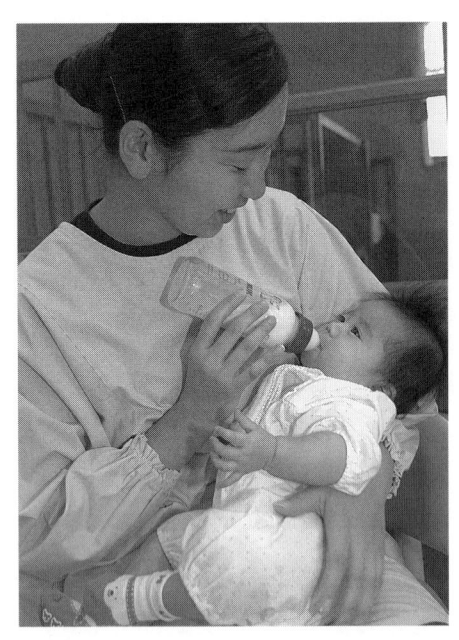

写真2-1　授乳は愛着関係が育まれる最も重要なとき

れに代わる人との間に強いアタッチメントが形成され，それは非常に重要なものとなる。そして，このときに形成されたアタッチメントは，生涯にわたって子どもの心のなかに印象づけられていく。つまり，この時期のおとなとの関わりは子どもの脳を育てているといえる。

2 アタッチメント行動

　乳児は，生後6か月頃になると，特定の親密なおとなに対して愛着に関連した行動をみせるようになる。ボウルビィは，このような行動をアタッチメント行動とよび，親密なおとなとの関わりのなかで，子どもが抱く表象であるとした。そこで，エインズワースらは，このアタッチメント行動を実験的手法のなかで確認し，乳児のアタッチメントのタイプを分類した。
　エインズワースらが開発したSS法とアタッチメントの判定方法を以下に述べる。
　母親は，見知らない実験者がいる見知らない実験室に乳児を連れて行き，子どもが遊んでいる間にその場所を去る。そして，しばらく経った後に再び子どもの許へ戻る。この一連の流れのなかで，母親の不在を知った子どもがどのような反応や行動を示すかを実験者は観察する。そして，そのときの行動から子どもが母親に対して形成しているアタッチメントを判定する。たとえば，母親との分離に大変悲しんだ乳児が，母親と再会したときに，母親への接近を強く求め，その後，間もなくすると機嫌が良くなり再び安心して遊び始めるといった子どもを「安定型」と判定した。また，母親と再会した後もなかなか機嫌がなおらずに長い時間グズグズと不快感を示す子どもを「不安定型」と判定した。最後に，母親との分離や再会にほとんど反応を示さない子どもを「回避型」とし，3つのタイプに分類した。

3 内的作業モデル

　ボウルビィは，乳児が，愛着対象である親密なおとなとの間の相互作用を通して愛着体験を内在化させ，愛着対象に関するモデル，および自己に関するモデルを形成し，それを基に，他者や自己に対してその個人に特有の愛着パターンを表象化すると述べている。これを，"愛着に関する情報処理における個人特有の心的ルールである" として内的作業モデル（Internal Working Models：IWM）を概念化した[3]。したがって，乳幼児期に内在化されたIWMはその後も一生涯にわたってその人の対人関係に作用し，次の世代へと世代間連鎖する。

さらに，IWM に関しては，質問紙の開発により，青年期や成人期の IWM も測定できるようになり，日本や諸外国の研究者が競って調査を行なっている。青年期の IWM に関しては，安定したアタッチメントを形成している若者は人との間に良好な対人関係を形成し，そうでない者は良好な関係を構築することが困難であるといった，他者に対する親和性だけではなく，仕事に対する姿勢にも影響していることが明らかとなっている。

　また，母親の IWM については，IWM の質問紙だけではなく，子育て中の養育態度や育児不安の内容からも判断することができる。これについては後に述べるが，親の感受性豊かな養育行動は子どもの安定したアタッチメントを形成し，応答性の低い養育態度は子どもの不安定なアタッチメントを形成する。つまり，親自身が受けてきた養育態度は，わが子を育てるときにも同じような形で現われるといった愛着の世代間連鎖がみられ，幼い頃に虐待を受けて育った親はわが子にも同様のことをくり返す可能性が高いことを示唆している。したがって，このような世代間連鎖の影響も考慮に入れた支援が求められる。

4 アタッチメントの重要性

　親あるいはそれに代わる人との間に安定したアタッチメントを形成している子どもは，自分に答えてくれるおとなの存在を確信しており，またそのことで自分はおとなを呼び寄せる力があることを信じている。この思いは，子どもの行動を活発にし，探索行動も拡大させる。初めのうちは親の姿が見える範囲まで拡大し，次には親の声が聞こえる範囲まで拡大する。そして，最終的には親の姿が見えなくても，声が聞こえなくても，親の存在は子どものなかに確かなものとして位置づけられているため，子どもはひとりで自由に年齢相応の探索活動を行なうことができるようになる。家から遠く離れた場所へもひとりで行くことができるようになる。こういったことは，対人関係の発展に寄与するだけではなく，子どもの身の回りに存在するモノや動物，事象など，あらゆるものへの子どもの興味や関心，好奇心などを満足させる行動をとる基礎となるという意味で大変重要なことである。

　したがって，身近な人との間に形成された良好なアタッチメントは，エリクソンの第 1 段階の発達課題であるところの，人は信頼できるものであり，自分は何かができる人間であるという自分自身を信じる力を身につけるうえで重要である。しかし，前述したように，アタッチメントは子どもひとりの力で作りあげることはできないもので，あくまでも親などの身近な人との相互作用を通して形成されるという特徴をもっていることをおとなは深く認識すべきである。

人は死の瞬間まで成長・発達を遂げ，変化していく存在である。このことは，不幸にして，幼少期に安定したアタッチメントが形成されなかったとしても，人生のどこかで，人との良い出会いや，支持的な関係を体験することにより，人間は変化する可能性をもっているということである。たとえば，幼い頃に不適切な養育体験をもった母親が，支持的な関わりのできる夫や家族を得て，わが子に対して感受性豊かな養育行動を示すことができるようになった例は多くある。こういった報告はそのことを裏づけるものであり，ここに子育て支援のあり方のひとつの方法を見出すことができる。

5 アタッチメントの研究

アタッチメントのタイプについては，国によってタイプの割合は多少違いがみられているが，国内外の研究から「安定型」「不安定型」「回避型」の3つのタイプが確認されている。おとなに対する調査でも，質問紙を用いた調査により，「安定型」「不安定型」「回避型」の子どもと同様の3つのタイプが確認されている。おとなの場合には，幼少期の親子関係を示すアタッチメントと，それを基礎にして，現在他者に対してどのような愛着関係を形成しているのかを判定するIWMのための質問紙が開発されている。

以上のような基礎的研究を基に，2001年に行なった，日本全国の母親と青年期男女のアタッチメント調査結果の一部を以下に紹介する。大規模なアタッチメント調査を実施した背景には，育児相談に来所した親のなかに，これまでの3タイプのアタッチメントスタイルだけでは，説明できない事例が多くみられたことがきっかけである。

調査は，アタッチメントの調査用紙に母親の育児観などを加えた質問紙を用い，タイプの判定とそのタイプによる育児観や育児不安，外傷体験の違いなどを比較した。

対象は約1万名の母親であり，平均年齢は32歳である。同じ時期に父親や祖母からの回答も多数寄せられたが，これに関しては現在検討中であり今後の課題としたい。

1 アタッチメントのタイプ

アタッチメントのタイプの分類については，基本的には従来の愛着理論のなかで定義されている3分類を用いて行なった。しかし，育児観などの調査も同時に行なったため，それぞれのタイプの特徴がより詳細に説明できるようになった。

「安定型」は，安定した親子関係のなかで育ち，対人関係を構築することが容易である。しかし，その反面，人の痛みや苦悩に心を配ることが苦手な側面ももっている。

「不安定型」は，人との関係を構築することが苦手で，容易に人となじめない。そし

図2-1 親子の「心の絆」の6タイプ

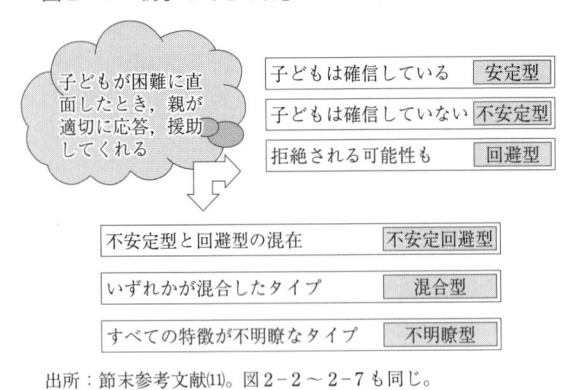

子どもが困難に直面したとき、親が適切に応答、援助してくれる

子どもは確信している	安定型
子どもは確信していない	不安定型
拒絶される可能性も	回避型

不安定型と回避型の混在	不安定回避型
いずれかが混合したタイプ	混合型
すべての特徴が不明瞭なタイプ	不明瞭型

出所：節末参考文献(11)。図2-2～2-7も同じ。

て、問題を内向させやすく、不安定な対人関係を形成することが多い。また、自分を受け入れてくれる人とそうでない人への対応は大きく異なるといった両極性をもっている。

「回避型」は相手との関係のなかで自分自身が傷つくのを恐れ、他人との関係に臆病になり、人からも干渉されず、自らも人との関係に一定の距離を置いた関係を形成するといった対人関係の特徴をもっている。

本研究の結果からは、以上の3つのタイプに加え、不安定型と回避型の特徴が混在した「不安定回避型」、また不安定型や回避型、あるいはそのいずれかに安定型が混在した「混合型」、そしていずれのタイプの特徴も弱く、どのタイプにも判定できないタイプを「不明瞭型」と命名し、6タイプを抽出した。[12]幼少期のアタッチメントもIWMのタイプも同様である。以下に6タイプを示した（図2-1、2-2参照）。

2 タイプの割合と移行

6タイプの占める割合は図2-2に示す通りである。

幼少期アタッチメントのタイプの割合は安定型が30.5%、不安定型が9.2%、回避型が11.3%、不安定回避型が18.0%、混合型が23.0%、不明瞭型が8.0%であった。最も高い割合を示していたのは安定型であり、安定型を含む混合型とを合わせると過半数以上が安定型を含むタイプで占められていた。

成人期のIWMのタイプの割合は安定型が24.6%、不安定型が15.3%、回避型が11.3%、不安定回避型が17.3%、混合型が21.5%、不明瞭型が10.0%であった。最も高い割合を占めていたのは幼少期のアタッチメントと同様に安定型であり、混合型と合わせると46.1%であった。安定型の割合は、幼少期のアタッチメントと比較するとやや減少し、不安定型が増加するといったタイプの移行が生じていた。このような幼少期から成人期へかけてのタイプの移行には、幼少期以降の外傷体験など、他者との間に生じた出来事が深く関与していることが考えられた。とくに母親の場合には、子育てをするなかで、自分自身の親との過去の体験が甦り、そのことが子育てに支障をきたしていることや、母親の身近にいる夫や家族との間の支援関係が構築できているかどうかといったことも大きく関与していた。

そのため、育児相談の依頼は、多くの場合「子どものことで相談したい」というのが主訴であるが、実際のアタッチメントの判定や親との面接場面では、子どもの問題よりも親自身の親子関係や対人関係の問題が中心である。むしろ、そういったことが

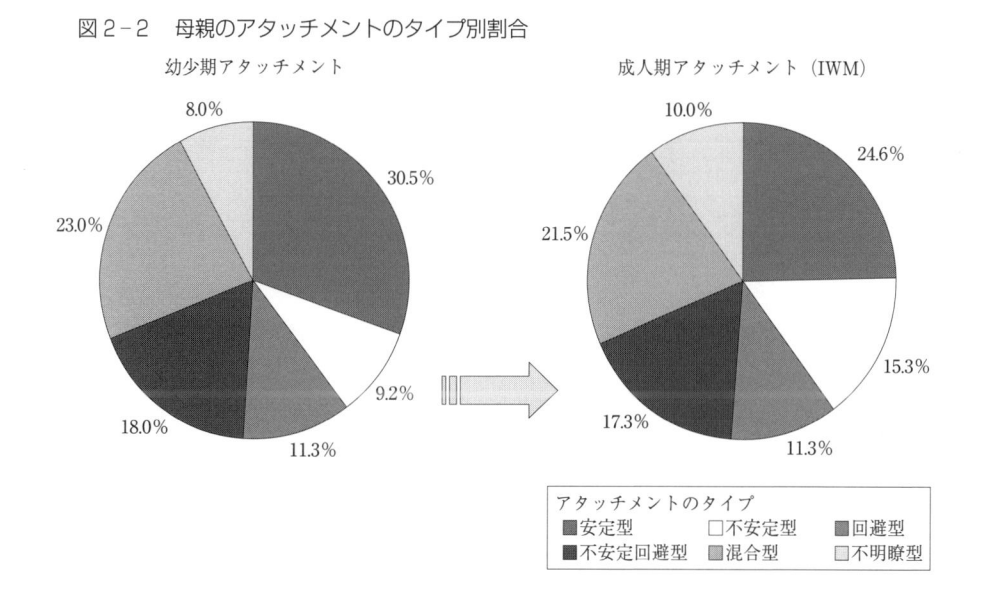

図2-2　母親のアタッチメントのタイプ別割合

　　　　幼少期アタッチメント　　　　　　　　　成人期アタッチメント（IWM）

（左の円グラフ：8.0%、30.5%、9.2%、11.3%、18.0%、23.0%）
（右の円グラフ：10.0%、24.6%、15.3%、11.3%、17.3%、21.5%）

アタッチメントのタイプ
■安定型　　□不安定型　　■回避型
■不安定回避型　■混合型　□不明瞭型

原因となって生じた子育ての問題である場合が多い。とくに，夫婦間のトラブルでは，夫が安定型で妻が不安定型や不安定回避型の強いタイプ（不明瞭型を除いてはそれぞれのタイプには強度がある）といったように，アタッチメントのタイプが極端に異なる組み合わせに多くみられる。これは，お互いのタイプがあまりに異なるため，夫は「妻の不安が理解できない」，妻は「なぜ私の苦しみが理解できないのか」といった，アタッチメント形成に由来する経験や理解の相違から，お互いに問題の見つめ方が異なるために生じた問題であり，お互いに不足な部分を補完しあったり，相互理解をする姿勢に欠けることなどがタイプの移行に影響しているものと考える。[13]

3　幼少期のアタッチメントとIWMの関係

　幼少期のアタッチメントとIWMの関係を図2-3に示した。図からわかるように，成人期のIWMが安定型の者は，幼少期のアタッチメントが安定型や安定型を含む混合型である割合が多く，成人期のIWMが不安定回避型の者は，幼少期に不安定回避型が多くなっていた。このことは幼少期に体験した自分の親との親子関係がその後の対人関係の基礎を成し，現在，他者に対して形成している愛着のタイプの基礎となっていることを示すものである。

4　幼少期のアタッチメントと家庭の印象

　幼少期のアタッチメントと家庭の印象を図2-4に示した。図からわかるように，幼少期のアタッチメントが安定型の者は，約70%が家庭のイメージは「安心できる，明るく楽しい家庭」であったと回答していた。これに対して，不安定回避型は66%の者が「厳しいだけ，居心地の悪い，ほったらかしバラバラな家庭」といったネガテ

図2-3　母親の現在のアタッチメントに占める幼少期アタッチメントの割合

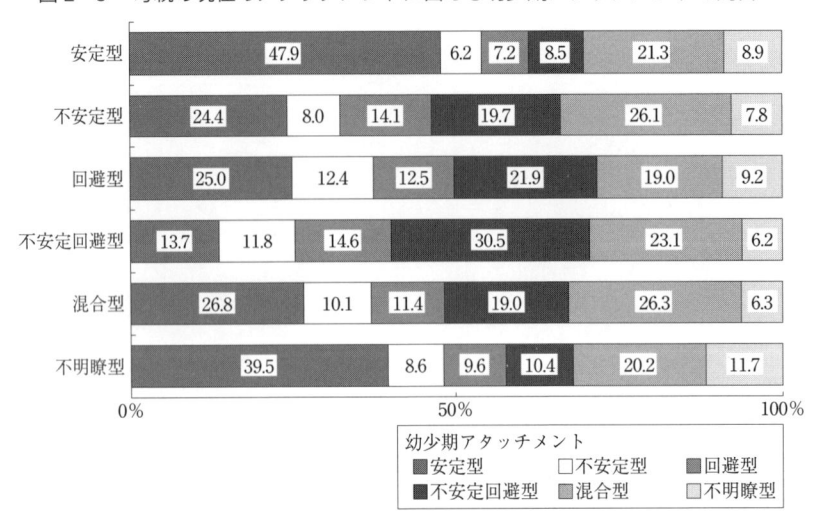

現在＼幼少期	安定型	不安定型	回避型	不安定回避型	混合型	不明瞭型
安定型	47.9	6.2	7.2	8.5	21.3	8.9
不安定型	24.4	8.0	14.1	19.7	26.1	7.8
回避型	25.0	12.4	12.5	21.9	19.0	9.2
不安定回避型	13.7	11.8	14.6	30.5	23.1	6.2
混合型	26.8	10.1	11.4	19.0	26.3	6.3
不明瞭型	39.5	8.6	9.6	10.4	20.2	11.7

図2-4　幼少期アタッチメントのタイプと家庭の印象

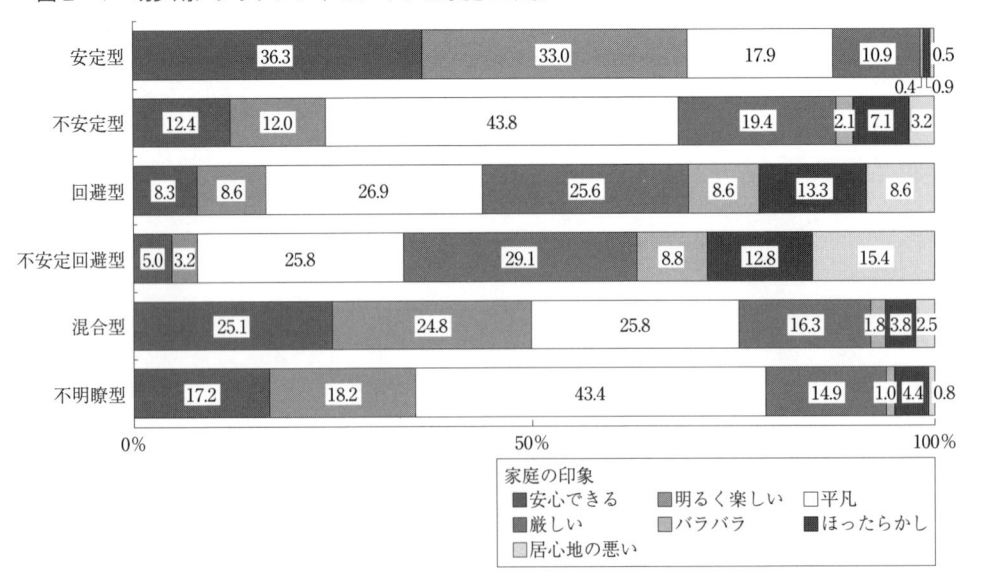

幼少期＼家庭の印象	安心できる	明るく楽しい	平凡	厳しい	バラバラ	ほったらかし	居心地の悪い
安定型	36.3	33.0	17.9	10.9	0.5	0.4	0.9
不安定型	12.4	12.0	43.8	19.4	2.1	7.1	3.2
回避型	8.3	8.6	26.9	25.6	8.6	13.3	8.6
不安定回避型	5.0	3.2	25.8	29.1	8.8	12.8	15.4
混合型	25.1	24.8	25.8	16.3	1.8	3.8	2.5
不明瞭型	17.2	18.2	43.4	14.9	1.0	4.4	0.8

ィブなイメージを回答していた。回避型も不安定回避型と同様なイメージを抱いていた。どのような家庭を作るかは親の生き方や考え方によって異なるが，家庭のあり方は子どものアタッチメントの形成に大きな影響を及ぼしていた。

5　幼少期のアタッチメントと親自身の親との親子関係

　幼少期のアタッチメントと親子関係については図2-5に示した。親子関係については過去と現在の関係から表わしたが，安定型の人は，過去も現在も自分の親との関係が良好である割合が最も多かった。これに対して，「過去の親子関係は良好ではなかったが現在は良好である」と答えた割合が多くみられた不安定回避型や回避型は，

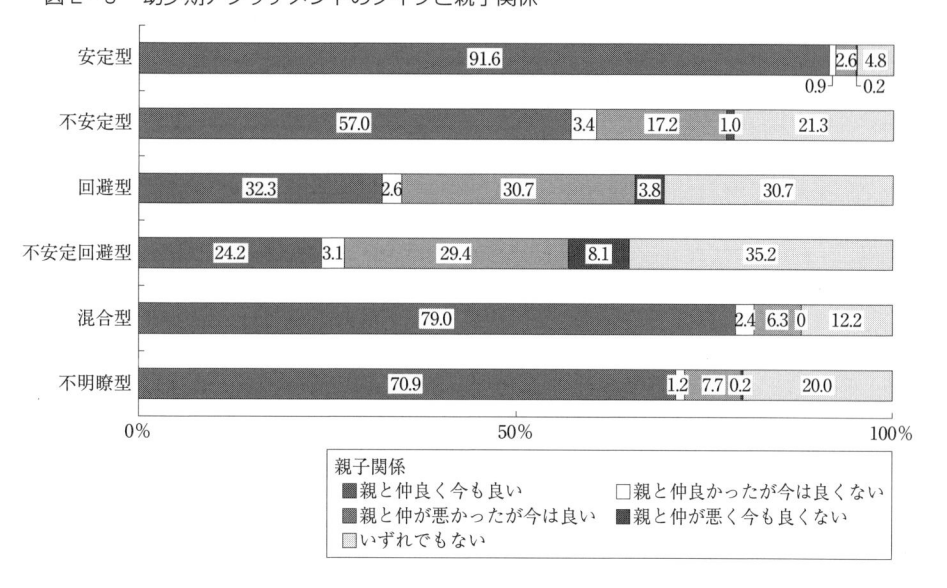

第1節　養育者への愛着と共生関係はどのように育まれるか

図2-5　幼少期アタッチメントのタイプと親子関係

タイプ	親と仲良く今も良い	親と仲良かったが今は良くない	親と仲が悪かったが今は良い	親と仲が悪く今も良くない	いずれでもない
安定型	91.6	0.9	2.6	0.2	4.8
不安定型	57.0	3.4	17.2	1.0	21.3
回避型	32.3	2.6	30.7	3.8	30.7
不安定回避型	24.2	3.1	29.4	8.1	35.2
混合型	79.0	2.4	6.3	0	12.2
不明瞭型	70.9	1.2	7.7	0.2	20.0

子どもをもって親の思いを理解できるようになったためか，親子関係が改善したと回答していた。しかし，不安定回避型，回避型，不安定型，および不明瞭型は「いずれでもない」と回答した割合も多く，親になった今でも自分の親との関係を認めようとはせず，距離を置き，親とは無関係なままで生きることを選んだ者が多く，このような親との関係が，現在子育て中の親の戸惑いや苦悩を一層大きなものにしていることは明らかである。

6　IWM と外傷体験

IWM と外傷体験の関連を図2-6に示した。図に示したように，IWM のタイプにより外傷体験の割合は大きく異なる。これがそれぞれのタイプの対人関係の特徴を顕著に表わすものである。

人との関係を形成するのに大きな困難感を伴わない安定型や，人と深く関わろうとしない回避型，また人に自分の意見を述べたり，明確な意思表示をしない不明瞭型は，人との関係に傷つく機会が少ないため，外傷体験の機会は少なくなる。しかし，不安定型や不安定回避型は，人とスムーズな関係を構築するのが苦手なうえに，ある現象や結果を目の前にしたとき，それは相手が悪いために生じたことであるといった他罰的な考え方をする傾向が強い。そのため他者に対して不用意な発言や態度を取ることが多く，結果として周囲の反感を買うことが多くなる。またこのことが自分自身のなかに新たな不安の種を生み出すといった悪循環のなかに身を置くこととなる。このようなことが不安定型や不安定回避型のタイプの外傷体験の機会を多くしているものと考える。

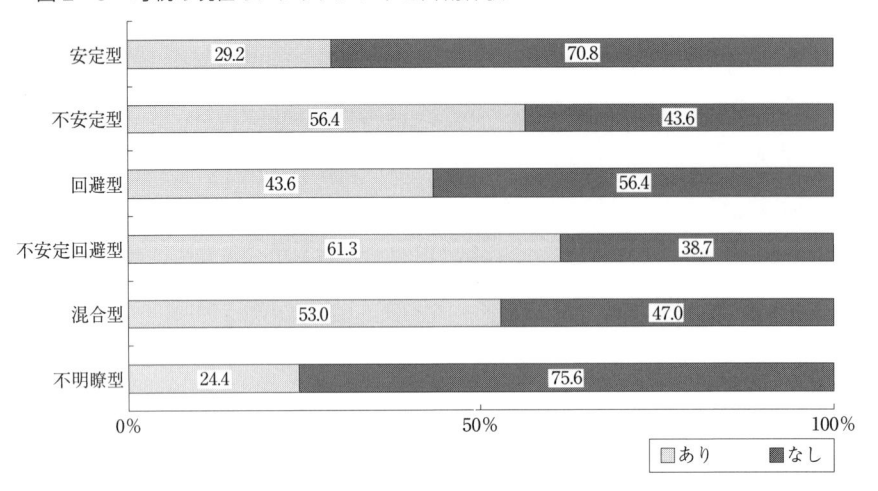

図2-6　母親の現在のアタッチメントと外傷体験

型	あり	なし
安定型	29.2	70.8
不安定型	56.4	43.6
回避型	43.6	56.4
不安定回避型	61.3	38.7
混合型	53.0	47.0
不明瞭型	24.4	75.6

　人はそれぞれの育ち方をし、それによって誰もが自分とは異なる特徴をもっている。しかし、その違いを認め、そのうえで人と協調し、支持的な関係が形成できるように努力することが必要である。そのためには自分自身の課題と真摯に向き合い、困難な状況を回避する方法を学び、乗り越えていく力を身につけなければならない。そして、これからのより良い対人関係に活かしていくことが重要となる。

7　IWMと育児不安

　母親が形成しているIWMのタイプと、育児不安との関係については図2-7に示す通りである。

　子育てをしている親たちが抱く不安は、安定型や不明瞭型では、"病気やけが"などの漠然とした偶発的な出来事に対する不安感であった。一方、不安定型や不安定回避型の母親は、"親自身の資質や能力"といった自分自身の親としてのあり方であり、そして、それが"子どもの性格や発達"に及ぼす影響であった。したがって、不安定型や不安定回避型の母親の育児不安は切実な不安感であり、常に途切れることのない不安であることがわかる。このように、IWMのタイプにより、育児不安の内容も大きく異なっていた。[14]

　これまでの育児相談から、不安定型や不安定回避型の強いタイプを形成している親は、子どもを窮地に追い込む傾向が強く、親子が抜き差しならない状況に陥り、大きな育児不安を抱えて相談に来ることが多い。また、不明瞭型の親は、子どもの訴えや欲求を一応確認してはいるが、それに対して明確な回答や反応を示さないという特徴がある。そのため、一見優しそうなイメージを人に与える。しかし、子どもときちんと向き合うことができないため、子どもに対して対人関係のとり方や社会のルールを伝えることができていない場合が多い。対人関係のとり方を学習していない子どもは、

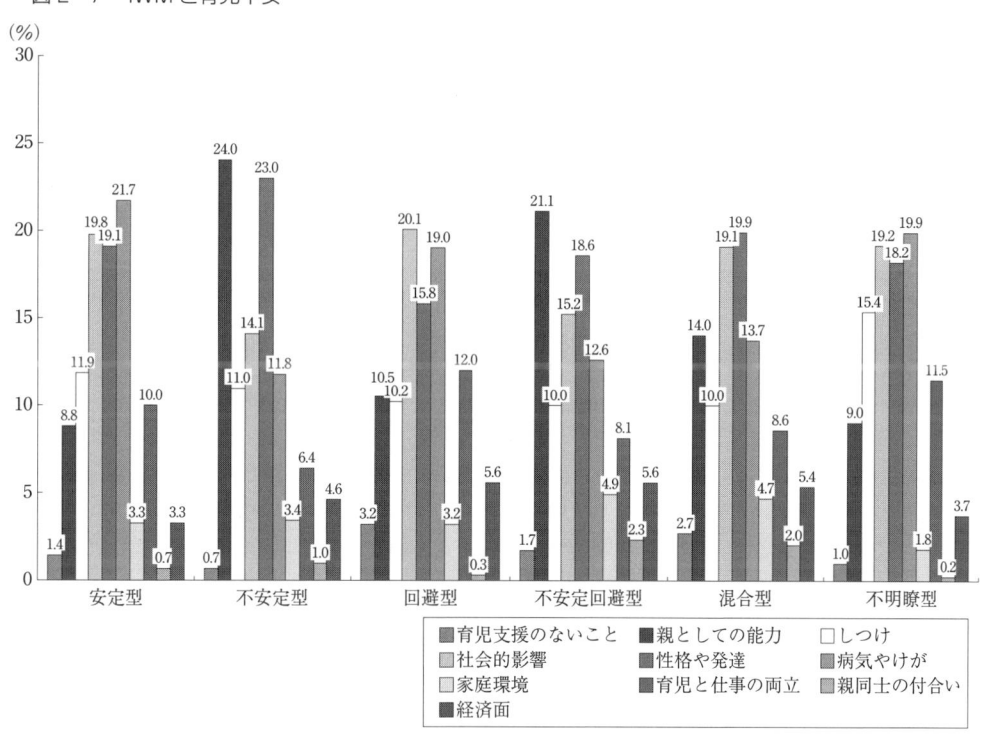

第1節　養育者への愛着と共生関係はどのように育まれるか

図2-7　IWMと育児不安

いじめに遭う機会も多く，そのため不登校や引きこもりになる可能性が高いことも確認されている。これも親自身のアタッチメントが子どもに及ぼす世代間連鎖である。

6　世代間連鎖を断ち切るための支援

1　支持的関係の重要性

　　ボウルビィは，子育ては「親による安全基地の提供である」と述べている。[15] これは，子どもの心やからだが健全に発達するうえで欠くことのできない最も重要なことである。しかし，近年，わが国においては，子どもたちの安全な基地の形成が脅かされつつある。その背景には，わが国の高度経済成長期より急速に進んだ核家族化，都市部への集中化などに代表される社会構造の変化，それにともなう地域力の低下や人間関係の希薄化などから，親になる以前に子どもと接触したことのない親が増えたこともその一因と考えられる。加えて，親自身が抱える自分の親との世代間連鎖の問題に，自分自身の子育てを通して直面し，混乱状態にあることもあげられる。

　　人は自分が育てられたような方法で自分自身の子どもを育てるものである。このことは，不幸にして子どもの頃に親から虐待を受けて育った子どもが，わが子に対しても同じことをくり返すといった，世代間連鎖の報告からも明らかである。これは，親

が自分の親の子育てを基本としてわが子の子育てを行なうためであり，言い換えれば，それ以外の方法を知らないということである。しかし，自分の親に対して良好なアタッチメントを形成できなかったとしても，その後に，重要他者との間に支持的な関係を体験したり，わが子の存在が親としての自分自身のあり方を見つめ直す機会となれば，新たな親子関係や夫婦関係，対人関係を再構築することができることについてはすでに述べてきた通りである。これは，人間が優れて大きな変化を遂げる可能性を内に秘めた存在であることの証でもあり，ここに，子育て支援の果たすべき役割や可能性，意義を見出すことができると考える。

　以下に，世代間連鎖を抱えている親の事例を紹介する。どのような問題があるのか，そしてどのような介入が必要であるのかを考えてほしい。

2 事例から介入のあり方を考える——表に表われている問題とその根底にある問題

① 子どものオネショを相談に来たある園児の母親に対する保育者の対応

　4歳11か月になる子どもの母親は，昼間のおむつが外れるようになったので夜間のおむつも外れるのではないかと期待し，寝る前の水分をひかえさせながら様子を見ていた。しかし，なかなかおむつが外れないので，どうすれば排泄が自立するのかを再度相談に来た。

　相談を受けた主任保育者は，またいつものオネショの話だなと思った。保育者は日頃から大声で子どもを叱っている母親の様子を見ているため，きっと家ではオネショをした子どもを叩いているに違いないと思い，そのことが頭を離れずにいた。そこで，今日こそは子どものオネショが治らないのは，母親が子どもを叱ることが原因だとはっきり伝えなければならないと思った。そのため，相談に来た母親を責めるような対応に終始し，子どもを叩いていることを白状させるような対応をとり，子どもを叱らずに可愛いと思うようになることが大切だとアドバイスした。相談に来た母親は「そのようなことをしないとオネショは治らないのか」「父親だって叩いている」と納得できないまま不機嫌な様子で帰宅した。

② 親が抱えている問題

　母親の相談の内容とそれに対する主任保育者の対応は以上のようなことであるが，実はこの母親が抱えている問題は別のところにあった。子どもに対して「叱る」「叩く」といった対応しかとれないこの母親は，幼い頃，自分の母親が成績や容貌の優れた妹ばかりを可愛がるため，自分は母親から愛されずに育ったという強い思いを抱いて生きてきた。そのため，早く家を出て自立したい気持ちが強く，高校を卒業するとすぐに，中学時代の恩師である夫と結婚した。母親になってからも，自分の母親からは親としてのあり方を非難されてばかりいた。子どもは祖母や母親の妹である叔母になついており，母親の実家にばかり行きたがり，このような子どもの行動も母親の悩

みの種となっていた。また、夫からは「妻は何もできず、子どもが2人いるようなものだ」と言われ続けてきた。

③ 対象を理解するための情報とその活用

相談を受けたこの主任保育者は、以上に述べたような、母親が置かれた状況を理解するのに十分な情報をもっていた。しかし、この保育者は、目の前でくり広げられている母と子の現象だけに注目し、「いつも子どもを叱り、愛することのできない母親」といった、一方的な見方や偏見、思い込みから、母親が抱える本当の問題に着目することができずにいた。そのため、相談に訪れた母親に対して、日頃からこの母親の対応に問題があると感じていた保育者は、自分の思い込みや偏見をそのままぶつけてしまい適切な介入が行なえなかった。

母親が、自ら進んで相談にやって来たことは貴重な介入のチャンスであったが、その機会を十分に活用できなかった。このようなことはめずらしいことではない。おそらく、多くの保育所においてこのようなことが日常茶飯事に生じているのではないかと考える。

④ 支援の方向性の検討

この母親は子どもを可愛くないと思っているわけではない。オネショが続くことを心配しているのである。しかし、実家からは母親の対応が悪いためにオネショが治らないのだと言われており、子どもは実家へばかり行きたがる。そして、夫からは母親失格であるような見方や対応を受けている。このような母親の苦悩を理解できる立場にいるのは、母親の状況を最も総合的に理解できる情報をもっている保育者である。

この母親は、実母から愛された経験がないと思っており、高校卒業と同時に結婚し家を出た。そのため、子どもと関わった経験もなく、子どもへの対応の仕方がわからない。しかし、この母親は、自分の恩師である夫も子どもを叩いて育てており、教師である夫が子どもを叩いているその姿を見て、夫から育児行動を学習していることが考えられた。

そのような母親に対して、「叩かないで」「叱らないで」、そして愛された経験がない母親に、「わが子を愛するように」と言ったところで、どうすることが子どもや周囲の者の期待に応えることなのかこの母親はわからない。わからないからこそ、母親にとって唯一頼ることのできる、子育ての専門家である保育者の許へ相談に来たのである。

子どもへの関わり方がわからない親に対しては、具体的な関わり方の方法を伝えていくことが重要である。「〜をやってはいけない」「愛しなさい」「可愛いと思いなさい」と禁止事項や抽象的なことを言っても、問題の解決にはつながらない。また、この母親のように、家族のなかで孤立している母親だけに状況を変化させるようなことを伝えても意味をなさない。このような場合には家族全体を介入の対象とした支援が

必要である。夫や実母との関係が改善されるように家族全体を支援することで，この母親が本来もっている母親としての力は活きてくる。そしてそのような支援が，母親のアタッチメントの改善も促していくのである。

さまざまな事件が発生するなかで，専門家は，優れた子育て支援のできる専門性を身につけることが重要である。

⑤　間違った介入がもたらす結果

この事例は，問題を抱えて相談に来た母親に対して，保育者が貴重な介入のチャンスを逃しただけではなく，母親を混乱に陥れてしまった。このことは，後の母親の子育てに悪影響を及ぼす可能性を秘めている。つまり，夫，実母，そして主任保育者に対する母親の怒りはそのままわが子に向けられ，「お前がいつまでもオネショをするから私が悪いように言われるのだ」と，今よりもひどい状況にその子を追い込み，母親自身ももっと辛い立場に立つことが考えられる。

したがって，介入を行なう際には，自分の偏見や先入観に支配された言動を控え，相手が訴えている内容に耳を傾け，そのなかに含まれている問題解決のための大切な情報を見逃さないことが重要である。そして，知り得た情報を基に，保育者が理解したことを相談者に確認し，解決のための方向性を相互に共有することが重要な介入の第一歩となる。

7　保育は「実践の科学」である

保育所では，相手の眼を見て話をすることのできない親，自分の殻に閉じこもって相手の介入を拒否する親，極端に明るい親などいろいろなアタッチメントのタイプをもつ親と接する機会がある。それぞれのタイプにより育児不安の内容も対人関係のとり方も，子育ての方法もさまざまに異なる。このことを念頭に置きながら，そして親のタイプと専門家である自分自身のタイプの違いも意識したうえで，子どもたちの幸せのために広い心をもち，相手を理解し，どのような関わりをすれば相手の心に届く言葉かけや支援ができるのかを科学することが重要である。

保育とは子育てを目的とした「実践の科学」である[16]。子どもを育てること，これは相手と自分との関わりのプロセスである。このような関係は，分析的な評価が

写真2-2　「お庭で遊ぼうね」

可能である。子どもを中心に置いた，人と人との関わりは，親を育て，専門家自身を育てる機会として重要である。何気ない言葉で親を傷つけたり，混乱に陥るような専門家はその専門性の低さを示すものである。専門家として科学的視点をもって，優れた子育て支援を行なってほしいものである。

参考文献（第2章第1節）
(1) Bowlby, J., *Attachment and Loss, vol. 1, Attachment*, Basic Books, New York, 1969（黒田実郎訳『母子関係の理論Ⅰ愛着』岩崎学術出版社，1976年）．
(2) Ainsworth, M. D., Blehar, M. C. & Waters, E. et al., *Patterns of Attachment*, Erlbaum Associations, NJ : Lawrence, 1978.
(3) Bowlby, J., *Attachment and Loss, vol. 2, Separation*, Basic Books, New York, 1973（黒田実郎訳『母子関係の理論Ⅱ分離不安』岩崎学術出版社，1977年）．
(4) Bartholomew, K. & Horowitz, L. A., "Attachment styles amang youngadults : A test of a four-category model", *Journal of Personality and Social Psychology*, 61 : 226-244, 1991.
(5) 遠藤利彦「内的作業モデルと愛着の世代間伝達」『東京大学教育学部紀要』32 : 203-220, 1992年．
(6) Holmes, J., *John Bowlby and Attachment Theory*, Routledge, New York, 1993（黒田実郎・黒田聖一訳『ボウルビィとアタッチメント理論』岩崎学術出版社，1996年）．
(7) Michael, B. S. & William, H. B., *Attachment in Adults : Clinical and Developmental Perspectives*, Guilford Press, New York, 1994.
(8) 木村留美子・津田朗子・西村真実子・室橋めぐみ・和田丈子・島田三恵子「幼少期のAttachmentとInternal Working Model (IWM)，および対人関係との関連について」『母性衛生』41(1) : 16-23, 2000年．
(9) 木村留美子・和田丈子・室橋めぐみ・島田三恵子「現在のAttachmentであるInternal Working Model (IWM) と職業意識の関係について」『母性衛生』41(1) : 11-15, 2000年．
(10) 木村留美子『子どもって…ね――子育ては子どもとおとなの知恵くらべ』エイデル研究所，2005年．
(11) 『幼少期の親子関係が子育てやパートナーシップとしての対人関係に与える影響――青年期男女について』平成13～15年度科学研究費補助金（基盤研究(c)(2)）研究成果報告書（研究代表者：木村留美子，平成16年5月報告）．
(12) Rumiko, K., Akiko, T., Kimiyo, N. & Aya, K., "The study on the attachment style of the mother—Six types—", *Journal of the Tsuruma Health Sci. Med. Kanazawa Univ.*, Vol. 27 : 81-85, 2003.
(13) 輿水めぐみ「夫婦の対人関係を捉えた子育て支援――愛着理論を用いて」金沢大学大学院医学系研究科博士前期課程修士論文，2005年．
(14) 南家貴美代・木村留美子「母親のInternal Working Modelsと育児観および育児不安との関連」第48回日本小児保健学会，2001年．
(15) Bowlby, J., *A Secure Base : Clinical Applications of Attachment Theory*, Tavistock, London, 1988（二木武監訳『母と子のアタッチメント――心の安全基地』医歯薬出版，1993年）．
(16) 木村留美子『相手との関係を見直すことから始める子育て支援』子どもの発達支援センター，2003年．

第2節　言葉の獲得と自我のめばえ
──0歳～1歳3か月まで

　子どもが言葉を獲得するプロセスで最も重要なときが，0～2，3歳までの，人生の最初の数年間だといわれる。この時期に，子どもが意味のある言葉を獲得するのは，言葉以前に体験から生じたさまざまなイメージの集積があり，そこに言葉が添えられると考えられている。ところが現在は，テレビ・ビデオなどの情報環境の変化，母親の育児能力の低下，人間関係の希薄さ，体験の乏しさから，乳幼児の言葉の遅れが目立っている。

　言葉は，心を表わし，人と人は言葉によって互いの心を伝え合い，自分自身の世界を築きあげていく。乳児も，まず母親のやさしい話しかけや肌のぬくもりのなかで快い感情にひたり，母親との一体感を得る。その一体感のなかで人に甘えたり繋がろうとする力や，自己主張をしながら，自己世界を築く力を育んでいく。すなわち，乳児は，特定の人の言葉を手がかりに自分の言葉を生み出していく。つまりは，いちばん強い関わりのある人との交渉の中から言葉を獲得していくのである。ここでは，乳児の言葉の獲得や人との関わりが自我の育ちの過程であることを考えてみたい。

1　泣く

　新生児の頃は，空腹やおむつがぬれたといった生理的に不快感が理由で泣くことが多い。乳児が泣くと，母親はいつもそばに行ってやさしい声をかけ世話をするので，乳児は不快を訴える手段として，また，自分のもとに人を呼びよせるサインとして泣くようになる。すなわち乳児が泣くという行為は，人に来てほしいと求め訴える言葉にかわる言葉ととらえることができる。1～2か月頃になると泣き声の意味を理解してくれる人が近くにいることを感じとっているのか，泣いても誰もかまってくれないと怒ったように泣くようになる。

　育児にあたる母親（それに代わるおとな）は，なぜ泣いたのか，その訴えを的確にとらえようといろいろ語りかける。乳児にはその言葉の意味はわからなくても，自分の不快な訴えを確実に取り除いてくれる人として，母親の声や表情・行為を感じおぼ

第2節　言葉の獲得と自我のめばえ

えていく。とくに人の音声には特別のリズムや抑揚があり，それが聞こえるといつも特定の人（こと）が出現するということがわかってくる。あやすこと，世話をすることの意味はそこにある。この時期，乳児の身になって快く世話をする母親（またはそれに代わる人）がいないと乳児は，心身ともに不活発になりやすく人と関わりたいという要求をもたなくなってしまう。おとなしく，あまり泣かなかった乳児に言葉の遅れが著しいといわれるのはそのためである（図2-8）。

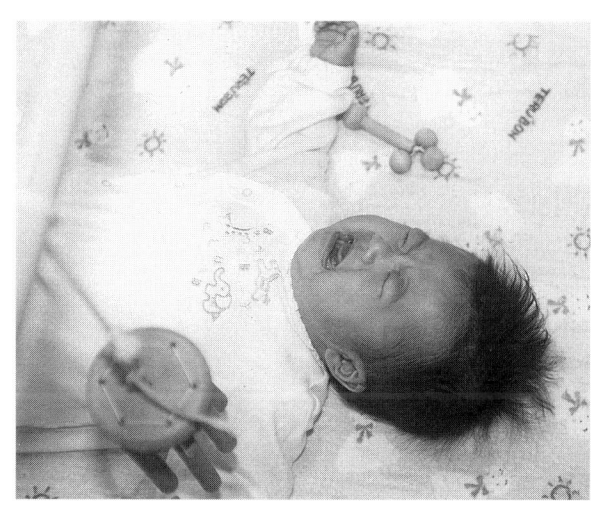

写真2-3　乳児は泣くことで周りの人を自分に呼びよせる

　乳児のさまざまな泣き方を見分け，「おしめがぬれていて気持ちがわるかったのね」とか「さびしくて泣いたのね」などとおとなが乳児の要求を的確にとらえ，言語化し，快い状態をつくっていく育児行動が言葉の誕生の土壌である。

保育所で気をつけたいこと

① 保育所では，ともすると泣いてばかりいる子に手をとられ，あまり泣かない，おとなしい子が手をかけてもらうことが少なくなりがちである。あまり泣かない，おとなしい子には，人一倍あやしたり遊んだり，交わりを楽しくもってほしいものだ。

② よく泣く子は，つい泣いてばかりいるからと放っておかれることが多くなると，人への関心がうすれ，やがてあきらめて泣かなくなってしまうことがある。泣けば人に来てもらえるという気持ちを育むことが交わりを深める。

③ 2，3か月頃，夕方になると決まったようにぐずり出す子がいる（夕暮れ泣き）。泣く原因がわからないと思われているが，夕方はおとなが一番忙しい時間帯である。乳児はかまってもらえなくなることを予測して泣くのであろうか。朝からの疲れが出てくるのかもしれない。何をしても泣きやまず，顔色はいいのに泣き続け，そのうち泣き寝入り，ということが続くようだ。寝起きが元気なら心配はいらない。いずれおさまるものとわりきり，歌などうたって，あまり心配せずに見守る。

④ 乳児が顔を赤くして泣いているようなときはまず大丈夫。しかし，機嫌がよくならず，ずっと泣きっぱなしだったりするときは，病気かもしれない。また，泣く元気もなくグタッとしているときは，一刻も早く病院につれて行く。

図2-8 母親の育児行動

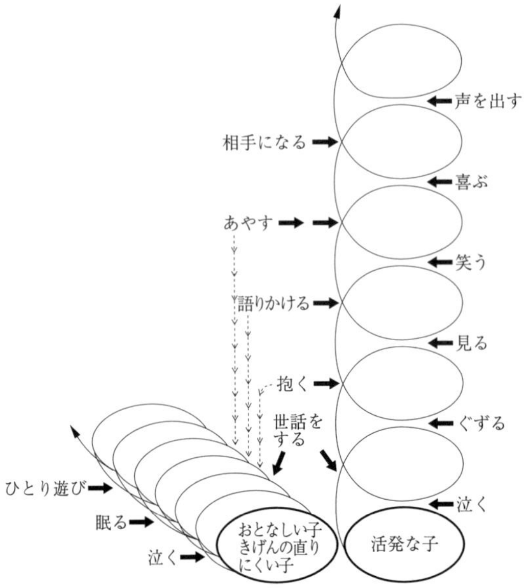

→声を出す
相手になる→
→喜ぶ
あやす→
→笑う
語りかける
→見る
抱く
世話をする
→ぐずる
→泣く
ひとり遊び→
眠る→
泣く→
おとなしい子
きげんの直りにくい子
活発な子

▶赤ちゃんとお母さんとの関係は，いつも相互的，循環的，螺旋的である。そのために，活発な子はますます活発になり，手のかからないおとなしい子はますますおとなしくなり，生後1，2年たつと，もう成長に大きな差が出てくる。

出所：田口・増井 1976。

　4，5か月頃になると，泣き方に表情がついてくる。眠いときの泣き方，甘えたいときの泣き方など，その泣き方で乳児の訴えている理由がわかってくるので，世話もしやすくなり，泣く回数も減ってくる。おとなの見えるところに連れてきて声をかけてやるだけで機嫌よくすごすことも多くなってくる。自分の指をなめたりし，ひとりで楽しみ方を見つけられるようにもなる。育児が楽しくなるということは，乳児の心が読めるようになり，お互いに気持ちを通わせあえることにつきると思う。

2 笑　う

　笑いは人間だけの表情形態であり，人と人との関わりを成立させるための最も有効な手段である。乳児の笑いを誘発するのは人の顔，とりわけおとなの笑顔に祝福されて笑いが生まれる。すなわち，乳児によく笑いかけるおとなの笑顔が手本になるのである。「よく泣く子どもほどよく笑う子に育つ」と昔からいわれてきたが近頃はどうもこの笑いが乏しくなっている。「笑いは生の楽しさの尺度」（柳田國男）。『生まれてきてよかった』『わたしはみんなに愛されている』『人と一緒で楽しい』という自己信頼や他者信頼が育まれていく証でもある。

　乳児に最初に現われる笑いは，生後2週間ぐらいにみられる生理的微笑ともよばれる対象のない笑いである。ところが，生後2か月頃からは，外的な刺激によって引き起こされる「誘発的微笑」が起こってきて，3か月頃には，人の顔に対して最もよく

笑うようになる。それは，相手と融合した関係のなかで生じてくる，いわば感情や気持ちが繋がりあうという劇的な出来事を意味している。このような快感情の共有こそ，コミュニケーションや愛情を支える基盤である。さらに，乳児の首すわりが安定してくると，笑い声が出てくる。おはしゃぎ遊びやふれあい遊びをたくさんして，声を出して笑わせてほしい。あやされ，笑うことによって手足の動きが活発になり，声もよく出るようになる。つまり笑うことで発声力を促すのである（おはしゃぎ遊び，115頁参照）。

また上機嫌のとき，あやす⇔あやされるという関係が成り立つと，乳児はそこで，自分をあやしてくれる人に注意を集中して，じっくり相手を観察するようになる。と同時に，その人への親愛も培われる。泣くことは，人を引き寄せる力になるが，不快な状態のときには，関わりを楽しむどころではない。機嫌がよいときだからこそ，相手のすることを見たり聞いたり活発に学べるのである。人と一緒にいると楽しいという快感情の共有，自我形成の礎，コミュニケーションの第一歩だといえよう。「私というものは他者によってできるのです。そしてそれは自分のことを圧倒的に歓迎してくれる他者なのです。受け入れてくれる他者なのです。人は喜びや感情を共有し合う経験なしには自分を作り上げていくことが出来ないのです」（佐々木 2005：91頁）。

生後6，7か月を過ぎる頃から，人見知りが始まり，これまでのようにあやしてくれる人誰にでも笑い顔を見せるということがなくなってくるが，自分の世話をしてくれる特定の人を見分ける力が育ち，その人との関わりをますます求めるようになる気持ちをしっかり受けとめたいものである。

3 視線の共有

乳児期のコミュニケーションで微笑と同時に重要な役割を果たしているものが，目の働き，すなわち目と目を合わせ，互いの感情を交わしあう力である。

見る力は新生児からあるが，生後4か月頃から見る機能が確立してくる。たとえば，見つめあっている一方のおとなの目が移ると，乳児も視線を移して，おとなの見ている方を見ようとする。つまり相手と視線を共有し，おとなの注視したものに乳児も関心をむけることができるようになってくるのである。ここには，相手と視線を共有しながら，同一の対象を見るという能力が育っていくのである。すなわち，特定のおとなと子どもとのコミュニケーションの基本的条件のひとつが満たされることになる。これが後には，相手の指さしの方向を見るという力につながっていくのである。この目と目でお互いの感情や気持ちがわかりあえるようになる働きは，思いやり行為の第一歩。言葉を交わしあえるようになっても，将来ずっと必要な力である。人は，言葉がなくても，目と目で，笑いと笑いで通じあえるのである。言葉以前のコミュニ

ケーションこそ心から溢れ出た無言の言葉といえる。

　ところが，最近，視線がしっくり合わないためにコミュニケーションがなかなかできにくい乳幼児が増えている。日々の授乳やおむつ交換の際に，母親がテレビを見ていたり，携帯電話でメールを打つなどしていることが習慣化しつつあり，それがひとつの原因ではないかと考えられる。

　授乳は，たんに空腹が満たされるだけでなく，自分の要求を満たしてくれる人に，しっかり抱かれていたいという愛着行為の求めでもある。その安定感のなかで目と目が通じあい，乳児は無言の充足感を得て，母親（授乳をしてくれるおとな）に絶対の信頼を寄せるようになるのである。この目と目の絆，心のやりとりこそ言葉の始まりといえるのではないだろうか。

4 喃 語

　「声は人なり」といわれる。声には，常にその人の感情が表われるものである。子どもは母親の胎内にいるときから，母親の言葉を聞き，誕生後も胎児期に聞いた音声をおぼえているといわれる。それで乳児は，いつも聞き慣れた人の声がすると，全身で手足をバタバタさせて喜びを表現するのだろう。また次第に，その声とともに自分の世話をしてくれる特定の人が必ず現われるということがわかってくる。

　乳児にとって，特定の親しいおとなの言葉は，意味のある言葉であるより，心をともなった音声，すなわち音楽のような快さをもたらすものなのではないだろうか。乳児は生後2，3か月頃から，自分でも機嫌のよいとき音声（喃語）を発するようになる。その後1，2か月ぐらいたつと，特定のおとなの話しかけに応えるように，さかんに「アーアーアー」「ブーブーブー」といった喃語を発するようになる。これはおとなが口を開いたりすぼめたりするときの表情をじいっと見つめ，模倣しようとする視覚的な言葉の学習と同時に，おとなの愛情のこもった音声が乳児の行動に積極的な反応を呼び起こすのである。そして生後6，7か月になると，よだれやつばをふきながら「あぶぶぶー」「あむあむあー」などと違う音声を組み合わせながら発声する喜びや，喃語で人と関わる楽しさを味わえるようになってくるのである。そのようなとき「そう，お話できるのね」「おなかがすいてきたの？」などとうなずいたり，言葉を返したりすると，喃語はますます続き，発声することに懸命になる。また，乳児と同じ音声でくり返し喃語を発した後などに，今までとは違う音声を聞かせたりすると，乳児はじいっとおとなの唇を見つめ，それに近い音声を出そうと模倣する姿が見られるようになる。喃語のくり返しのなかで，発声筋肉運動を司る構音器官と聴覚神経が協応する働きが発達してくる。やがて，ある特定の音声（マンマなら，マとンと

マという音の組み合わせ）が，どの人にとってもほぼ共通する表象と結びついていくことがわかり，意味をもった言葉で通じあえるようになっていくのである。

　この時期，何よりも大切にしたい体験は，乳児が自ら発する喃語に対し，おとなが一体となって交わり，人と関わる喜びを満たしていくことではないか。この喜びの感情，満足感が内発的な動機づけになって，発声行動が活発になり感情交流が豊かになっていくのである。

5 モノとの関わりと共同注視から指さしへ

　乳児が母親（特定の人）と喜んで交わるようになるということのほかに，一方で，乳児がモノの世界に関心を示すようになることも，この時期言葉の獲得に欠かせないことである。

　おすわりやハイハイができるようになると，乳児の視界がまず変化する。とくにハイハイができるようになると，自分から目を輝かせて興味あるモノに突進していき，つかんだりなめたり，放ったりすることができるようになり，モノへの関心が急速に拡大する。このモノへの関心と行動の拡大は，これまで中心であった人との関わりと異なった反応で乳児にとらえられるようである。

　人は，乳児が働きかけるとそれに応じた反応をする。そこで乳児はまたその人に応じた反応をすればよいわけである。つまり，いつも同じ反応がかえってくることから，同調行動による喜びが芽生え，模倣行動が活発に促されるのである。これに対して，モノは，乳児の思い通りに反応してくれない。モノをさわったとたん音がしたとか，目の前から見えなくなってしまうなど，その反応はさまざまで，乳児にとっては意外なことが多いものなのである。しかし，探索欲の旺盛な乳児は，いろいろなモノにふれながら人とは異なる関わりの世界にも，興味をもち始める。

　10か月頃から，乳児は，たとえば取ってほしいモノなどを見つけると，「あっあっ」と発しながら指をさすようになる。とくに自分の好きなモノなどを見つけると『ほら，みて』といわんばかりに自分の発見の喜びを指さしで表現することもある。

　乳児にとって人差し指は，自分の発見した新奇なモノを大好きなおとなに伝えようとするコミュニケーションの手立だ。最初は新奇なモノを探索する手段だった指さ

写真2-4　同調行為で気持ちが通いあう

しが,『見て見て, あそこに大きなわんわんがいたよ』などと具体的な要求を伝達する手段になっていく。おとなは, 乳児が指さした同じ物を見つめ, 「ほんと, 大きなわんわんがいたね」など, その子の伝えたかったことや感動を言語化し共感する。そのようなくり返しによって乳児は, やがてモノに名前があることや, 自分の思いが確かに人に伝わる喜びを味わうようになる。『自分もこの人と同じモノを見たよ』といっしょに見ることによってお互いの心に喜びの気持ちが膨らむ。言葉と同様, その前兆といわれる指さしも, 人と気持ちを響きあわせ, 伝えあうコミュニケーションの媒体である。また, 指さしやモノを仲立ちにしながら, 子どもとおとなが, 聞く—話す—聞く—話すという対話の基本を体験していることも見のがせない。

6 やりとり遊びと三項関係

およそ10か月を過ぎる頃から乳児は, 人からモノをもらうだけでなく, 人に渡す喜びを得るようになる。

離乳食を食べさせてもらっていた10か月の乳児が, ある日, 初めて母親の口にスプーンをもっていき, いかにも『食べてちょうだい』といわんばかりに自分の食べ物を押しつけることがある。そんなとき「おいしいね, アムアム」と食べてやるとキャッキャッと声をたてて喜ぶ様子を見せる。そこで今度は母親が「はい, どうぞ」と乳児の口に食べ物を入れてやると, 母親がしたとおりに口を動かし「アムアム」と首を振る。スプーンという乳児の生活に欠かせない大事なモノを介して, 母と子がお互いに食べさせっこをするという, いわばやりとりを楽しめるようになってくる。乳児は人からモノをもらうだけでなく, 自分から人にあげようとする行為を楽しむようになってきたわけである。このようにモノを仲立ちにして乳児が人とやりとりをしあう関係を三項関係と呼ぶ。乳児が一方的におとなから受けるだけでなく, 自分から人に関わっていこうとする気持ちが言葉の習得を促すのである。また, 乳児とおとなの間に, その両者がともに関心をもつ第三のモノ(こと)が入ってきたとき, 言葉は, 本当に必要になり, やがてそのモノに名前があることもわかってくるのである。

乳児が事物(現象)に名前があることに気づくようになる時期は, かなり個人差があるのでいちがいにはいえないが, おおかた9〜13か月頃ではないかといわれる。たとえば, 玩具棚から猫のぬいぐるみ人形を取り出しながら「ニャーニャー」というような言葉を発する。そのほかのどういう場面でニャーニャーと発するかは不明としても, 猫のぬいぐるみがニャーニャーであるというモノと言葉の連繫は確かのようである。そのモノに固有の意味が宿り始めたということである。犬を見ても, 他のよつんばいの動物を見ても「ニャーニャー」であったりするが, おおよそ「動物」をさし

てその総称として「ニャーニャー」とよんでいるようである。モノに名前があることに気づき始めた子どもは、その後、指さしや発語が著しく活発になっていく。

7 象徴能力の発達

　言葉の獲得のために、この時期に必要な力は、まだほかにもいくつかある。たとえば象徴能力はその最も重要な力のひとつである。象徴能力とは、今、目の前にないものを頭に思い描く力である。言葉とは、りんごなら「り・ん・ご」という3つの音の組みあわせでできた一種の記号のようなものである。目の前にその物（りんご）がなくても使うことができ、その言葉を聞いたとき、その実物を思い描く、すなわち表象する力が育っていかなければならない。これらは、あるモノを何かにみたてたり、誰かのふりをするという行為（働き）と関連している。積み木をバスにみたてて押したり、空の容器でもごくごくのむまねをして『あーおいしかった』といわんばかりに舌づつみをうつ。このような象徴遊びが出現すると、発語はもうまもなくだといわれる。言葉の前兆としてさかんにみたて遊びをするようになる。というのは、バスやジュースという実物が目の前になくても、それについてのイメージを蓄えているので象徴遊びが可能になるのである。乳児が、さまざまな見立て遊びを楽しんでいるとき、おとなは、今、何をイメージして遊んでいるのか理解し、そのつもりになって一緒に遊びを楽しんだり、「ああ、いま、お風呂に入っているのね」などと子どものイマジネーションの世界を言語化していく。それにより、子どもが自分の行為やイマジネーションの世界を意識してとらえられるようになっていくことが大切である。
　この時期の子どもがよく行なう模倣行為も同様である。
　今まで、お父さんがかけているメガネを見つけて、自分の目にかけようとするようになる。これは、メガネを見た瞬間、その子の頭の中に、日頃メガネをかけている父親のイメージが浮かんできて、それを再現しようとする姿と思われる。乳児がまず、身近な親しいおとなの模倣をしながら、積極的におとなを学んでいる姿、すなわち、まなぶという言葉はまねぶという語源からきているといわれる。つまり、模倣行為も象徴能力を培う重要な働きを果たしているといえる。

8 言葉の理解

　母親が「そろそろ買い物にでもいこうかな」などとひとりごとをいっていると、そばでそれを聞いていた子どもが、おんぶひもや買い物カゴをトコトコと運んでくるの

で,「よく,まあ,わかっていることだ」と感心させられることがある。子どもが,ある言葉を言えるようになるまでには,まずその言葉がわかるようにならなければならない。生活のなかでくり返し行動した体験を,おとながなにげなく言葉におきかえて話しているので,子どもは,日頃の行動やモノと言葉を結びつけて理解できるようになってくるのである。

図2-9の氷山の絵は,水面下の「わかることがら」「わかる言葉」が十分に蓄えられてはじめて「言える言葉」が表われることを意味している。

それゆえ乳児の言葉を早く出させようと,おとなの側から一方的に言葉の発音の模倣をさせたり,言わせよう言わせようとあせらないことである。「これ,なに? おはなよ,おはな,はい,言ってごらんなさい」と調教的に促すやり方はかえって言葉の発語を遅らせることもある。そればかりでなく,子どもの言いたい気持ち,伝えたいという思いを損なうことにもなりかねない。

話したい気持ちはあるのに,言葉がなかなか出てこない子どもたちのなかには,わかりにくい音声語で,モニャモニャとさかんに言い続けることがある。いかにもおしゃべりをしているというようなイントネーションで,本人は話しているつもりになっているのである。そんなときも,保育者は言いたいという思いが溢れていることを汲みとり,「そう,○○ちゃんは,おはながきれいっていっているのね」などと,話したがっている内容を的確にとらえて応答し,会話の喜びを満たしてあげることが大切である。

また,おとなの言っていることはよくわかっているのに,いっこうに言葉らしい言葉を発しない子もいる。「○○ちゃん,おなかすいた?」「そろそろごはんにしましょうか?」と問いかければ「うんうん」とうなずき手を洗いにいく,など聞いてわかる力は育っているのに,言葉がなかなか出てこないと相談されるケースである。しかし,「言える言葉」は,図2-9のように,わかることがらとわかる言葉の土台の上に積み重ねられていくものなのである。水面下の力が確かに育っていれば,発語が遅くても心配することはない。むしろ,日常生活のなかで,さまざまな体験を重ねながら,言葉と結びつけながら,わかることがらの世界をしっかりと構築していくことが何より重要なことではないだろうか。

図2-9 言葉の根を理解する

言える言葉
わかる言葉
わかることがら

言葉の表出
「ジュース」と言う

言葉の理解
「ジュース飲む?」とたずねるとうなずく

言葉に関連した体験・行動
「ジュースを飲む」という行動

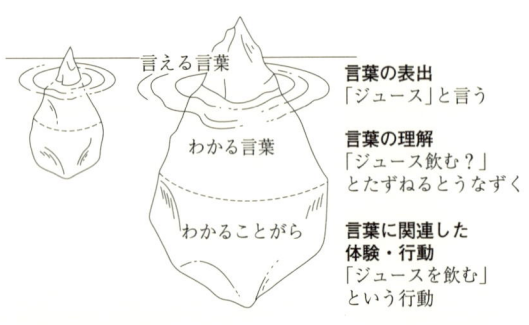

出所:中川 1987。

第3節　1・2歳児の言葉と自我の育ち

1　一語文の発生と第一質問期

　個人差はあるが，およそ12～15か月頃の間に，子どもは意味のある言葉を発するようになる。それは，話し手，聞き手，対象の三者が関わりあう表現の場が形成されているということを意味し，自己表現の場を成立させる伝達機能，指示，象徴機能が発達していることを表わしている。

　村田孝次は『幼児の言語発達』（培風館）のなかで「初語は，初語期ともいえるような幅のある時期に生じる語とみるべきであろうか」とまず疑問を呈し，初語の意味する事柄は，(1)きわめて重要な欲求に関するもの（母親・食物・睡眠）と，(2)これより重要性の低い，満足したり遊んだりしているときに生じる欲求に関するものだとしている。また人に関するもの（父や母など）が40％，人の行為に関するもの（バイバイなど）が51％で，残りわずかが動物や機械に関するものであると述べている。

　乳児がたとえば「ブーブ」（自動車）という一語で，いろいろな意味内容を含んだ一文に相当する表現をするようになることから一語文と呼んでいる。幼児がたとえば「ブーブ」と言ったとき，「あっ自動車が来たよ」と言わんとしたのか，「自動車に乗ってみたい」と言おうとしたのか，「ぼく，自動車すきなんだ，ほら，みて」と言いたかったのか，「あれは，自動車っていうんだよね」と確かめたかったのか……。いかにも緊張したこわばった表情でいえば，「自動車こわいこわい」という内容にもとれるわけである。また，この「ブーブ」は，乗り物を指して発しており，それ以外のたとえば動物を見てブーブということはない。このことは，早くも，子どものなかに，言葉の概念形成が始まりつつあることを示している（「マンマ」は，食べ物だけを指して発する）。さかんに一語文を発して，おとなと関わろうとするこの時期，子どもたちの一語にこめられた思いを，的確につかみ，その子のほんとうに伝えたかった隠れた言葉を読みとり，補いながら，通じあう喜びを満たしていくことにおとなの役割がある。

自分の足で，自在に歩きまわれるようになると，幼児はさかんに周囲のモノの探索を始める。手を使って黙々とモノをもてあそぶうちに，おとなの言葉かけで，次第にそれらのモノにも名前があることがわかってくる。すると，それまでの幼児の手の働きがやがて「これ，なあに？」という言葉におきかえられていく。第一質問期（１歳半～２歳半頃）というのは，主にモノの名前を聞きたがる時期である。場面に応じておとながていねいに答えてやることによって語彙が急速に増えていく時期でもある。２歳半頃まで「あれは？」「どれ？」「どこ？」といった，具体的な事物とか人に関する質問がさかんになる。

2　拒否の言葉と自我のめばえ——自己主張の始まり

　A. ポルトマンによれば，赤ん坊がオギャーと生まれるのは，生き物としての人の誕生であり，自我というものが現われるようになる１歳児の時期を「人間の誕生」とよんでいる。確かに一語文を発するようになった幼児は，自分が誰であるか，すなわち自分に名前があることがわかってくると，たちまち自己表出の言葉（「いやっ」「だめっ」「ひとりで」）を発するようになる。自分の名前を手がかりに，状況や時間を越えて，いつもいる自分を認められるようになるのである。そして常に，「自分はここにいる！」「自分のことを尊重して」と訴えたい思いが，自己表出の言葉になっていくのである。そしてこれまで特定のおとなから世話されてきた一つひとつのこと（たとえば「さあ，ごはんにしましょうね」とか「おしっこが出るからトイレにいきましょう」などと促されること）をまずは「いやっ」「だめっ」と否定し，『あなたの思い通りにはしたくない』『自分自身で決めたいの』『わたしが選びたいの』と主張するようになってくる。そして，どこまで自分の主張がとおるものかを探っていく。自己主張とは「自分の存在」をアピールし，自分を尊重してほしいという要求を表現することである。したがって，おとなは，せっかく芽生え始めた幼児の自我意識を尊重し，その子の心の求めをしっかり見極め，それを実現させていく必要がある。

　ところがおとなは，自我が芽生えてきた子どもに，つい「だめじゃないでしょ」「いけません」と一方的に抑え込んでしまう傾向が強いのではないか。それでは，せっかく発育しようとする「意思のめばえ」を摘み取ってしまうことになる。「だめっ」と言うのではなく，おとながしてほしいことを，具体的に伝えるようにする。たとえば，水をジャーと出して蛇口の開閉を楽しんでいる子には，「そんなことしちゃだめ！」ではなく「水止めてね」，「そっち行っちゃだめ」ではなく「……が見たかったの」，「こんなにこぼしちゃだめでしょ」ではなく「食器を持ってたべようね」など……。

いずれにしても，おとなの思い通りに子どもをひっぱろうとすることにブレーキがかかる。「自分で決めたかったのね」とおとなが子どもに任せてみること，しばし待つことが求められている。一歩さがって「待つゆとり」が重要になってくる。「いやっ」「だめっ」という言葉に象徴される拒否の言葉こそ，最愛のおとなから自立していこうとする独立宣言であることを確認したいものである。

3 欲ばり

　モノに名前があり，自分にも名前があることがわかってくると，自分は誰々であるという自己確認が強くなってくる。すると，たちまち子どもは，自分の好きなモノに執着するようになるから愉快だ。もちろん，好きな対象はモノだけでなく，お気に入りの場所や人にまで及び，かたっぱしから「自分のモノ」にしてしまう。子どもたちがみんな欲ばりになり自分勝手な自己主張を始めるので，保育所の１・２歳児室からは，モノの奪いあいが絶えない。
　「自分のモノを確保することによって自己拡大を試みている」のである。自分の気持ちをまだ言葉で言い表わせないこの時期，モノは，幼児の言葉に代わる重要な自己顕示のひとつなのだろう。
　気に入ったモノをみんな抱え込んではなさない子どもに「遊ばないで持っているだけなら，友だちにかしてあげなさい」と指示してもまるで通用しない。
　２歳近くになると「もっと」をよく発するようになる。「もっと，もっと」と要求し，おとなから限界が示されたりすることで自分の許される範囲や量をつかんでいく。また，「もうこれでおしまい」などと言われると「なんで」というような疑問をぶつけながら，ものごとに原因や理由があることを認識できるようになっていく。おとなからは理屈っぽくなったと思われるが，子どもは，言葉をてだてとして外界の意味や自分の行動の意味を築いていくようになる。
　いずれにせよ，自我が芽生えてくると，どの子もみんな欲ばりになる。この欲ばりも自我が拡大していく過程では当然のことなのだ。おとなは『このまま放っておいたらどんなわがままな子になってしまうのだろう……』と，つい先を案じて厳しく叱ってしまいがちだ。みんなぼくのなんだから……と言わんばかりにモノを独占している子どもに「そうか，それは○○ちゃんにとって大切なんだ」と，まずその子の主張したい思いを受けとめ，言葉に表現してやりたいと思う。そうすることによって，子どもはひとり占めしながらも『ちょっとなら貸してやろうかな……』という思いが生まれてくるようだ。好きなものは，みんな自分のものにしたいのだ。でもその要求が認められると，人にも分けてあげようという気持ちが生まれてくるのが，ほほえましい

ところだ。これは，いつも『自分が一番たくさんほしい』という気持ちのなかに，他人の気持ちも受け入れていこうとする気持ちが芽生えている証ではないだろうか。自分の欲しいものが，しっかり手中におさまる喜びを味わわせてやると，やがて他人の要求もかなえてあげようという気持ちがわいてくる。『我こそ一番大事にしてほしい』という気持ちの訴えとみてあげてほしい。

4 行動を通して自分の要求やイメージを表わす

　人間の意識や思考の源泉が行動にあることは周知の通りである。その思考を司る言葉が行動の一環として，すなわち行動をともなって発せられることを，この時期の子どもたちが顕著に表わしている。感動や興味，関心など自分の心の動き（イメージ）を言葉で表わす前に行動で語っている。

　まもなく２歳になろうとする男の子が，園庭で長い柄のついたプラスチックのスコップを地面にたたきつけていた。それを見た保育者は「そんな乱暴すると，シャベルがこわれちゃうからやめなさい」と注意をしたのに，その子は，その行為をくり返すばかりで保育者の言うことをいっこうに聞き入れなかった。しばらくするとその男の子は，コンビカーにまたがりスコップを後ろに乗せて移動し，他のところでまたバシッ，バシッとスコップを地面にたたきつける行為を始めた。その行為を目で追い続けた保育者は『はっ』として，その子に近づき，「〇〇ちゃん，お父さんになって工事のお仕事をしているんだ」と声をかけると，その子はうれしそうにうなずき，保育者の顔を見てにっこり笑った。

　「子どもの行為は心の表現である」といわれるのは，こういうことだったのか……と保育者はしみじみ思ったそうだ。その行為を子どもの側からとらえてみないと，その心の動きは見えてこない。

　自分が思い浮かべたことを，周囲のいろいろなものに出会って表現しているとき，おとながその行為を言語化し喜びを共にすることが，子どもにさまざまな力を育ませる。ひとつは自分の思っていることが，この人には通じるという喜び，すなわち，イメージ共有の体験である。次に，行為をもって表現していた自分（事柄）を，その言葉によって自覚化できることである（『そう，ぼくは，今，お父さんになってお仕事しているの』）。さらに，自分の思っていることが，この人には確実に伝わるという人への信頼が「みてみて」と，より一層自己表現を活発に促すことになるのである。

5 自立と甘えの間を揺れ動く

　おむつもはずれ，ご飯もひとりで食べられる，どこにだって走って行ける，もうお姉ちゃんになったんだもんと，2歳児はおとなに保護されてきた時代に別れを告げ「ひとりで」「自分で」と自立への旅に踏み出したはずなのに「街を歩くときは手をつながなければ危ないの」「ひとりで外へ行ってはだめ」「ちゃんと手を洗って」などと，おとなからは2歳児の行動を規制するような指示ばかり出される。このおとなの指示が強ければ強いほど反発が強くなる。おとなの指示や命令に反発することで「もう赤ちゃんじゃないんだから」と訴えたくなるのだろう。自己主張が激しくなってくる。

　反面，大好きなおとなの姿が見えなくなると泣いて後を追い続ける。急に「抱っこ，抱っこ」と求めたり，今まではひとりで寝ていたのに2歳になったら添い寝をしてもらわないと寝なくなったなど，1歳のとき以上に甘えん坊になることがある。自分とお母さんの距離が離れてしまうことへの不安がつのるのだろう。お姉さんになったり赤ちゃんになったり，自立と甘えの間を激しく揺れ動くのが2歳児である。

　保育所でも，パジャマのボタンがけに時間がかかっているので，保育者が思わず「やってあげるから」と手を出そうものなら大変！　「ひとりでやりたかったの」「先生，きらい！」といつまでも怒りつづける。ところが，次の日は「パジャマ着させて。○○ちゃんできない」と保育者に甘えて，着せてもらいたがる。「昨日と今日と全く違うんだから，わけがわからない」などと思われてしまうのはごもっともなのだ。

6 「自己主張」と「わがまま」

　子どもの自発性や主体性を尊重しようと，まずは自己主張させることをモットーにやってきた。ところが2歳を過ぎる頃になると，自分本位の行動（"我が儘に振る舞いたい"という主張）が強く出て，しばしばおとなをてこずらせる。『このまま子どもの自己主張を受け入れてしまうと，この先どんなわがままな子になるのか心配……』『社会性を身につけさせるには我慢しなければならないこともあるはず……』と，保育者も保護者も動揺し，悩むようになる。我が儘に，のびのびと行動できる力を育みつつ，自我の社会化をはかり，社会性を身につけさせるには，どういう関わりが求められるのか。2歳児保育の真髄ともいえる保育のありようを考えてみよう。

　よく2歳児の保育室から，「わがままばかり言ってはいけません」「それはわがままというものでしょう」などという，保育者の声が聞こえてくる。「わがまま」を辞書で引くと，「他人の迷惑などを考えず自分の思うように振る舞うこと。勝手気ままな

こと」とある。広辞苑によると「我が儘・自分の思うままに振る舞うこと」と記されている。子どもが，自分の思いの通りに行動できれば，まず自発性が育まれると考えられる。逆に，自分の思うままに振る舞わない子には，自発性がないといえるのではないか。否，自発性とわがままとは，意味を異にするものだという意見もある。

しかし，1・2歳児にとって自分の主張が他人の迷惑になるかどうかなどの社会的価値基準は，まだ育まれていないと思える。「わがままな子ね」と言いつつ，「言うことを聞けない子」というおとなの一方的なモノサシで，子どもの自己中心性や自己主張する力まで否定していないかを考えてみなければならない。子どもが我が儘に振る舞おうとすることを「わがまま」と決めつけず，子どもとのやりとりをていねいにしながら，自分以外の他者の存在や立場を気づかせていくことが重要なのだと思う。

この時期の子どもには，おとなが善悪をしっかり教えてやらなければ何もわからないと思われがちである。ところが子どもは，自らを発達させていく力，育てていく力をもっている。その要になる力が自分で判断することである。「イヤなことは何がなんでもイヤ」だった子どもが，イヤだけれども他の人の立場や求めがあることを知っていく。そして「イヤだけれども……」という思いをバネにして，「やっぱりいいことにする」と，他者の思いを時間をかけて受け入れるようになっていく。そういった対応こそが，保育者や保護者に求められるのではないかと思う。

さらに，子どもの身になって考えてみると，今までは快く要求を通してくれたおとなが，なぜ拒むことが多くなったのかという疑問を抱くようになる。おとなの思いを推測することなどできないので，なんとしても押し通したいと思うはずである。だが，厚い壁が張られれば張られるほど抵抗も強くなる。とくにおとなの機嫌しだいで要求が通ったり通らなかったりして一貫性がないと，子どもは混乱する。すると，どういう要求が通り，どういう要求は拒まれるのか，受け入れられるものと拒否されるものをキャッチする力が育たない。そういう意味では「気まぐれなおとな」ほど，子どものわがままを育ててしまう可能性があるといえるかもしれない。

そう考えると，わがままは「おとなと子どもの間にみられる力関係から生じる」ともいえる。おとなと子どもの求めが食い違ったとき，おとなが一方的に子どもを押さえつけようとしたり，無視したりすることによって，子どものわがままが助長されるわけである。

次に，具体的な事例を通してこの問題を考えてみよう。

「もうお食事にするから片づけましょう」と，保育者が声をかけると，「だめだよ，まだブロックやるの」とりょうくん（2歳10か月）は，しっかり自己主張する。保育者はまず「そう，まだ遊んでいる途中だったわけね。じゃあ，りょうくんはあとどれだけやったら食事にするつもり？」と，彼の主張を受け止め，つもりを聞いてみた。すると「う〜んと，

じゃあ，これだけ作ったらごはん食べる」と，りょうくんは自分の主張を受け止めてもらえた喜びからか，保育者の気持ちに添うような返事をした。おとなと子どもの関係においては，まずはわがままを主張できる人間関係であってほしいと考えている。

そこで保育者が「じゃあ先に食べているから，りょうくんはそれだけやったら食事にしようね」と言い残し，保育者はお腹をすかしている子どもたちと一緒に食事を始めた。しばらくするとブロックをやり終えたりょうくんが食事をしようとやって来た。ところがりょうくんには，自分のつもりがあった。それは大好きな友だち（たいちゃん）の隣に座って食べたいというつもりだった。

しかし，たいちゃんの隣にはまさとしくんが座って食事を始めていた。りょうくんはまさとしくんが座っている椅子をガタガタ動かしながら「ぼく，ここで食べる，ここで食べる」と，また主張を始めた。もちろんまさとしくんは「だめだめ」と拒みつづける。保育者はまさとしくんがすでに食事を始めていたので「りょうくんは後から来たんだから，おやつのときに，たいちゃんの隣に座ろうね。今はこっちのテーブルで食べよう」と言うと，りょうくんは，床に寝ころがって亀のように手足をバタバタさせて泣き騒いだ。保育者が自分の要求を受け入れてくれなかったためである。

それから10分近くも泣き続けたであろうか。お腹がすいていたたまれなくなったのか，泣いて気持ちが軽くなったのか，あるいはどんなに主張しても，保育者は自分の要求を叶えてくれないということがわかったのかもしれない。りょうくんはあきらめて自分の席についた。

● わからんちんはわがままっ子？

自分の要求とおとなの要求が食い違うと，子どもはとっさに，おとなの要求通りに自分を変えなくてはいけないのかといった葛藤状態に陥る。いわゆる「わからんちん」になって泣いたり，騒いだり，思い通りにならない悔しさを吐露する。それをわがままというのであろうか。そうではないと思う。

『困った』『くやしい』という感情を外に表わす行為によって子どもは，次第に感情の動揺がおさまり，やがてどう判断すべきかが見えてくる。さんざん泣いたりょうくんは，『やっぱりごはんにする』と，自身で気持ちの切り替えができ，今，自分はどうすべきかを判断したのである。

わがままに対する対応で大切なことは，子どもの要求を押さえつけるのではなく，その子の主張を受け止めながら，要求をより社会的な方向へ導くことである。自己主張を認めながら，自分なりにより適切な判断ができるように導くことがおとなの役割なのだと思う。

第2章　愛着関係と自我の育ち

● 対応を間違えると……

　もしりょうくんが，先に来て食事をしているまさとしくんの椅子をガタガタさせたとき，保育者が「しようがないわねぇ。じゃあまさとしくん，そこにりょうくんを座らせてやって」と言って，りょうくんの要求を受け入れてしまったとしたら，どうなるか。

　りょうくんは，『まさとしくんはどうなってもいいんだ。自分の要求さえ通れば！』と思い込んでいくと思う。他人はどうなってもいい，自分さえよければいいという思いや，優越感を与えてしまう。そういう対応によって子どもは，わがままになっていくのだと思う。自分の要求が通るかどうかを吟味しながら，自分なりに判断し，行動するような指導をしていくことが，自我形成には欠かせないことだと考える。

● わがままをぶつけながら子どもは人間関係を学習していく

　わがままな子にしない指導の根底にあるものは，子どもを私物化しないことである。すなわちひとりの人間として，その子どもの意思や判断を尊重することだ。おとなから「こうあらねばならない」と強制されるのではなく，自分で決めたいという人間としての発達要求をおとなが「共感」と「対話」によって引きだしていくことが必要だと確信する。子どもはわがままを言いながら人間関係を学んでいくのである。

● 子どもの感情に振り回されず，余裕をもって子どもと向きあう

　子どもは，思い通りにならない壁にぶつかり混乱すると，感情を爆発させる。するとおとなも，その感情に揺さぶられて，感情が高ぶってくる。そしてなんとか子どもの感情を消し止めようと，つい「そんなわがままは許しません」などと，高圧的な言動をぶつけてしまう。

　２歳児特有の激しい感情表出を静めるには，「なぜ，泣いているのか」「何を怒っているのか」をわかってあげることではないか。そして「泣いてもいいのよ。悲しいときは思いっきり泣こうね」「怒ることは大事。自分の感情に素直になっているのね」と，子どもの行為に不安をあたえずに，しっかり子どもと向きあうことが大切ではないだろうか。

　それによって子どもは，自分の激しい感情に振り回されず，自分をしっかり支えてくれる人がいることを感じとっていく。すると，次に動揺があったとしても，その人がいつも自分を支えてくれるから大丈夫という自信がついてくる。おとなの「わがままな振る舞い」で，子どもを不安に陥れ，ますますわがままな状況に追い込んでいく

ことは避けたいものである。

　保育所では，集団保育のために一人ひとりの"我が儘でありたい自分"が抑えられてしまう傾向があるように思う。1～2歳児保育においては，もっともっと一人ひとりの"我が儘"を大切にしながら，その子らしさを育んでほしいと願わずにはいられない。

　とくに2歳児はエネルギッシュで，おとなに体当たりしながら，「いいこと・悪いこと」「受け入れられること・拒まれること」を判別し，わかっていく。それが対人関係で，とくに顕著に出てくる。『A先生にはわがままも何でも言えるけど，B先生はおっかないから，ついいい子に振る舞ってしまう』など。自分のありのまま（我が儘）を出せる保育者こそ大好きだ。子どもは決して誰にでもわがままを言えるのではない。わがままが言える人間関係であることが重要である。

　2歳児特有の「going my way」。我が道を行く，生き方を伸ばしつつ，そのわがままを通して，より確かな自我形成（自律のめばえ）を助長していくことが求められるのではないか。

7　多語文や従属文の発生と自己確認の言葉

　個人差は大きいが，2歳から3歳頃にかけて，「パパ，かいちゃ（会社）いったの」「お天気なったよ，早くお外いこう」といった多語文や，文章語に近い言葉で話すようになる。また，「よっちゃん，おなかいたくなったから病院いったの？」「せんせ，お天気なったから，お外いく」といった初歩的な因果文・従属文も現れるようになる。ものごとを原因と結果に関連づけて考えられるようになったことを反映している。

　子どもは，言葉を手だてとして外界の意味や，自分の行動の意味を築いていくようになる。また象徴機能や記憶力が著しく発達し，今，目の前にないことを表現することができるようになったり，未知の言葉の意味もわかってきて使ってみるなど，この時期に子どもの言語発達は急速に進展する。

「あっちゃん，入院しちゃったんだって？」「お母さん，こんどこんどってゆって，いつも連れてってくれないの」「おばけってこわいんだよ」など，目の前にいない人や，自分が体験していない想像上の事柄（おばけ）についても理解できるようになっていく。また他人からの伝聞（～なんだって）を伝えること，「それで」とか「それから」などの接続詞を使い，ひとまとまりの文章を構成することも可能になっていく。

　子どものなかに話したい気持ちは溢れんばかりだが，話したい事柄にぴったりの言葉がなかなか見つからず「う～んと……」「そいで……」「えーと」などつまってしま

写真2-5　自分の思いが通らずパニック状態に……。全身で思いをぶつける

う姿もよく見かける。

　そんなときは子どもの気持ちを損なわないよう，あせらずゆっくり話を聞いてやること，おとなが話すよりも，子ども自身に話させることをモットーにしたいものである。子どもが言わんとする先から，おとなが先取りして，代弁してしまうことはさけたいものだ。時には，子どもの発語を補うように，「それでどうなったの？」と言いたい事柄を引き出すような援助は必要だと思う。この時期の子どもとおとなの丹念なやりとりが，子どもの探究心や安定した感情体験の土台になっていくことはいうまでもない。

　3歳児近くになると，さかんに「だって」「だから」「だけど」といった理由づけの言葉を使うようになる。内容的にあまり意味のないあたりまえの言葉が多いので，私たちおとなは，つい聞き流してしまいがちだが，子どもが自分の行動や考えに対して，その動機や理由を明確にしているということは，「自分がそう判断したから納得するものなのだ」という，いわば自己確認の意味を表わしているのではないだろうか。H男は，泥んこが大好きになったという体験を「ぼく，泥んこやった。また明日やるんだあ」と話す。また明日もやるつもりであるという未来に立ち向かっていく小さな意思のめばえを表現しているのである。

　幼児は，自分の好きなおとなに，自分の行動について語ろうとさかんに「きいて，きいて」「あのね」「えーとね」などと言いながら，体験を言葉におきかえ表現するようになってくる。それは体験を言葉にまとめている姿である。記憶力が発達し，昨日の自分（過去の自分）と，今いる自分，そして明日の自分が一貫した自分であるという自己の同一性が，時の流れのなかでつかめるようになってきたことを言葉でいい表わしている。この世にたったひとりの，かけがえのない自分を確認していく喜びに溢れた言葉が，3歳を過ぎる頃からさかんに聞かれるようになってくる。

　同時期子どもはさかんに「ぼくね…」「わたしも」と自分のことを代名詞で呼ぶようになる。自分が他から区別された存在だという認識が始まって「ぼく」「わたし」になる。自我が確立していく兆候である。

8 葛藤をくぐりぬけ自律のめばえが育つ

　子どもが思い通りにならない壁にぶつかり混乱を起こしているとき，おとなから叱られる代わりに，なぜ泣いているのかわかってもらい，何を訴えたかったのか受けとめてもらえると，自分の激しい感情にふりまわされず，自分をしっかり支えてくれる人がいることを感じ，また，今度困難に出会っても，その人がいつも支えてくれるから大丈夫という自信がついていく。

　やがて，自分を支えてくれるそのおとなのあたたかい励ましや慰めの表現が，いつのまにかインプットされ，その人が目の前にいなくてもその人の印象が心に思いおこされ，自分で自分を励まし，激しい感情を治められるようになっていく。これこそ「絆ができる」ことを意味する。

　その際，泣き騒いでいる子を抱きしめてやること（スキンシップ）は彼らの感情を静めてはくれるが，泣いて訴えている理由の解決にはならない。そこに子どもの感情混乱の理由，訴えを理解し言葉を添える共感が重要になる。

　子どもの言いなりになってしまうおとなのもとにあっては（過保護），子どもの自我が育たない。何でも要求が聞き入れられるとわかると，だんだん要求の仕方がエスカレートしていく。子どもの言いなりに従ってしまうおとなは，子どもに信頼（尊敬）されない。

　かといって，おとなの権威や力で子どもを屈服させようと体罰を与えたり，叱責したりすると，子どもはおとなの力にはかなわないとあきらめ，だんだん本音を出さなくなってしまう。一貫性のないおとなのもとでは，子どもの価値観

写真2-6　気の合う友だちの存在こそ自律を培う力

写真2-7　縄を引きずって2人とも電車になったつもりかな…（2歳児）

が育たず，自分をコントロールすることも難しくなる。子どもが困難に出会って混乱をおこしているときこそ，「困ってるんだね。今，あなたは一生懸命自分と闘っているのね」と待ち，子ども自身が立ち直ることを支えてくれるおとなの存在が必要である。

　大事なことは，自分で自分をコントロールできるよう導いてやることだと思う。そういう意味で，2歳児の激しい自己主張は自律に向かう一歩だと考える。

参考文献（第2章第2・3節）

今井和子『0・1・2歳児の心の育ちと保育』小学館，1998年。
岡本夏木『子どもとことば』岩波新書，1982年。
佐々木正美『乳幼児の発達と子育て』子育て協会，2005年。
田口恒夫・増井美代子『ことばを育てる』日本放送出版協会，1976年。
千羽喜代子他編『保育講座 乳児保育』ミネルヴァ書房，1990年。
中川信子『ことばをはぐくむ』ぶどう社，1987年。
野村庄吾『乳幼児の世界』岩波新書，1980年。
村田孝次『幼児の言語発達』培風館，1968年。

第3章

親と共にすすめる育児
―― 基本的生活習慣の自立と養護 ――

第1節 保育所における養護と生活

1 養護とは

「保育所保育指針」には、「保育所は、家庭や地域社会と連携を密にし、家庭養育の補完を行う」、また「保育所保育の基本は養護と教育が一体化したものである」と述べている。

養育というのは、子どもの生命を保護し、心身の発達を促す活動の総体である。したがって、「養護」は、子どもの生命の保持と情緒の安定に対する保育者の働きかけや配慮を意味する。「子どもが、健康・安全で情緒の安定した生活ができる環境を用意し、自己を十分発揮しながら活動できるようにすること」に関わる保育者の働きかけである。

0・1歳児保育では、1日の保育時間のなかで生活の世話（養護）に費やす時間はかなり多い。おむつを換えたり、離乳食を食べさせたり……これらの世話をするときこそ、一人ひとりの乳児と触れあえる大切なコミュニケーションの機会である。このケアを毎日、同じやり方で愛情をこめ、ていねいにくり返し行なうことによって保育者と子どもとの愛着や信頼関係が育まれていくことはいうまでもない。その礎は養育者（保護者や担当保育者）から受ける生理的な心地よさである。それが精神的快感、さらに相互の信頼関係にもつながっていくのである。

やがて運動機能や言葉の発達にともない、子どもは少しずつ自分でできることを広げていき、養育者の世話から解放され自立していく。子どもにしっかり身につけてもらいたい生活習慣は、まず養育者が全面的な心地よい養護を行なうことから始まる。

子どもは、自分の要求に対して応答的であたたかい養護を受けることを喜び、その養育者にすすんで協力するようになり、やがて自立していくのである。養護を受ける子どもの生活は、家庭―保育所―家庭を往復する24時間である。したがって、保護者と保育者の世話の仕方が異なると、困惑するのは子ども自身であり、生活習慣もスムーズに身につくものではない。生活習慣が身につく最初の3年間において、保護者

と保育者がよく話しあい、心を通いあわせて、なるべく同じやり方で世話をすることがいかに大切であるかを考えないわけにはいかない。

2 抱っことおんぶ

　子どもの気持ちを安定させ、しあわせ感を満たす最も効果的な養護のひとつに抱っことおんぶがある。日本では古来からずっとこの抱っこやおんぶが継承されてきた。ところが最近は「腕が疲れるから」「肩がこるから」という理由や「抱き癖がつくと困る」「おんぶばかりしていると脚の格好が悪くなる」「あまえさせると自立が遅くなる」など子どものためにならないからという理由で敬遠されてしまい、それが子どもたちの不安や不満の種、ひいてはアレたりキレたりする原因にもなっているのではないかとさえ思えてくる。

　他の哺乳動物と異なり人間の赤ちゃんは、生理的早産といわれるように、最も未熟な状態で産まれてくる。他の哺乳動物が親の胎内でする発育発達を社会のなかで行なうのである。すなわち自分の命を他人に委ねなくては生きていけない。ましてや赤ちゃんはお母さんに抱っこしてもらい授乳してもらわなければ育たない。お母さんに抱っこしてもらわなければずっと寝たままで過ごさなければならないのである。抱っこは生命の保持という重要な意味をもっているわけだが、その他にも、抱っこやおんぶによって情緒の安定、ぐずっている子をなだめたり不安や恐れを感じてしまった子どもの気持ちをやわらげたり、その即効的な役割がある。さらに外界に触れること、赤ちゃんと外の世界の橋渡しという役割もある。このように大事な育児のてだてが、これまでその必要性についてあまり認識されてこなかったのではなかろうか。そこで、ここではあらためて抱っことおんぶの重要な意味について考えてみたい。

■1 抱っこ──抱かれることで体も心も育まれる

　街や子育て支援センターなどで赤ちゃんを抱っこしているお母さん、保育室でクラスの子どもたちを抱きかかえている保育者の姿を見ると、なぜかその人の子どもへの思いが伝わってくるような気がする。幼い子どもをまるで荷物を抱えるように無造作に抱きかかえている人（子どもはきっと『自分は荷物のように扱われている』と感じてしまうだろうなと思う）、さり気ない抱き方であっても、子どもと目をあわせ一体感を楽しんでいるようなお母さん（『この人はいつもわたしの体も心も包みこんでくれる』と感じているだろうな）など抱かれている子どもの気持ちまで伝わってくる。せっかく抱っこするのであれば抱かれている子どもに『じぶんはこの人にだいじにされている』と感じさせるような心地よい抱っこをしてあげたいものだ。

抱っこはおとなの体のぬくもりを伝え，子どもの心を安定させるスキンシップであるのみならず，おとなと子どもの見つめあい，表情や言葉のやりとりを成立させる，心と心の交しあいの場であり良きコミュニケーション，相互信頼を育むものである。同時に見る，聞く，匂いを感じ取るなど五感をも刺激し，まわりを感受していく力が育つことはいうまでもない。

「身体的に抱えるだけでなく精神的に支えること，情緒的につつむことも意味しています。(中略) 抱かれることで子どもはじぶんが愛され，認められ，守られていることを確認しているのです。お母さんに抱かれ，あやされながら赤ん坊は，お母さんとの一体感のなかでお母さんを見つめます。お母さんに触れ，お母さんを認識し，お母さんとお母さんでないものを識別することを学びます。やがて這い這いができるようになると，抱かれた位置から離れて，周りの世界を探検し，またお母さんのいる場所へ戻ってきます。(中略) 行動半径が拡がるにつれて，自分を抱いてくれるお母さんの膝や胸は，赤ん坊にとっては，船にとっての港のような，心身のよりどころになっていくのです」(渡辺 1988：44〜45頁)。

子どもが親から離れていき，なにか困ったことや悲しいことが生じたとき，あるいは傷ついたときも抱かれることで癒され不安が解消していくのである。

2　子どもの心身の育ちに見合った抱っこを

まだ首がすわらない乳児は，手で首を支えるようにして横抱きにする。目を合わせ優しく語りかけたりあやしたりしよう（図3-1参照）。

図3-1　生後3か月までの赤ちゃんの抱き方

①まず，赤ちゃんの体の下に，背中から頸に向かって右手を入れます。

②つぎに，左手を赤ちゃんの体の上からぐるっと太股にまわします。

③最後に，背中から頭を右手で支えながら，そのまま両手で持ち上げます。

出所：市島 1996：35頁。

図3-2　赤ちゃんのいろいろな抱き方

横抱き　　　　　　　　縦抱き　　　　　　　　腰抱き

①片手で赤ちゃんの背中を，もう片方の手で腰を支える最も一般的な抱き方。赤ちゃんを眠らせるのに適しています。

②手の位置は横抱きと同じですが，赤ちゃんをお母さんの体で支えてあげます。まわりの景色がよく見えるので，赤ちゃんが喜びます。

③赤ちゃんのお尻をお母さんの腰骨の上に乗せる抱き方。片手があくので，お母さんが疲れなくてすみます。

出所：市島 1996：51頁。

　　首がすわり始めたら，横抱きだけでなく乳児と胸を合わせるようにして縦抱きもしていく。視界が広がりまわりのものをじっと見るようになる（図3-2参照）。
　　外出などで長時間抱っこするときは安全のために抱っこひもを使用したい。とはいえ抱っこは，足元が見えにくいため障害物などとくに気をつけたい。

3　おんぶ——同じものを見つめ心を通いあわせる

　　おとなの背中のぬくもりが子どもに伝わり一体感も強いため，子どもが泣いたりぐずったりしたときは気持ちを安定させるのにおんぶが最適である。また抱っこが向きあう関係であるのに対し，おんぶは背中の子どもとおとなが同じものを見つめ心を通わせあう，共同注視（第2章第2節の5参照）の機能を担うことになる。さらに抱っこと異なりおんぶするおとなは両手をとられることがないため便利である。おんぶの際，留意しなければならないことは，子どもの首がしっかりすわってから始めること，授乳後はさけること，背中にいる子どものことをつい忘れ狭いところなどでぶつかったりしないよう気をつけること，おとなの都合や気分で長時間おぶい続けることは避けたい。おぶいひもは，やわらかく幅の広いものを使用しひもで体を圧迫したり，首にまきつくことがないよう気をつけよう。
　　次に，おんぶで子どもと担当保育者の信頼関係を築いた楽しいエピソードを紹介しよう。

第3章　親と共にすすめる育児

〈事例3-1　心地よい関係のめばえ「ブーブー事件！」〉

　新入園時のM君，新しい環境に慣れずよく泣いていた。そんなとき，彼の担当になったA保育士が抱っこやおんぶをし，少しでも気分転換になればと，ゆっくり園庭を歩いて回った。けれど，最初はおんぶした背中で反り返って「ワーワー」泣いてばかりだ。おんぶをしながら，お互いの温かさを感じつつ，ゆっくりとリズムをとって歩きながら，『M君への対応はこれでよいのだろうか，この温かさが心地よさとして伝わると思っているが，他にもっとよい方法があるのではないだろうか』と，焦って不安になることもあった。そうするうちに，おんぶした背中で歩くリズムに合わせて「ふんふん」と鼻歌が飛び出すようになった。と，同時に自分から『おもしろそうだぞ』と思ったおもちゃに向かっていって遊ぶようになった。

　そんな5月のある日のこと。昼食後，眠そうなS君を寝かせようとして抱っこをしたA保育士を見て，M君がしきりに「ブッ，ブッ」と言う。「外の車のことかなあ」と思いつつ「ブーブーねぇ」と答え，S君を揺らし寝かせることに気をとられていた。と，次の瞬間さっきの所から2mくらい離れたところで，座った状態でピョンピョン跳びはねるM君の姿が目に入った。手には下においてあったおんぶひもの端をしっかり握り締め「ブーブー」と必死に保育士の方を見ながら訴えるように叫んでいた。「あっ」と思った。「ブー」はおんぶの"ぶ"だったのだ。おそらく眠くなったM君は，いつもおんぶしてくれる保育士に『眠いからおんぶしてー』と言いたかったのだ。最初の「ブッ，ブッ」ではわかってもらえなかったために，おなじみのおんぶひもを持って訴えたのだ。A保育士が「そうか，おんぶの"ブー"だったんだね。おんぶしてほしかったんだね」と言っておんぶすると，安心したように背中に頭をくっつけて寝てしまった。

　近くに他の保育士がいたにもかかわらず，わざわざA保育士を選んで訴えたのは，4月から担当の保育士として温かさを感じあう関係を続けてきた成果だと思う。

　「この人」と選んで，温かさを感じあう関係に身をゆだねることを心地よいと感じているんだと実感した出来事だった。

（熊本市「50周年記念誌　ひまわり保育園」より）

　乳児期の育ちに何より重要なことが人との安定した関わりを築くことである。その最も有効なてだてがスキンシップ，すなわち身体接触によるコミュニケーションである。抱っことおんぶはその代表的な養護行為であることを保護者にもぜひ理解してもらいたいものだ。

3 睡眠と生活リズム──乳児にとりわけ睡眠が重要なわけ

　昔から「寝る子は育つ」「赤ちゃんは寝るのが仕事」などと言われてきた。幼い子どもの眠りは，おとなの眠りとはかなり異なり，未完成の状態にある。これは子どもの脳がまだ発達しつつある段階にあるからだ。脳が未発達のうちは，睡眠も未完成の状態にある。すなわち睡眠には脳をつくり，育て，守り，より良くするという働きがある。おとなの睡眠が「体や脳の機能を維持する」ためのものであるのに対し，乳児期の睡眠は「体や脳の機能を作る」ことが中心である。起きている間，乳児は五感をフルに働かせさまざまな情報を得る，そして眠っている間にそれらの情報を記憶として整理し大脳を発達させる。次に睡眠が重要な理由は，生後3か月頃から睡眠中に成長ホルモンが分泌されるようになるため，体の新陳代謝を促進し細胞組織を修復し再

表3-1　乳幼児期の睡眠リズムの変化

新生児	1日あたり睡眠時間の総量が多い（16～17時間，1日の約3分の2）。 おとなに比べ，動睡眠（後のレム睡眠＝浅い眠り，急速眼球運動をともなう睡眠，体はぐったりしているが目玉がぎょろぎょろ動いている状態，脳をつくりあげ育てるという脳の発育に重要な役割を果たす）の割合が大きい（ほぼ50％，おとなの場合レム睡眠は，20～30％）。
生後2～3か月	1日の半分以上を眠って過ごす。 昼間起きている時間が少しずつ長くなるが昼夜を取り違える現象が見られる。
3～6か月	睡眠時間が1日の約半分（13～14時間）になる。 1日24時間のサイクルに合わせて生活する，いわゆる生活リズムを身につける臨界期である（外界の1日が24時間であるのに対し，人間の脳に組み込まれている体内時計または生物時計は25時間といわれている。夜眠り，昼は起きて活動するというサイクルにあわせるためには，外界のサイクルに体内リズムを同調させる能力が必要になる。その臨界期がこの時期にあたる）。 朝決まった時間に起き，規則正しい授乳，昼間は起きて遊び，夜休むことを規則的にくり返す生活が重要である。
6か月～1歳	1日の睡眠時間は12～13時間。 夜まとめて眠るようになる。 脳の発達とともにノンレム睡眠が現われる基礎ができる。 夜泣きが多くなる（原因のひとつは，生物時計を24時間に合わせる働きが未発達なため昼夜を取り違えてしまう。そのためには規則正しい生活をさせる。もうひとつの理由は，泣けば親が来て世話をしてくれることが経験としてわかってきて甘え泣きをする。具合が悪いのでなければ，関わらず放っておくとそのうちあきらめて寝てしまう。
2歳	脳波で区別できるおとなのような2種類の睡眠が現われる。ノンレム睡眠とレム睡眠である。 大脳が成熟し精神活動が豊かになること，日中の運動量が増えることなどにともないノンレム睡眠が増え，夜の熟睡量が一生のうちでも最も多くなる。 ノンレム睡眠とは「レム睡眠ではない眠り」という意味である。人の眠りは，浅いまどろみの状態（第一から第二段階）からぐっすり熟睡している状態（第三から第四段階）までの四段階（約90分の周期＝睡眠単位）である。だが2歳頃の子どもは，まだ40～60分の睡眠単位になっている。 深いノンレム睡眠中に脳下垂体から成長ホルモンが大量に分泌される。また眠りに入ってすぐのノンレム睡眠期に成長ホルモンが最高になるなど「寝る子は育つ」といわれる所以である。
学童期	おとなとほぼ同じ90分のサイクルでノンレム睡眠とレム睡眠をくり返す。 睡眠によって脳は構造的には，ほぼ成長を達成するが，その後も神経回路の改造や脳の修復などが行なわれる。

生する働きをする。さらに成長期を迎える頃になると，この成長ホルモンは骨を伸ばし筋肉を肥やす作用をする。豊かな成長ホルモンの分泌により体を発育させるのである。三つ目は，乳児期の睡眠が，「昼と夜の区別がつくようになる生活リズム」をつくっていくためにも重要になる。朝がきて太陽の光の下で体だけでなく脳もしっかり目覚めさせ活動し，やがて夜暗くなると休むという1日のメリハリのある体のリズムの基礎覚醒と睡眠の区別が乳児期にこそ形成されていくのである。

　子どもの育ちとともに1日の睡眠時間や睡眠リズムも変化するが，それも脳の発達にともなって生じるものである。したがって乳児期の睡眠不足や睡眠リズムの乱れは，乳児の体と心の発達に多大な影響を及ぼす可能性もあり，重要になる所以である。

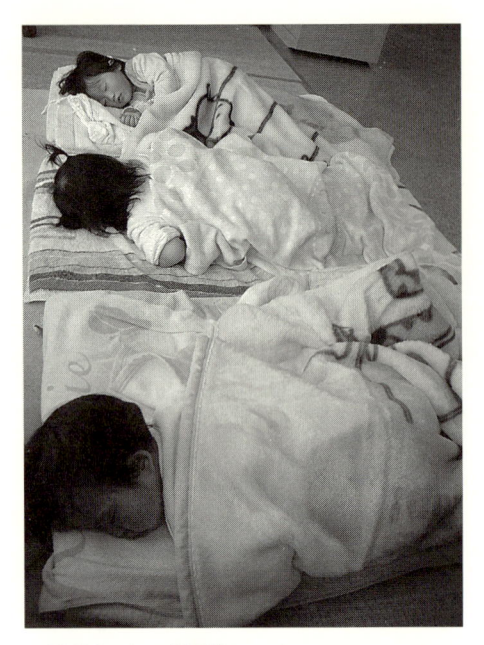

写真3-1　お昼寝

4　環境と睡眠

　最近宵っ張りの朝寝坊の子どもたちが増えてきて，それが原因で朝の目覚めが悪く不機嫌，体調もすぐれず疲労感がある，日中ぼんやりしていて遊べない，落ち着きがない，イライラしていて衝動的など，気にかかる子どもの姿が多くなってきた。子どもたちの睡眠時間が短くなっていることも心配である。ちなみに日本小児保健学会の2000年の調査によると，夜10時以降に寝る2歳児の割合は，59％であった。子どもたちの生活がおとな中心の夜型に傾いてしまったのは，日本の社会全体が夜型になってしまったからであろう。長時間保育がより一層広がってきている保育所の共働き家庭では，夕食から寝るまでの生活が遅くなり，子どもたちの寝る時間が悩みの種である。子どもたちの生活の危機ともいえる厳しい状況のなかで，いかに家庭とともに生活の見直しをはかり健やかに生きていく力を養っていくかは，いまや保育所全体の課題でもある。ことに熟睡の多い健康的な睡眠生活を築くには，3歳頃までの生活リズムが最も重要になることは前述の通りである。そのための保護者へのアプローチを考えてみたい。

（1）生活リズムについての総合的な認識を

　睡眠（時間）だけの問題とせず，朝の心地よい目覚め，すなわち自分から目覚めるかどうか（自律起床），朝食をしっかりとっているか，日中いかに快活に過ごせるか，

第1節　保育所における養護と生活

午睡の状況，帰宅後の過ごし方など保護者には見えにくい園での生活ぶりも伝えながら「よく食べ，よく遊び，よく眠る」生活全体の見直しをする。

(2) 夜更かしになってしまう原因を保護者と一緒に考え具体的な対策を練る。

・入浴の時間が不規則で就寝時間が定まらない。

　入浴で体温が上がり，その後下がるときが生理的に眠くなるチャンス，寝る時間から逆算して入浴時間を定めるのも一案。

・寝る前に，興奮しすぎないように。

　寝る1時間前はテレビを消し，絵本を読んでもらうなど心の安定をはかる。

　「絵本を読んだら寝ようね」と伝え，子どもにも寝る心がまえをもたせる。

・寝る部屋の環境は？

　隣の部屋の物音やおしゃべりがうるさくて眠れない。

　寝ている部屋の照明が明るすぎないか，など。

・ひとりで寝るのが寂しい。

　子守唄を歌ったり寝つくまで手を握って安定させる。

命のいとおしさを伝える言葉──子守唄

　どの国にもそれぞれの言葉で伝えられた子守唄がある。生命のいとおしさや喜び，悲しさを伝え，子どもの心を癒す子守唄。それらはどれもゆりかごのような安らぎのリズムを持っていて，言葉の意味がわからなくとも，そこにこめられている心の温もりが伝わってくる。

　大好きな人の愛情のこもった声で眠りに導かれる……。これほど幸せなことはありえない。子どもにとって子守唄は，大好きな人が奏でる心地よい言葉の体験，声のスキンシップである。毎晩，くり返し歌われた子守唄は子どもの心にしみこみ，何十年のときを経ても忘れることなく心に残ることだろう。子守唄は，子どもの心に安らぎのふるさとをつくるものだと思う。

静岡地方の子守唄［中部］

この子のかわいさ　ねんねしな
この子のかわいさ　かぎりなし
天にのぼれば　星の数
山では木の数　萱の数
七里が浜では　砂の数
沼津へ下れば　千本松
千本松原　小松原
松葉の数より　まだかわい
ねんねんころりよ　おころりよ

出所：上笙 1972：288頁。

- 日中よく戸外に出て遊んでいるか。
  昼と夜の生活に変化をつけること。
  外に出られなかった日も室内で体を使って遊ぶなど睡眠と遊びの充足の関連など。
- 昼寝が長すぎないか。
  生後6か月未満なら起こす必要はないが，6か月を過ぎたら昼寝が長くなりすぎないよう起こす。
- 心地よい目覚めのために，朝カーテンを開け朝日を浴びさせる。

(3) クラス懇談会などで話しあう。
- 保護者同士で多様な考え方，価値観を出し合い認めあうなかで，自分はどのような判断をしていくか，一人ひとりが自分の家庭での課題解決の糸口を摑んでいく機会になるような場とする。

(4) 園便りやクラス便りに「特集」としてわかりやすい内容で掲載する。

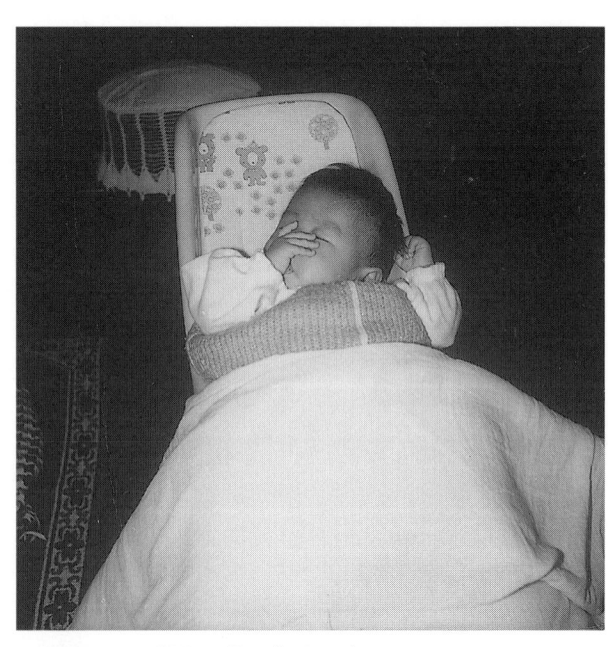

写真3-2　得意のポーズでお昼寝

第2節　健康・安全に対する配慮

1　日常の保育における保健活動

　保育所の保育においては、子どもの健康と安全はきわめて重要な事項であり、一人ひとりの子どもに応じて健康・安全に留意するとともに、全体の子どもの健康を保持し、安全を守るように心がけることが大切である。そのためには、一人ひとりの子どもの心身の状態や発育・発達状態を把握し（中略）日々健康で安全な保育をめざすよう努めることが必要である（「保育所保育指針」第12章　健康・安全に関する留意事項より）。
　そこでまず日常の保育における保健活動について考えてみよう。

❶　観察の視点と記録

　一人ひとりの発達や健康状態に応じたきめ細かな保育をするために、健康観察はあらゆる場面で重要である。とくに乳児の場合は体調不良を周囲の養育者に伝えることができない。そのため養育者は五感（見て・触って・聞いて・嗅いで・味わって）を使い、子どもの健康状態、その子の状態にもとづいた情報の把握、子どもに関係のある人からの情報提供による把握を交え、その結果を保育の実践に反映するよう、きめ細かく観察する必要がある。

	健 康 観 察 の 実 施
登園時	健康状態（食欲・睡眠・便・外傷）などの聞き取り。 おむつ換え時に全身状態の視診（発疹・発赤・外傷の有無）。 子どもの身体に直接触れて、熱感や痛みがないかを確認。 抱き上げたときに、鼻や耳から異臭がないか確認する。 背中から胸の音を聞き、ゼロゼロしていないか確認。 顔貌の観察。 登園時に異常があった場合は緊急連絡先などの確認を行ない、必要に応じて保育途中に保護者から連絡を入れてもらい、体調の情報交換を行なう。
	観察の機会は、おむつ換え前後、散歩に出かける前後、午睡の前後など。 検温実施（体調に問題のある子に対しては、随時行なう）。

保育中	遊ぶ意欲，遊び方（集中できているかどうか）。 機嫌・意欲・食欲・便・排尿回数などからの体調把握。 着替えや排泄時などに不自然な傷がないか，下着が汚れていないか，身体が清潔であるかを観察。 睡眠中の観察。 　各グループ，午睡中観察する職員を配置し，寝息や顔色の観察の実施（とくに上気道感染など呼吸器系の疾患が疑われる場合は，細心の注意を払う必要がある）。０歳児に関しては，睡眠チェック表を用いて，最低15分間隔での呼吸・顔色の観察。 　SIDS予防のため，掛け物を厚くせず室温調節を行なう。 　うつ伏せ寝をさせない。
降園時	引渡し前のおむつ換えのときに，全身確認。 　熱感はないか。 　子どもが痛みや痒みを訴える部分はないか（とくに腕や肩は脱臼の有無の観察が重要である）。 　新しい傷や打ち身はないか。 　陰部の清潔は保たれているか。

2　日常観察の記録について

　日常観察の記録としては，(1)保育者が記入する保育日誌，(2)保護者と保育者相互が記入する連絡ノート，(3)保育者全員が情報の共有ができるように，保育室の一番見えやすい所に設置するホワイトボードなどがある。このボードには各児の体調や一日の様子を書き込むようにする。書き込む内容については，体温・睡眠・食事・便・体調を把握できるように設定する。

　連絡ノートでは24時間の生活の流れが把握できるよう配慮されたものが必要である（第７章第２節，連絡帳参照）。

2　疾病予防と健康管理

　乳児は外部環境の変化や病原性微生物などに対する抵抗力に弱く，重症化しやすいため，予防策を講じることが最も重要である。また，集団生活という特性を理解し，衛生的で快適な環境を整え，子どもの成長発達を妨げないよう対応・管理する必要がある。

衛 生 環 境 保 全 の 実 践	
人的環境	職員の健康維持（職員健康管理を参照）。 　年１回の健康診断の実施。 　職員病欠用紙を利用し，職員の病欠状態を把握。 　予防接種の勧奨。 　手洗いうがいの徹底。 　職員全員検便，毎月１回。 　実習生に関しても最新の健康診断票を持参してもらう。 　救命救急法の受講。 　手洗いうがいの徹底。

第2節　健康・安全に対する配慮

	食事エプロン，遊びエプロンの使い分け。
保育環境	●室温22～26度，湿度50～60％を目標に調整 　季節にともない多少変動あり。 　室内の換気には常に気を配る。 　湿度に関しては，タオルを濡らしたり，加湿器を導入し管理。 ●清掃 　毎日の清掃。 　　水拭き。 　　感染症が疑われる場合は0.03％次亜塩素酸ナトリウム（ピューラックス）溶液にて拭き掃除（場合によってはアルコール清拭も含める）。 　エアコンフィルター定期清掃。 　カーテン・マットなどの定期的洗濯。 　布団日光消毒・年1回業者による布団乾燥。 ●ベッド利用の考え方 　6か月未満児はベッドを固定。 　感染症が疑われる子はベッド室ではなく，外の単独ベッドを使用。 　体調の悪い子は，外側のベッドを利用し，絶えず様子観察ができるように配置。 ●おもちゃ 　SGマーク，STマーク，Sマークの安全規格・安全基準をもとに選択。 　毎日素材により，水ぶき・日光消毒・洗濯を行なう（いくつかのグループに分けて，おもちゃを循環させる）。 　口に入れて唾液などで汚染されたおもちゃは，別にしておく。 ●砂場の管理 　砂場のごみは常に拾う。 　糞便や落ち葉・ごみが入らないように，使用時間以外はシートで覆う。 　砂場は朝掘り起こし，砂に光と空気を当てるようにする。 　年数回，定期的に業者による砂の殺菌消毒を行なう。 ●プール 　保護者へ健康チェック表に記入してもらい，子どもの健康状態の確認。 　お尻を洗ってから入水。 　0.4ppm濃度（次亜塩素酸ナトリウム）にて，水質維持。 　感染症児用と健康児のプールを分け，水イボや手足口病の子どもなどに対応する。

感染症の取組みの実践
●感染症への取組み 　入園時の健康診査の実施。 　　面接で実施。 　　生育暦・既往歴・妊娠から出産時の状況把握。 　　発育・発達状態・予防接種などの把握。 　伝染性の疾患が疑われる場合は，保護者へお迎えの要請。 　感染症を確認し，必要に応じて保護者へ引き渡すまでは他児への感染を防ぐため，ベッドやおんぶまたは医務室などに移し隔離する。 　登園停止になった場合，新たな登園は医師の診断を仰ぎ，登園許可書を使用する。 　うがい手洗いの指導を行なう。 　1月からインフルエンザ流行時期が終わるまでの間，緑茶うがいを実施する。 　パネルシアターなどで歯磨き指導などを行ない，意識・技術の向上をはかる。 　予防接種既往を聴取し，未接種の子に対し予防接種を勧奨する。 　伝染性疾患が流行したら，それらの既往を確認しながら，各グループとの連携をとる。 ●家庭への対応 　園内で応急処置をしたときは，必ず連絡メモで保護者へ状況報告をする。 　連絡のめやすとしては37.5～38度で他症状（不機嫌・食欲不振・下痢・嘔吐）などがある場合，家庭へ連絡。

発熱がなくても，元気がない・下痢・嘔吐・食欲不振がある場合は，連絡する。

●緊急に受診を要する場合
保健カードにより，かかりつけ医を確認する。
保護者の了承を得て病院へ連れて行く（症状や必要性を明確に説明する）。
子どものアレルギーや既往歴，住所・電話番号・生年月日を把握していく。
嘱託医と連携をとる場合もあり。
帰園後に再度保護者に状況報告をし，保育可能であれば保育を続行する。

　その後通院になった場合
　通院が続く場合は，必要であれば職員が付き添う。
　また通院したことをきちんと情報把握する。
　通院にめどがついたら，「学校健康センターの手続き」をとる。
　場合によっては，傷害保険の適応になる可能性あり。
　通院が終了するまで，責任をもって園児と保護者を見守り，対応する。

●与薬管理
1日2回服薬にしてもらい家庭で服薬することを前提とする。
緊急的にどうしても服薬が必要な園児に対し行なう。
与薬依頼表記入の上受ける。
保護者に一回分に分けてもらう。
頓服薬・座薬・市販薬は基本的には受けない。

3 事故防止・安全管理について

「すべての児童は，心身ともに，健やかにうまれ育てられ，その生活を保障される」。いうまでもなくこれは児童憲章の第一に掲げられてきた一文である。子どもをとりまくすべての環境安全に万全を期さなくてはならない。そして万が一の過失災害や事故，自然災害などが起きたときを想定し，最良の対処をめざした日常からの取組み，避難訓練などを実施しておくことが最も重要である。幼い命は一日一日おとなの愛情によって成長するといっても過言ではない。幼い命がちょっとしたミスで奪われることがないよう日頃からの安全への心構えを徹底させたい。

1 成長期に起きやすい事故とその対応

① 6か月頃まで

子どもの年月齢が低ければ低いほど予想しえない事故が多く，いわゆる「不慮の事故」となる。寝ていることが多いこの時期の子どもの事故の最多が窒息死で，その大部分は4か月以内に発生している。

窒息　うつ伏せ寝・布団のかけ過ぎ・添い寝・吐いたミルクの気管への吸い込み。授乳は必ず顔色を見ながら抱いて飲ませ，吐乳傾向のある乳児はとくに注意。

異物の誤飲　乳児の周辺の固いもの・小さいもの・ビニールなど口に入るものは

すべて撤去。ホコリ・ちり紙・チリなどを常に取り除き，清潔な環境を準備する。

睡眠中の事故 ベッド柵には布や物をかけない（視界を遮るため）。よだれかけを外して入眠させる。呼吸や顔色を確認し，異常がないかを常にチェックする。

② ハイハイの頃から

乳児期後期になると自分で体を動かし，行動範囲が広くなるため，目を離したすきに思わぬ危険につながる。ベッドからの転落，玩具による外傷，異物がのどにつかえるなど，乳児の周りは危険がいっぱいである。ことに事故が死亡に直結しやすい。周到な注意をすればかなり防ぎうるものである。

窒息 送迎用のカバンのひも，またはおんぶひもなどは手の届かないところへしまう。持ち出して，首に掛かってしまい窒息の原因となる。

異物の誤飲 視点が低いので，床に落ちている物はすべて危険である。食べ物のかけらやボタン・ピン・小さな物を見つけて口に入れる。誤飲チェッカーを用い，玩具などの大きさをチェックし，誤飲の未然防止に努める。

やけど みそ汁・スープ・お茶などある程度冷ましてから配膳する。ポットや熱湯に気をつける。暖房用ヒーターなどは安全柵で囲い，直接触れないよう配慮する。コンセントにはコンセントカバーを付ける。加熱式の加湿器の吹き出し口には十分に注意する。

頭をぶつける テーブルや，棚の角など，ぶつかりやすい角には防護を行なう。

転落事故 段差からの転落，階段・ベッド・ベビーカーからの転落。階段には転落防止柵，ベッドはロック施錠する。段差には，スポンジマットなどを用い，衝撃をやわらげる工夫をする。

落下 テーブルや棚の上の物が落下し思わぬ怪我をすることがある。テーブルクロスやコードなどの垂れ下がりに注意。

溺死 風呂，プール，溝などに落ちる。

乳幼児突然死症候群（SIDS） 乳幼児期，とくに生後6か月未満の乳児の重大な死亡の原因として，それまで元気であった子どもが何の前触れもなく睡眠中に死亡する事故が起きている。いわば原因不明の突然死である。予防としては，とくに寝返りができない乳児を寝かせる場合，うつ伏せはやめ，あおむけにする。また睡眠中の子どもの顔色，呼吸の状態をきめ細かく観察するように心がける。また乳児を暖めすぎないよう気をつける。乳児の周囲でタバコを吸わない（妊娠中もタバコを吸わないようにする）。また保護者に対してもSIDSに関する情報の提供を徹底する（巷野 2000）。

③ 歩き始めの頃から

この頃の体の特徴は，頭が大きくて重く，重心が上にいきがちで，不安定である。さらに歩き始めは，体のバランスをとることに精一杯で，本人がまわりの環境を察知

する余裕はないため転びやすいということである。そのうえ歩き回る範囲はさらに広がり，いたずら盛りでもある。「危ないから」と禁止するだけでなく，遊びや生活を通して危険なことと安全なことを真剣に伝えるしつけをしていくことが大切である。たとえばコンセントの穴に何かつめようとしたら「めん！」と訴えるなど注意が必要である。また言葉による意思の伝達が不十分なためかみつく，押し倒す，物を投げるといった衝動的行為が多くなるので，子どもから目を離さないことが重要である。

転落・落下　体のバランスを失う転倒，転落が多い。窓やベランダやテラスの近くには，踏み台になるようなイスや箱などは，置かないこと。

ぶつける　走り回り，壁や窓・ドア・柱・柵・人に衝突する。あらかじめ，柵などで防護すること，低月齢の子どもの安全確保などを行なう。

はさむ　扉やドアの開閉には十分注意する。時にはドア自体をロックしてしまい，動かないようにしてしまうのも手。開放時はドアストッパーで固定。引き出しなどは，クッション材などをはさみ，はさんだときの衝撃をやわらげるような防護が必要。

誤飲　洗剤や消毒剤の保管場所は手の届かない所へ。保管庫はロックしておく。

④　2〜3歳

走り回ることが喜びである2歳児は，「とびだすこと」が多いので道路における安全管理はきわめて重要である。全身の運動発達が著しい折，危険の予知ができず思わぬ事故を招く。園内外の顕在危険と潜在危険の点検および調査を定期的に行ない，子どもたちには危険物についての認知をさせる必要がある。

転落・転倒　この時期は，固定遊具での転落・転倒が多い。パイプなどに亀裂が生じていないか点検を怠らないようにすること。子どもの遊びから目を離さずいつでも援助できる態勢をとることが大切である。また，高い所での押し合いによる転落，高い所からの飛び降りには特に注意したい。

切り傷　傷を流水できれいにし，傷を確かめる。はさみを使用させるときは，扱い方をしっかり伝える。

はさむ　（上記参照）

誤飲　誤飲物質によって，対応が異なるため，その対応表を作成して適切な処置ができるようにする。

2　戸外活動での注意と安全対策

外へ出ると，子どもたちははしゃぎ，時には予測できない行動をとることがある。慣れない場所では，細心の注意を払い屋外での事故の防止に努める必要がある。

・公園で空き缶，たばこの吸い殻を見つけたときは，誤飲を防ぐため拾う。

・公園内の遊具は安全か，事前に点検する。

- 人数確認を最初と最後に行なう。
- 戸外では，保育者は全体が見える場所に立ち，一人ひとりを確認しながら遊びを見守る。
- 子どもは動きやすい服装であるように，整える。

事故を未然に防ぐための対策
●安全管理・チェックリストを作成し環境点検 　エリア・危険項目・危険内容・危険防止策の4項目で，全施設（園庭保育室などの施設設備・おもちゃ・家具・暖房器具）のすべてをチェック。問題のあるところは，ただちに補修・改修を行なう。 ●ヒヤリハットレポート・事故報告書 　ひとつの事故に300の事例が隠れているといわれている。園で起きた些細な出来事も報告書という書式で文章化し，全職員で共有し，検討・改善する。 ●防災訓練の実施 　年間計画を立てて，火災・地震・不審者侵入など，ありとあらゆる災害を想定して訓練を行なう。必ずフィードバックし，反省点や改善点を検討する。 ●救急蘇生法など応急手当の訓練 　救急隊などの専門指導員による，心配蘇生法や応急手当の指導・訓練を行ない，不測の事態に備える。 ●事故発生時対応マニュアルを作成し活用する。

事故後の行動計画
●事故・怪我をすばやく察知する 　目の前で起きた場合。 　子どもが泣いて訴えてきた場合。 　他児が目撃し保育者に訴えてきた場合。 　日頃の子どもの様子と異なる姿が見られる場合。 ●事故・怪我の状況把握 　園児の怪我の把握。 　　部位，症状，強さ，出血の有無，痛み，意識，顔色，変形，変色。 　事故や怪我の起こったときの状況把握。 　　いつ，どこで，誰が，どのように，どうなったか。 　応急手当を行なう。 　助けを呼ぶ。 　周囲の安全の確保や子どもの安全に配慮する。 ●事故・怪我の報告 　リーダー・主任に報告（リーダー・主任不在時は他の保育者に助言を求める）。 　怪我の状態については，看護師に報告。 　　受診必要性の判断基準。 　　　頭・背中・首を強く打ち，随伴症状（嘔吐・意識障害）が出ている。 　　　出血がとまらない。 　　　骨折・脱臼の疑い。 　　　歯がぐらぐらする。 　　　頭・顔の切り傷。 　　　目・耳・鼻の傷，また異物が入ったとき。 　　　意識がない。 　　　呼吸状態の異変。 　園長へ報告。 　　受診の必要性の判断。

第3章 親と共にすすめる育児

　　　受診となった場合は保護者への連絡を行なう（前頁「受診必要性の判断基準」参照）。
●事後の様子観察
　症状の変化はないか。
　必要に応じて事後の手当てを行なう。
●事故・怪我の記録
　所定用紙「事故報告書」に漏れなく記載。
　園長・主任・看護師に提出。
　保管書類とする。
●保護者への説明
　事故報告書をもとに，事実を説明し謝罪する。
　必要に応じて，園長が指名した職員が，降園後の様子を電話にて確認する。
　事故報告書をもとに，翌朝にその後の様子を確認する。

　　安全に対して無防備な年齢である幼い子どもたち，その命を守り育てる保育所においては，一時も疎かにできないものがある。怪我をさせないことだけが安全保育ではなく保護者と共に「どこからどこまでを怪我というか」を真剣に語りあい，「怪我とはいえないような小さな怪我」を重ねながら傷の痛さがわかり，やがて回復を待つ，そして自分の体に回復力があることを感動をもって知っていく。そんな過程を大切にしながら自律のある子どもたちに育みたいものだ。

参考文献（第3章第1・2節）
市島民子『赤ちゃんの抱き方』ごま書房，1996年。
井上昌次郎『早寝早起き　ホントに必要？』草土文化，1999年。
上笙一郎『日本のわらべ唄』三省堂ブックス，1972年。
熊本市「50周年記念誌　ひまわり保育園」2005年。
巷野悟郎監修『保育保健の基礎知識』日本小児医事出版社，2000年。
渡辺久子『抱きしめてあげて』彩古書房，1988年。

写真3-3　それぞれに自分のしたいことが楽しめる園庭

第3節　からだ育て・心育ちの食育を

写真3-4　食べる意欲を育てる

　幼い頃の食との出会いや人との関わりは，子どもの食に対する感性を育て，生涯の食行動や食習慣に大きな影響を与えることは，多くの事例研究でも立証されている。

　食育を進めていくうえでの必要な要因は，子ども一人ひとりの栄養的な対応を考え，発育状態に合わせて，乳幼児の食べることを機能としてとらえ，発達経過とそれを促す条件を充たすことにある。それには，食事は子どもが自立を獲得していくプロセスであることを，保育者と保護者が認識しあい，家庭と保育所の連携を通して，子どもが食事を楽しみながら，良い食習慣を身につけていく活動内容や，その進め方の検討が望まれる。

　国は，21世紀における日本の発展のためには，子どもたちが健全な心とからだを培い，未来や国際社会に向かって羽ばたくことができるように，また，すべての国民が心身の健康を確保し，生涯にわたって生き生きと暮らすことができるようにとの見解に立ち，2005年7月「食育基本法」を制定し，国民運動の一環として「食育」の推進をスタートさせた。

1　乳幼児期の食生活と食育の意義

　乳幼児の食生活は，食行動や食習慣の基礎を確立する時期でもあり，自分で食べられる「ひとり食べ」へむけての練習期でもある。とくに，離乳期から3歳頃までは，自分の意思で口の動かし方を学習する時期でもあり，発達に合わせた離乳の進め方が

重要になる。また「食事の時間を決めて，生活の基本的なリズムを規則的にする」「三食規則正しくとる」など，心身の健康に影響する良い食習慣を獲得させる必要がある。さらに，1～2歳頃から食事の挨拶を交わすようにし，2歳後半頃になると手で食べることの恥ずかしさに気づかせて，3歳前後になれば汚したものは自分で始末させるなど，みんなと一緒に気持ちよく食べるためのルールを理解させ，人間形成上必要な社会食べへむけてのマナー教育も必要になる。幼児期の食習慣やしつけが正しく行なわれていないと，学童期以降に「キレル」など，反社会的行動として現われることも少なくない。

　体験的な「食学習」を通して，乳幼児自らの力で望ましい食生活を営む「食の自立」を獲得させ，さらには，将来人間社会に適応して食生活を営んでいく「食の社会化」に向け，「食育」を推進していく意義はきわめて深い。

　養育者は，乳児一人ひとりの発達をよく理解して，この時期でなければ習得できない感受期と臨界期を見極め，不適切な食生活での摂食機能や心身の発達が損なわれることのないように，日々くり返される食事のあり方に留意して食育を進めていきたい。

2　発育・発達過程に応じて育てたい「食べる力」

■1■ 子どもはどのようにして食べることを学ぶのか

　摂食機能は発達の一現象であり，子ども自らが食事できる摂食行動を営んでいくためには，発達段階にあわせた学習のあり方が問われる。

　それには，養育者が食べものの大きさ・固さ・舌ざわりなどの物性を伝え，食べる機能や意欲を引き出すための食べさせ方を検討するなど，食事介助の重要性を認識し，根気強く進めていく必要がある。

■2■ 吸うことから食べることへの発達とその援助

①　授乳期——哺乳行動の発達とその援助

　哺乳行動は生来的なものであり，探索反射・捕捉反射・吸啜反射（きゅうてつ）・嚥下反射（えんげ）と，一連の反射的哺乳運動によって行なわれる。

　乳児の哺乳は，0～1か月では口唇を乳首に密着させ，下顎を下げて，口腔内の陰圧で吸い込む吸引型の動作であり，吸い嚥下する，単純反復的な反射飲みである。

　2～3か月になると，一定の時間継続して吸い，その後休むポーズ（paus）の行動を1回の哺乳の間に何度もくり返し，舌や顎で乳首を圧迫して，乳汁を搾り出して飲む咬合型の飲み方に移行していく。この飲み方が咀嚼（そしゃく）の基礎となるため，哺乳行動の変化をよく観察し離乳準備期の目安のひとつにしたい。またこの時期は遊び飲みをす

ることも多く，哺乳量の減少もみられるが，円満な情緒の発達を促すためにも見守りたい。

3か月以降になると安定した吸啜運動となり，哺乳力も増し，4～5か月になると活発で落ち着いたレベルの哺乳状態となる。

哺乳行動も原始的な反射現象として始まるが，徐々に随意的哺乳状態へと変化していく。

② 離乳期——咀嚼行動の発達とその援助

咀嚼や嚥下機能は，生来備わっているものでなく，順をおった学習によって徐々に獲得していくものである。その臨界期は2歳頃までといわれ，発達段階にあわせた離乳の進め方が必要となる。咀嚼力を獲得させるためには，以下の3つの視点で進めたい。

まず，発達に沿った<u>感覚，運動の体験学習の有無</u>である。

咀嚼行動は捕食（取り込む）・咀嚼（噛んで潰す）・嚥下（飲み込む）と，一連の随意運動によって行なわれる。この機能の発達を促すためには，口腔内へのさまざまな感覚刺激（触・温・味）が必要であり，刺激して動き（生理運動）を引き出す体験的な学習プログラムを設定して進めると，より一層の効果が期待される。咀嚼力は，舌飲み期，口唇食べ期，舌食べ期，歯茎食べ期の順で発達するが，その時期には個人差がある。養育者は食事場面での乳児の口唇や舌，顎の動きを注視し，画一的な離乳の進め方にならないように心がけ，進めていくことが大切である。

次に，食べる動き（機能）を引き出す<u>食べさせ方</u>への検討である。

摂食時の姿勢や食具・食器の選び方，食べさせ方など，援助のあり方が問われる。間違った援助で他の機能が引き出されると，後に「食べこぼし」「丸呑み」「咀嚼不全」などの問題行動として残ることも少なくない。

さらに，発達に合わせた食べものの<u>調理形態</u>に対する配慮である。

口腔内で処理できる食べものの硬さ，軟らかさ，粘度などの調理形態や，薄味，一口の量・一口で食べられる時間などの分量に配慮し，発達に添って進めていく必要がある。

1995年改定「離乳の基本」が示された。この基本は，あくまでも離乳を進める際のひとつの「目安」である。画一的な進め方にならないように，乳児一人ひとりの全身の発達や，手指の運動機能お

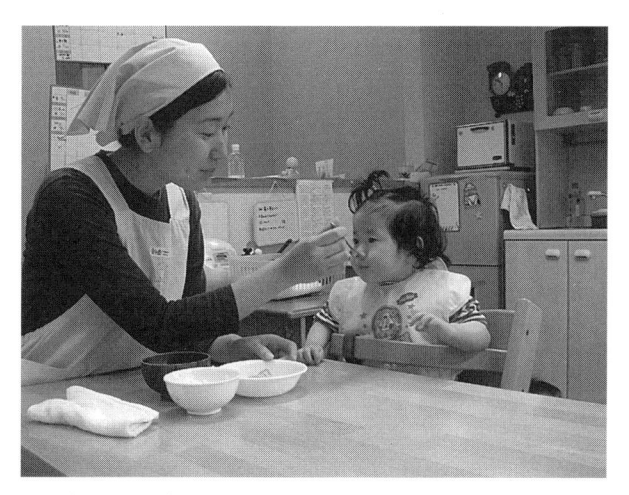

写真3-5　食べる動きを引き出す

資料3-1　0歳児（6か月から1歳3か月未満児）の食育の進め方

0歳児の発達に添った食育活動と年間計画

★食育活動の目標：(1)子ども一人ひとりの発達に合わせた離乳の進め方をする。
　　　　　　　　(2)食べたいという意欲の形成をはかる。
★発達に添った食育年間カリキュラム計画

		I 期（5〜6か月）	II 期（7〜8か月）	III 期（9〜11か月）	IV 期（12〜15か月）
指導計画		・口唇を閉じて飲み込む	・舌と上あごの間でつぶして食べる ・スプーンから離乳食を一口ではさみ摂る	・奥の歯茎で，すりつぶして食べる ・コップで飲む	・奥歯でかみつぶして食べる ・食具を持って食べる
活動内容	①感覚運動機能	離乳食を開始して，まずマスターすることは， ・上唇を下げて口を閉じ，圧力をかけてゴックンと飲み込む	・つぶすのに合わせて，左右の口角が伸びたり，縮んだりする ・口唇に筋肉がつき，口を結んだ際，水平になり一文字にみえる	・前歯を使い，一口の量や大きさを調整する ・舌を動かし，奥の歯茎にのせる ・口唇は上下唇がねじれながら閉じる ・ほほをふくらませて食べる ・あごはかんでつぶす側がしゃくれる	・口唇や口角が，自分の意思で自由に動かせるようになる ・奥歯でかめるようになる ・基礎的な咀嚼運動の完成
	②食べさせ方	・開口時には，舌上面と床面が平行になるような姿勢をとる ・下唇をスプーンで刺激し，出てきた舌先にのせる（子どもの顔面に対し，介助スプーンを直角に入れるとスムーズな動きが引き出せる）	・時に，子どもが自分の意思で口をもってくるまで待つ ・下唇を刺激し上唇の動きを引き出す ・上下唇で，離乳食をはさみ摂らせる ・口を閉じ，舌面と上あごでつぶし嚥下しているか観察する	・手づかみ食べを認め，食べるものの感覚を体感させる ・取り込んで，かんでつぶし，飲み込むことを体得させる	・手づかみ主体の発達を重視する ・食器食べが早すぎないか，検討する ・ストレスのかかるような援助は避ける ・摂食時，背中や足裏も安定させる
	③調理形態	・ポタージュ，マヨネーズ状のもの ・ドロドロ状（均一の調理状態）に仕上げる ・ベビーフードを上手に使う	・一応形はあるけれど，舌でつぶせる固さにする ・いろいろな味に出会わせる	・きざみ食は避け，軟らかくて，形の大きなものにし，歯茎でつぶせる固さに仕上げる ・火を通した調理法など，食べる意欲をそそるような形態も取り入れる	・離乳は完了しても，かむ力は未熟，調理形態には配慮が必要である ・移行期食を位置づける ・味付けはうす味にする ・栄養のバランスをとる
発達の目安	全身	（寝返りが始まる頃）	（腹ばいの頃）	（おすわりの頃）	（歩行開始の頃）
	手指機能	（掌でつかむ）（手全体でつかむ）	（拇指側でつかむ）	・手，指，手首，肘の機能をチェックする （拇指と人差し指でつかむ）	・食具を持てることと使えることを混同しない
	生歯				
活動援助		←――――― 子どもの健康状態について，家庭と連絡を取りあい進めていく ―――――→			

出所：高橋 2003年6月号。

よび生歯などを観察して，進めていくことが望ましい。

0歳児の食育計画を改定「離乳の基本」に添って作成すると，子ども一人ひとりの発達がとらえやすく，より適切な援助の方法が予測できる。

③　幼児期——食行動の発達とその援助

この時期は社会食べへの移行期であり，食べるための技術的な能力を身につけていく時期でもある。

介助食べから手づかみ食べ，食具食べから食器を持って飲み食べるなどの行動をくり返し，1歳6か月から2歳6か月頃にはスプーンやフォークを上手く使い，片手で食べられるようになる。「ひとり食べ」が確立されるのもこの頃である。

食具の持ち方をよく観察し，突き刺し持ちから下握り持ち，親指・中指・人差し指の3本で鉛筆持ちができるようになると「箸使い」の指先の動きに近づき，お箸への移行の目安となる。

自立を通じて，手・指の運動発達や自分で食べられる自信など得るものも多く，とくに，手指の訓練は食行動の自立に役立つだけでなく，脳の発育とも関連するといわれている。

生活のなかで手指を使う機会を多く設定し，トレーニングが十分行なわれて順調な発達が促されれば，3歳頃には援助を必要としなくなり，みんなと食べる社会食べへと移行していく。

またこの時期は味覚のトレーニング期にもあたり，味覚を自分のものにしていく時期でもある。味覚は，離乳食に始まる食体験によって形成されていく。

五原味のうち，本能的に好む味は甘味・塩味・旨味であるが，味覚の幅を広げるためにも，酸味や苦味は味覚のトレーニングが必要となる。離乳期から10代後半までがその時期にあたり，とくに幼児期や児童期における味覚学習のあり方が重要で，トレーニングが不足すると，トマトの酸味や生臭い苦味が受け入れられず，野菜嫌いや魚嫌いの原因ともなる。

子どもの食嗜好と味覚の関連性は深く，乳幼児期からの食体験のつみ重ねが，食嗜好を形成していく。したがって，甘味や塩味は食べ慣れると感覚が鈍くなるので，間食などでの過剰摂取に注意して，生活習慣病の引き金にならないように，離乳期から薄味に慣れさせることが大切である。

3　食事場面にみられる子どもの心の育ち

①　授乳にみられる愛着の形成

特定の人（母親）を目で追う，語りかける，微笑むなどの愛着行動は，授乳による母子間の接触をとおして形成される。スキンシップで得られた身体的安心感や眼差し，匂いの交換などは，母子相互作用を通して，母子共に満足感を与え情緒が安定する。

人としての発達の基礎は，母性愛や子から母への愛着行動が基本となる。
　授乳による母子相互作用こそ母と子の絆を深め，子どもの心を育てるためにもきわめて重要な行為である。
② 　手づかみ食べにみられる知的な育ち
　離乳後期頃になると，何でも触れたがり，盛んに手でつかもうとする。手のかかる時期ではあるが，この探索行動は乳児の知的好奇心の表われでもあり，この行動を抑制すると，主体性や後の学習意欲の育ちに悪い影響を及ぼすとされている。
　養育者は，望ましい食習慣の確立を急ぐあまり，食卓での乳児の感覚運動的な行動をむやみに禁止することがないように，環境を整備し，ゆとりをもってこの探索活動を見守りたい。
③ 　ひとり食べにみられる自律性の育ち
　1歳半頃になると，食具や食器を持ってひとりで食べたがり，盛んにおとなの模倣をして食べるようになる。また，食べものを人に差し出すという行動もよく見られ，対応したときには子どもとのやり取りが成立し，無視したときは一方的な関係となって，散らかし食べや遊び食べに移行するとの報告もある。
　この時期の養育者の対応こそ，言葉の発達や人に対する信頼関係が育つ基礎となり，その後の良い食習慣の確立にも影響する。2歳頃になると立ち直りの心も芽生え，「もう一度やる」とくり返し練習を重ね，2歳半頃にはひとりで食べられるようになる。
④ 　共食にみられる社会性の育ち
　2歳頃になると，食事のあいさつや簡単な食事のマナーを理解し始め，人との相互交流ができるようになる。健康な社会生活を営むうえでの食習慣を身につけることは，社会を学ぶことにもなり，社会性の育ちが不可欠となる。各家庭での食事のあり方を通して，子どもは徐々に人としての食べ方を身につけていくが，成長の過程で子どもの関心は，家庭から保育所などの集団生活の場へと広がり，それまでの家庭における固有の食生活のあり方が，しだいに社会化され社会性を身につけていく。
　共食共感は社会発達の目安といわれている。
　家庭との連携を密に取りあい，子どもの心やからだの育ちをベースにした集団ならではの食育を，「発達段階に添った活動計画」を作成して進めていくことが望まれる。

3　保育所と家庭で進める食育

　保育所で進める食育は，(1)子どもの発達に添い，集団生活のなかで習慣化していくような活動であること，(2)子どもの活動を一面でとらえるのではなく，全体的にバランスのとれた発達を促していけるような活動であること，(3)保育所と家庭が協力のも

第❸節　からだ育て・心育ちの食育を

と，共同事業として進めていく活動であること，などがあげられる。

１　保育カリキュラムで進める食育

　給食を「保育の一環」として位置づけなければ，教育的な効果は望めない。
　それには保育全体を見通し，保育目標の達成項目に「食」を位置づけて，保育課程にもとづいた食育活動を展開していく必要がある。また，子ども一人ひとりの食行動を観察し，どの程度の食べる力を身につけさせたいか，保育士・栄養士・調理員・職員全員での統一理解のもと，ねらいやテーマを設定して進めていくことが求められる。

２　食育計画の考え方・つくり方・進め方

①　ねらいと内容

　年間および６年間の発達過程を見通し，食育活動のねらいとその内容の系統化をはかり，基本方針を立てる。次に，保育目標に沿って保育生活を４期に区分し，年間食育指導計画を作成する。また，計画，展開，活動結果のまとめなど，さらには評価判定や見直し改善まで，全職員の連携のもとに行なう。

②　事　例

　１歳児の食育カリキュラムを，資料３－２に示す。
　１歳児は，個人の差も大きく，また，直立二足歩行や話し言葉を獲得し始める。
　食べ方にも変化がみられ，集団での取組みに苦慮することも多い。しかし，生活のリズムを確立するためには，食事のリズムを整えていく大事な時期でもある。
　年間計画のねらいとその内容については，移行期（１歳前半）食を位置づけて，この間に徐々に普通食に近づけていく。その際，栄養のバランスをとり，味つけはうす味を徹底させ，調理形態や一口で食べられる時間，一口の分量に配慮する。また，自我のめばえを大切にし，食べたいという意欲を育てるための食具や食器の選定など，食環境の整備や改善をはかりたい。
　援助活動とその進め方について，１歳半頃までは無理に食具は使わせないで，手づかみ主体の発達を重視し，手指の機能をチェックする。
　咀嚼機能は発育と平行して発達するのが最も効果的である。そのため養育者は，子どもにストレスのかかるような援助はしない，食具が持てることと使えることは混同しない，食具の使用は目と手と口

写真３－６　楽しい食卓づくりを演出する

第**3**章　親と共にすすめる育児

資料3-2　1歳児（1歳3か月から2歳未満児）の食育カリキュラム年間計画

1歳児の発達に添った食育活動と年間計画

★食育活動の目的：　Ⅰ　噛む力はまだ未熟なため，移行期食を位置づける
　　　　　　　　　　Ⅱ　自我のめばえを大切にし，食べたいという意欲を育てる
　　　　　　　　　　Ⅲ　食事の環境を整備し，生命の保持と情緒の安定をはかる
　　　　　　　　　　Ⅳ　食事のリズムを整え，生活リズムを確立する

★発達に添った食育年間カリキュラム

		Ⅰ期（15～16か月）	Ⅱ期（17～18か月）	Ⅲ期	Ⅳ期
指導計画		・いろいろな食材に慣れる ・うす味に慣れる ・食具でも食べる	・ほとんどの食品が食べられる ・食環境（椅子，食卓）を整える ・食事のマナーを伝える	・食事の時間内に，集中して食べる ・おやつを食べる ・自分で食べられるようになる	・1日3食とおやつを，決まった時間にきちんと食べる ・生活のリズムを整える
活動内容	働きかけ	・自分で食べようとする気持ちを大切にする ・食べものに対する好みがでてくるので注意する	・おとながおいしそうに楽しそうに食べる様子を見せる ・落ち着いた雰囲気づくりをする ・あいさつをくり返して伝える	・媒体等を用いて，食事時間を知らせたり，食べものに興味をもたせる ・自分で食べられたら「ほめる」「認める」 ・意欲を育てる言葉かけをする	・食事の前は手を洗う ・食後は口をゆすぐ
	食環境の整備	意欲を育てる食具の選び方ポイント ・食具の握り（ひっくり返るもの）。 ・食具の幅，奥行き深さ ・食器の立ち上がり（すくった時の止め）	歩行がしっかりしてきたら椅子にする ・椅子 両足が床につく奥行きに調整する ・食卓の高さは，手が伸ばしやすい高さにする	・食べる時間を知らせるために，保育者がエプロンを着用する ・テーブルの配置，保育者の居場所などを考慮する	・遊んだり，昼寝をする場所と，食べる場所を別にする
発達の目安	運動能力	・手づかみでどんどん食べる ・コップで飲むようになる ・食べ終わると立ち上がったりする ・食具を持ちたがる	・椅子に座る ・コップで飲む ・スプーンで食べる	・フォークで食べる ・皿を支えて食べる	・自分から席に着く ・自分で食べられるようになる
	認知能力	・好き嫌いを表わし始める ・他児に関心を持つ	・模倣性が出てくる「まねる」		・「もう一度」といった立ち直りの心が芽生える ・ままごと遊びをする
家庭との連携		食事の状況カード（食品，量，調理形態，食べ方，与え方など）で毎日連絡を取りあう			
		・離乳食の実態調査をする ・離乳食の講習会をする	・離乳が完了しても，3歳頃（乳歯がはえそろう）までは，噛む力が未熟なことを伝える	・親子（ふれあい）試食会を催す	・おやつの講習会をする

出所：高橋　2003年7月号。

第❸節　からだ育て・心育ちの食育を

の協調動作を注視する，ことなどを留意しながら進めていく。また離乳は完了していても，乳歯20本が生え揃うまでは咀嚼力は未熟であり，調理形態や食事のあり方に十分な配慮が必要である。

　2歳児の食育カリキュラムを，資料3-3に示す。

　2歳児は，歩行が完成するにしたがい探索活動も活発になる。自分でやりたがる反面，依存欲求も強く，食事も自分流でおとなに干渉されるのを嫌がるが，食べさせてもらいたがったりもする。

　食欲にムラがあり選り好みも激しく，自己中心的で，集団生活が難しいときである。食行動のトラブルも多くなるが，年齢が進むにしたがい減少する傾向にあるので，あまり干渉せず，食事時間30分を目安に，それ以上ダラダラ食べさせないようにする。

写真3-7　みんなと一緒に，作って食べる

　自我が芽生え自分を発見する時期でもあり，年間計画のねらいとその内容については，年間を4期に区分し，発達に添った目標を設定して進めていく。

　　Ⅰ期（4，5，6月）：順序がわかる（食事の仕方を身につける）。
　　Ⅱ期（7，8，9月）：生活習慣の基礎が身につく（食材に慣れなんでも食べられる）。
　　Ⅲ期（10，11，12月）：簡単なルールを理解する（食事は作る，食べる，片づける）。
　　Ⅳ期（1，2，3月）：他者の存在を意識する（みんなで揃って食べる）。

　援助活動とその進め方については，2歳前半になると模倣が上手くなり，スプーンやフォークの持ち方を教えると覚えるが，無理強いはせず気長に取り組む。

　気持ちを言葉で上手く表現できない時期でもあるので，食卓では目と目を合わせて，ゆったりと話をよく聞くような態度で接する。

　2歳後半になると言葉の発達が著しく，おとなの言うこともある程度理解できるようになる。食事のマナーを教え，食卓で揃ってあいさつをして食べることの大切さを伝える。また，さまざまな食材に興味や関心をもたせるように働きかけ，なんでも食べることの大切さを教え，毎日の食生活を通して，食行動が習慣化していくように働きかける。

③　家庭との連携や協力体制の必要性

　保育所で展開される食育活動は，家庭との連携を視野に入れて進めなければ，その効果は望めない。子ども一人ひとりの状況について話しあい，保育方針だけでなく，家庭における育児についての考え方・進め方ともあわせ，食育を「共同学習」として設定することが重要である。ここからさまざまな問題点や今後の課題もみえ，保育所

第3章　親と共にすすめる育児

資料3-3　2歳児の食育カリキュラム年間計画

2歳児の発達に添った食育活動と年間計画

★食育活動の目的：Ⅰ　いろいろな食品や調理形態に慣れる
　　　　　　　　Ⅱ　変化する素材の大切さを伝える
　　　　　　　　Ⅲ　食事の仕方がわかり，自分でしようとする
　　　　　　　　Ⅳ　みんなと一緒に，楽しく食事や間食がとれる

★発達に添った食育年間カリキュラム

		Ⅰ期（4・5・6月）	Ⅱ期（7・8・9月）	Ⅲ期（10・11・12月）	Ⅳ期（1・2・3月）
計画	指導	・食事や間食の仕方に慣れる	・いろいろな食材や食品，調理形態に親しむ	・食事の仕方やルールがわかる	・みんなと一緒に楽しく食べる
活動内容	働きかけ	・食事時間は30分以内 ・「いただきます」「ごちそうさま」をする ・みんなで揃って食べる ・保育所の給食に慣れる ・個々の対応が必要である	・食材の名前や味を伝える ・変化する素材の大切さを伝える ・食具のもち方を教える ・無理せず，気長に付き合う	・自分のもの，自分の仕方がわかる ・食事は作って，食べて，後片づけの一連の流れを知る ・歯みがきをする ・食事中の言葉かけの多さは，食べる意欲にブレーキがかかり要注意	・みんなで揃って，挨拶をして食べる ・食材に興味や関心をもたせ，何でも食べられるようにする ・しっかりかんで，よく味わう ・こぼさないように食べる
	食環境の整備	・椅子に座って食べる ・食べる場と遊ぶ場を区別する ・落ち着いて食べられる雰囲気づくりをする	・収穫保育や飼育保育に参加させる ・クッキング保育に参加させる	・準備や後片づけのとき，保育者はエプロンと三角巾を着用する ・当番活動を始める ・クッキングやレストランのコーナーを設置する	・テーブルの並べ方や，隣に座る友だちの配置を考える ・食卓に花を飾る
発達の目安	運動能力	・歩行がしっかりしてくる ・じっとしていない	・指先の成熟した動きがまだできない ・スプーンやフォークが上手く使える ・食器を持って食べられる	・遊びやゲームを通して，お箸の使い方を覚えていく	・空腹の体験をさせる
	認知能力	・模倣が上手くなる ・「自分で」と主張し，何でもやりたがる	・見比べたり，考えたりする力の基礎を作る ・「もっとしよう」から「もう一回やってみよう」へ行動がかわる	・自分のもの，自分のやり方がわかる ・「～してから～する」（ものを介在して，自分をコントロールする）	・「イメージ」や「つもり」が広がる ・おとなを試す ・おとなの行動に憧れる
家庭との連携		・「お便り」などをつかって，食事の取組みを伝える ・食事の実態を調査する	・親子試食会をする ・簡単料理の講習会をする ・行事食の講習会をする		

出所：高橋 2003年8月号。

第3節 からだ育て・心育ちの食育を

でどのように食育を進めていけばよいのか，示唆されることも少なくない。

参考文献（第3章第3節）
〈食育の視点から乳児保育を学ぶ〉
「食を通じた子ども健全育成（―いわゆる「食育」の視点から―）のあり方に関する検討委員会」報告書（厚生労働省）『楽しく食べる子どもに』（財）日本児童福祉協会，2004年。
高橋美保「食育カリキュラム」『こどもの栄養』（財）こども未来，2003年4月号〜2005年3月号。
高橋美保「家庭への食育活動」『こどもの栄養』（財）こども未来，2005年4月号〜2006年3月号。
林淳三編『やさしい小児栄養』建帛社，2002年。
〈現場発想の視点から乳児保育を学ぶ〉
松本園子編『乳児の生活と保育』樹村房，2005年。
〈保健の視点から乳児保育を学ぶ〉
高野陽編『小児保健』（保育・看護・福祉プリマーズ⑧）ミネルヴァ書房，2000年。

写真3-8　心育ての食育を
a　2歳児はランチルームでお食事，b　笑顔がこぼれる楽しい食事（2歳児クラス）

第4節　「着脱」と「排泄」の自立

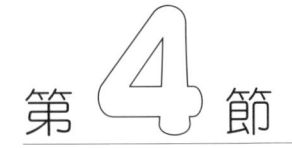

1　0・1・2歳児の育ちに添った「着脱」の援助を

　排泄・着脱などの生活習慣は新生児の時期からこまめに着替えやおむつ交換を行ない，気持ち良さを感じさせてあげることから始まる。大好きな保育者と1対1で丁寧に関わってもらいながら，心地よいときをつくることが大切である。乳児は新陳代謝が旺盛で，汗あかなどで体が汚れやすい。快・不快の感覚を養い清潔の習慣を身につけていくためにも衣服調節は必要である。乳幼児の発達を追いながら着脱における保育者の援助について考えてみよう。

1　乳児の着替えのポイント

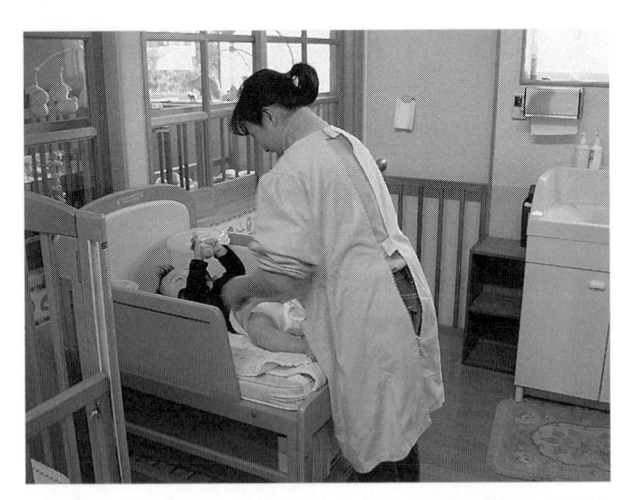

写真3-9　「おしっこ出たかな…たくさん出て気持ちがいいね」などと声をかけおむつ交換の際のコミュニケーションを大切に

・首がすわっていない場合は寝かせて着替えさせる。
・じっとしていない場合はおもちゃを持たせたり，話しかけたり，あやしたりしながら素早く着替えさせる。
・乳児の体はデリケートである。首がすわっていなかったり，関節が外れやすかったり乳児特有の身体条件があり，細心の注意を払い事故のないように配慮する。
・着替えの手順に追われることなく優しい言葉かけでコミュニケーションをしっかりとりながら行なう。

第4節 「着脱」と「排泄」の自立

2 **1歳児の着替えのポイント**

着脱の際は，それにともなう体の動きを経験させる。「さあ，ズボンをはきましょうね。足をズボンのトンネルに入れてみよう」などと子どもにわかりやすい体の動きを伝え，自分でもやってみようという気持ちを少しずつ養っていく。

写真3-10 「わたしがひとりでやるから見ててね」

- 乳児は，くつした，パンツ，ズボン，スカートなど，はくことより脱ぐことから始めることが多い。簡単な衣服なら保育者に介助してもらい自分でもやってみる。
- 洋服から顔が出たときタイミングよく「ばあ」と顔を見合わせたり，「ばんざいすると，ほらすぐ手が出るよ」など体の部位を知らせ，関心をもつように楽しい言葉をかける。
- 少しでも自分でできたらほめて，次へのステップへとつなげる。
- 自分で好きな服を選ばせるなどして，着ることの楽しさを味わわせる。

3 **2歳児の着替えのポイント**

自我の発達とともに「じぶんで」と主張するようになるので手間どるが，じっくり見守ってさせてみることが自立のめばえを育む。しかし，時にはひとりでできるのに「できない，やって」と甘えることもある。そんなときは突き放したりせず「やってほしかったのね」と快く甘えを受け止める。自分の気持ちを理解してもらえた喜びを味わうとまた「おおきくなったんだ，ひとりでやるの」という気持ちになる。甘えたり，ひとりでと主張したり気持ちが揺れ動くのがこの時期の子どもの特徴である。

- 「自分で」という気持ちがでてきたら手を出さず見守り，できたときは大いにほめて自信につなげていく。できないところはさりげなく手伝う。
- 時間に追われてすべて手伝ってしまったりせかしたり，おとなの都合で子どもを振りまわすことのないよう，ゆとりをもって保育をすすめていく。
- 保育者がたたんだり籠に入れたりするのを見て，子どもが自分で始末するようになる。そんなとき衣服の前後や裏表，上下関係など言葉と動作とモノを結びつけ理解させる。
- ボタンのはめはずしやスナップなど「ボタンのトンネルとおりゃんせ」などと軽

写真3-11 「あたしがやってあげる…」「うん」

快な言葉を楽しみながら手先の器用さを促がす。
・日頃の生活，遊びのなかで，たとえば洗濯バサミを使って指先に力を入れる経験を楽しんだり，ままごとで人形の洋服を着せてみたり，お箸を使ってお手玉のぼたもちを盛りつけるなど手先を使う遊びを十分に楽しませたい。
・家庭との連携のなかでその子の発達状況を共に確認しあい保育をすすめていくことが大切である。
・3歳近くなると子ども同士でできないところを助けあう姿も見られるようになる。

2　排泄の自立を支える援助

1　おむつからパンツへ

　乳児期は大脳の発達が未熟なため，直腸や膀胱にたまった排泄物は脊髄の反射中枢を介して反射的に排泄される。子どもが自分の意思で（大脳のコントロールにより）排泄できるようになるのは生後2～3年かかる。その間「おむつをいつはずすか」「排泄トレーニングはいつから始めればよいか」保護者にとっては大きな関心事である。そこで保護者に納得のいく「おむつはずし・トイレットトレーニングのタイミング」について考えてみよう。

　まず，トイレットトレーニングを始めるには子どもの体の準備が整っているかどうかを知ることが大切である。それには次の3つの条件について確認する必要がある。

　　その1　歩行ができること。
　　　　　歩けるようになることは，脳の発達がそれまで膀胱におしっこがたまると反射的におしっこをしていた状態から，膀胱におしっこがたまったのを感じるようになることを意味するのである。
　　その2　言葉を話せるようになること。
　　　　　まず言葉の理解ができるようになっていること，「チー，おしっこでる？」「おまるにすわろうね」「トイレにいってみる？」などの言語理解ができれば，身振りや言葉で意思表示ができるようになるので，おとなにも伝わるのである。
　　その3　おしっこの間隔が2時間以上空くときがある。

おしっこの間隔が2時間近く空くということは、それだけたくさんおしっこを膀胱にためられるようになってきたことを意味する。いつも2時間近く空くことはなくても、そういうことがあればトイレットトレーニングを始められる条件が整ってきたことになる。おしっこ間隔がとても短い子どもは（たとえば30分ぐらいなど）2歳半ぐらいになれば理解力も育ち、周りのおとなや友だちの姿を見てトイレに行こうとするようになるので、遅くとも2歳半頃には始めたい。

子どもからの排泄サインをとらえよう

　乳児期は時間を見ておむつ交換をし、汚れていたら清潔なおむつと交換しその心地よさをおぼえさせる。やがておすわりがしっかりする10か月頃、おむつをはずしてぬれていなければオマルにすわらせる。その頃おしっこがしたくなったり、おしっこが出てしまうとちょっと変わった様子を見せるようになる乳児もいる。それを察知し、いやがらなければオマルに座らせてみるのもよい。

　1歳半頃になると排尿回数が減り1回の量が多くなる。夜間は個人差が大きくほとんどしなくなる子もいるし、おむつを2〜3回ぬらす子もいる。その頃の子どもは、ウンチやおしっこが出る直前にいろいろなサインを出してくる。

　服をおさえる　　腰を振る　　体をよじる　　ピョンピョンはねる　　しゃがんだり中腰になったりと落ち着かない　　ズボンやパンツを脱ごうとする

　このようなサインを見逃さずトイレやオマルに誘うと成功率が高い。

　おむつやパンツのなかにウンチやおしっこが出てしまったときのサインも知っておくと良い。

　じっと止まり動かなくなる　　ズボン、パンツを脱ごうとする　　おしりをたたいて知らせる

など、いろいろなサインはその子その子によって違いがあることを認識する必要がある。保育所ではまず、一人ひとりのおしっこ感覚を把握し、トイレに誘うようにする。タイミングとしては、活動を始める前や活動の区切りにトイレに誘う。たとえば食事やおやつの前、睡眠の前後で午睡から目覚めたときにパンツやおむつが濡れていなければ膀胱に尿がたまっているので、トイレに誘うチャンスであり成功することが多い。とはいえ、子どもの様子、その日の気温や気候などを考慮し柔軟に対応することが大切である。

2 排泄の自立に向けての保育者の援助

おしっこやウンチが出ることを知らせたときは「えらいね」「お兄ちゃん（お姉ちゃん）になったね」と，認める言葉をかけてあげ，知らせたことを共に喜ぶ。

おむつやパンツに排泄したことを気にするようになったら，パンツやおむつをつける前にオマルや便座に座ることを勧めてみる。排泄はトイレに行ってするものという意識をつけていく。しばらくして出ないときは「また教えてね」などと言葉をかけ，5分以上オマルに座らせないよう注意する。決して無理強いしない。

トイレを嫌がり保育者が声をかけても逃げ回ったり「デキナイ，デキナイ，ヤッテ」などと泣き出したり依存する場合は，自分ですることや排泄ばかりを勧めるのではなく保育者との楽しい時間をもつようにしたい。

3 自立への目安

おむつからパンツにする目安としては，1日の排尿回数のうち半分以上トイレで排泄できるようになった頃である。パンツになりおもらしをすると，足をつたっておしっこが流れるので「でた」という排泄感覚をより一層つかむことができる。日頃から個々の排泄の間隔を把握し，成長・発達のどの段階にあるかを理解することが大切である。

おむつやパンツが汚れたら優しく言葉をかけながら取り換え，きれいになった心地よさを感じることができるようにする。

排泄はゆったりとした気持ちで対応し，子どもが自分から座ってみようと思うような話し方・接し方をする。たとえば「おしっこしたら公園に行ってワンワン見ようね」「おしっこしたら，おいしいごはんたべようね」など。

誘えばトイレでするが自分からまだしない，というときにはわざと誘うタイミングをぎりぎりまで待ってみる。膀胱が一杯になったときの感じと，排尿をして空になったスッキリした感じの違いがよくわかり，自分から予告できるようになってくる。

4 トイレの環境作り

トイレは特別な場所ではなく，日常的な，リラックスできる親しみのある場になるよう雰囲気づくりを工夫する。あまり飾りすぎるのは好ましくないが，子どもたちの好きな動物の写真などを貼り，トイレを嫌がるような子どもには「○○ちゃんの好きなうさちゃんが待ってるよ」などと誘いかけてみよう。

・掃除が行き届いている。

ダンボール箱に布をはって，絵をかいたりしてみる

室内におまるを置くときは，かわいいカバーを作る

- ・照明は明るく清潔な香り。
- ・脱着用マット，手作りベンチなどを用意する。
- ・かわいい便座カバーやマットを作る。
- ・子どもたちの好きな動物やのりものの絵などを貼っておく。

5 排泄後の手順

排泄した後は，「おしっこが出てすっきりしたね」などと声をかけ，トイレットペーパーの使い方を教え，お尻の拭き方を身につけられるようにする。

- ・トイレットペーパーは30 cm ぐらいに切り取り，ウォールポケットにセットしておくとよい。
- ・ウンチは保育者が拭きながら，前から後に拭く方向を教える。パンツに便などの汚れがあるときは注意を促すのではなく，まだひとりで拭くことが無理だととらえ保育者がそのつど介助する。
- ・用を済ませたら必ず手洗いを促し，リズム感のある言葉をかけ楽しく手洗いの手順を教える。

6 排便の自立

人間は社会的な動物であって，子どもはある場所でやっていいことと悪いことがあるということを学びながら成長する。

排便は，ある程度直腸のなかに物が入ってくると，肛門括約筋が開き交感神経の活動も高まって，腸を動かして便を体外に出すという仕組みになっている。直腸の肛門括約筋は自律的に調節でき，肛門を開くかどうかを意識的に操作する。同時に副交感神経が刺激されるため，排便は安全な場所でリラックスしてする行為でもある。だから幼い子どもがトイレに入ってリラックスしたいとき，おとなが「早くしなさい」とせかすと萎縮してしまい腸の動きは止まってしまう（榊原 2005年1月号）。

「決まった時間にすっきり排便」，3歳ぐらいまでにこの習慣が身につくと，その後

排便のトレーニングを始める時期

- ・2～3歳頃になると排便・排尿をコントロールする脳幹部が発達する。すると…
- ・いつも定まったとき（朝食後など）に便が出るようになる。
- ・「おしっこ」「ウンチ」と言葉や動作のサインで知らせる。
- ・便はオマルやトイレでするものということがわかってくる。

は心身ともに軽快な生活が送れるようになるものである。

　よく子どもが部屋の隅のカーテンなどに隠れ,「う～ん」と力んでいる姿を見る。排便している姿だと明らかに伝わってくる。そのとき,周りから声をかけられたり,トイレに促されたりすると便は決まって出なくなってしまう。リラックスできなければ出ないということを学習している。また自閉症的な傾向が強く社会に適応しにくい子も,なかなかトイレで排便することができないといわれる。そのことからも排便をトイレですることは,きわめて社会性の高い行為であるといえる。トイレットトレーニングが思ったようにできないということは,社会性を身につけるために必要な体の準備ができていないといえるようだ。

参考文献（第3章第4節）

榊原洋一「排便の躾 Q&A」『0,1,2歳児の保育』小学館,2005年1月号。

帆足英一『わたしの赤ちゃん　トイレ・トレーニング百科』主婦の友社,1990年。

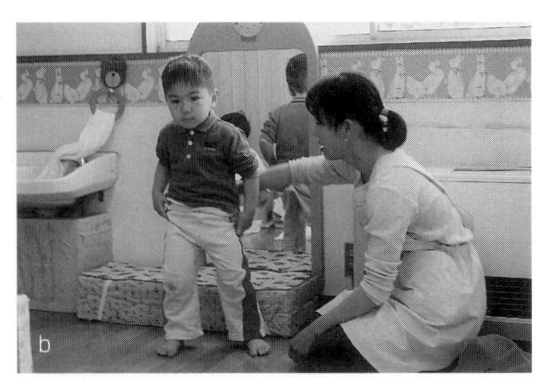

写真3-12　a「おしっこ　なかなか　出てくれないよ……」,b「ひとりで　はけたね」「うん」「せんせい　うしろだけ手伝うね」

第**4**章

遊びと環境

第 1 節　遊びの発達的意味

　子どもにとって遊びは生活そのものといわれる。乳児期はそうしたいい方が最もあてはまる時期である。日頃の人や物との関わり，食べるときやおむつ交換などのふれあいのときがいつも楽しみであり，遊びである。また新しく獲得した力を使って欲求を実現しようとする自己表現，心身の発達に密接に関係する行為が遊びでもある。そこで，本章では，乳幼児の遊びと社会性の育ちについて考え，0・1・2歳児における遊びの発達的特徴および遊びを通して育つもの，それを支えるおとなの役割などについて考えてみたい。

1 ｜ 0・1・2歳児の遊びと心の発達

　乳児は目覚めてごきげんなときは，身近にある事物を一生懸命に見つめ，動くものを目で追いかけたり，それをつかもうと手を伸ばしたり，時には物をつかんでしゃぶったり，あるいはわけのわからない発声をくり返し，笑うなど多様な自発的活動を見せる。これが乳児にとっての"遊び"である。この遊びは自分の身体を中心にして始まっていくが，しだいにあやしてくれる身近な人や物と出会い，これらとの相互作用の経験をとおして楽しみや喜びを得，遊びを広げていく。エリクソン（Erikson, E. H.）はフロイト（Freud, S.）の言葉を意訳して「遊びは幼児の自我の統合しようとする努力を理解する王道である」と述べている。

1　自己世界の拡大

　また，エリクソンは，子どもの遊びについて次のように述べている。「子どもの遊びは自分の身体をおもちゃにして遊ぶことからはじまり，自分の身体を中心にして展開する。――これを自己宇宙の遊戯と呼ぶことにしよう。それは，われわれが遊びであることに気づく以前に始まっている――最初は，肉体的感覚の知覚，筋肉運動的感覚の知覚，発生などを繰り返して模索する事からはじまる。次に，子どもは自分の手の届くところにある人や物をおもちゃにする。音声のどの波長が母親を呼びもどすの

に最も役に立つかをみるために，ふざけて泣いてみる。また母親の身体や，顔の突起した部分や穴などを指で触れて，実験的に探ることに夢中になる。これが子どもの最初の地理である。このような母親との相互作用で得られた基礎的地図こそ存在しつづけて，自我が『世の中』に出はじめて方向を決定するときの道案内となるのである」（仁科訳 1977，282頁）。

乳児は自分が獲得した力の限りを使って遊びをくり返し，身近な人や物の相互作用を通した自己世界を拓いていくのである。そして，このような遊びの経験の積み重ねのなかで，乳児なりの認知的世界が形づくられていく。

すなわち乳児にとって遊びとは，自己を知り，周りの環境に働きかけ，自己世界を拡大する力といえるのではないか。

2 遊びを通して心の痛みや傷を治癒する

遊びは，心の発達を促すだけでなく，心の健康にも重要な意味をもっている。乳幼児の日々の生活は，必ずしも楽しいことばかりではない。時には思い通りにならない事態にぶつかり葛藤したり，けんかしたり，不安を抱く経験もする。ストレスがたまるのはおとなだけではない。その傷ついた心やストレスを癒してくれるのが遊びでもある。

朝，母親から叱られて不機嫌で登園した子どもが，砂場で遊んでいるうちに，表情もやわらぎ快活になっていくなど，遊びを通してストレスを解消し，傷ついた心が癒されていくというようなことは，保育所などでは日常茶飯事である。

兄からよく乱暴されていた妹が，人形に対して自分がされたようにたたいたり，踏みつけたりし，自分の感情や不安を処理していたこともあった。プレイ・セラピスト（遊戯療法）もその一種である。遊びのなかで邪魔されず最後まで演じながら，自己治療を果たしている。遊びによって現実の受動的な苦痛を弱め，それを能動的に支配することで，傷ついた心が治癒されるのである。すなわち自らの求めによる発達に応じた活動に夢中になりながら，ストレスなど心に蓄積されたいやなことを消していくのである。

3 人と人をつなぎ社会性を形成する

乳児期の豊かな遊びのためには，まず母親（それに代わるおとな）との間に安定した絆が結ばれ快適な生活が基盤になくてはならない。それが乳児の自発的な行動を誘い，遊びに結びついていくのである。安心して周りに目が向けられるようになると，次第に身近なおとな，そして子どもへと，人との相互交渉が広がっていく。多くのおとなや子どもたちと出会い，またさまざまなできごとを経験していくなかで，やがて社会のひとりとして行動するために必要な社会的なルール（習慣，言動，生活の役割，

態度）など多くのことを学んでいくことになる。この過程を「社会化」という。乳幼児がこの社会化を遂げていくためには，人と人との相互作用が最も重要であることはいうまでもない。

社会性の発達には，日常の些細なおとなとの相互作用（笑いあったり，同じ物を見て心を通いあわせたり，もののやりとりを楽しむなど）遊びが大きな意味をもってくるのである。そのおとなとの遊びの経験を重ねるなかで，興味をもった人の模倣は活発になっていき，いないいないばあやおつむてんてんやバイバイなどの身振りもできるようになる。保育所では０歳児がともに過ごす生活のなかで，じっと見つめあったり，笑いあったり，物を取りあったり，模倣しあったり，早い時期から影響しあう姿が見られる。この乳児と乳児のあいだに生ずる関わりやトラブルを保育者が大切に肯定的に受けとめ対応することで，人と一緒にいることが楽しいという思いを育んでいくのである。やがて子ども同士の模倣や遊びも認められるようになる。個人差が大き

遊びの分類

遊びの分類は，ⓐ発達上の分類，ⓑ遊びを動機づける原理からの分類，ⓒ遊びの活動形態に基づく分類，などその観点によりさまざまである。

ⓐ 発達上の分類（ピアジェ）……心的機能の発達から
　〈1〉機能遊び　象徴遊び　規則遊び
ⓑ 社会的行動からの分類（パーテン：Parten, M.B.）
　〈2〉傍観者遊び　平行遊び　連合遊び　協同遊び
ⓒ 子どもの生態からの分類として民俗学者の柳田國男が次のように扱っているのは興味深い。
　〈3〉軒下遊び　外遊び　辻うら遊び

その他　一般的には次のような分類もある。
　〈4〉感覚的遊び……視覚，聴覚，触覚など五感を働かせる刺激を与えることによって感覚の発達を促す遊び，目と手の協応や運動発達，知的発達なども促される。
　　運動遊び……体の諸機能の運動が楽しみをもたらすもの。
　　模倣遊び，想像遊び……見立て，ふり遊びに始まるいわゆるごっこ遊びの類で想像力が活発に働き展開される。
　　受容遊び……絵本やテレビ，紙芝居や映画など子どもが受身になって楽しむもの。
　　構成遊び……積み木，パズル，折り紙など遊具や素材を組み立てたりして楽しむもの。

いが，2歳頃になると，気の合う友だちができはじめ，トラブルもあるが一緒に遊ぶ楽しみや喜びが広がっていく。やがて遊びを通して友だち同士切磋琢磨し，自律心や社会性を身につけていく。

2 遊びを育むおとなの役割

■1 子どもの遊びをどう見るか

　動物学者ローレンツ，K. によると探索行動としての遊びは動物にもみられるという。
　しかし人間の遊びは次の2点において動物の遊びとは決定的に異なるそうである。ひとつは，環境の拘束からの自発的，積極的解放を意味する（自由な運動）であること。ふたつめは，遊びに発達がみられることである（森上 1980：316頁）。
　特に0・1・2歳児のような幼い子どもにはその遊びを見るときのおとなの見方が，遊んでいる子どもにいろいろなことをメッセージしてしまうようだ。日頃おとなは実にさまざまな見方をしている。『あんなことしている……もっとこんなふうにすればいいのに……』『あんなことしてほしくないのにな……』などと管理の目で，遠隔操作しながら見る人，「見守っている」と言いつつも遊びの何を見ているのか。何も心を動かさずただ漫然と見ている人，「遊びをせんとや生まれけん」という梁塵秘抄の言葉どおり，我を忘れて遊ぶそのさまに惹かれ，目に見えないエネルギーに引っ張られ気持ちはいつのまにかその世界に入り込みながら見入っている人，そのさまざまな見方によって子どもたちの遊びが微妙に変わってくるから不思議といえば不思議である。幼い子どもたちの遊びに関心をもって楽しんで見ているおとなのもとでは，子どもたちのその遊びがより一層快活になっていくことは言うまでもない。おとなが心を動かしながら見るということ，それは見ているおとながじつは自問自答しながら，子どもという存在に感動している姿なのではないだろうか。そこに自分の子ども時代を追いながら，自分のなかにまだ息づいている子ども性を探し出しているのだと思う。そして目の前の子どもたちの遊びの楽しさに共感したり，その子どもの，遊びのイメージや遊びが変化していく動機をつかみながら自分のなかに息づいている子ども性を再び生きなおす作用が働くのだと思う。だから遊びを面白がって見ているとそこにおとなと子どもの関係が確かに成立してくるのだ。遊びを見ているおとながいつのまにか子どもの世界に（心だけ）降りていって仲間入りをする。だから子どもは快活になっていくのだと思う。『自分は自分の求めを実現できる力を持っている，おとなは自分たちの仲間になってそれを支えてくれる存在だ。だからこれからも自分の求めにしたがってどんどん行動していこう』というおとなへの信頼と，自己肯定感の様な思いが働く。「子どもの遊びを見る」という保育の日常的な何気ない行為において「何を

どう見ているか」子どもたちに，子どもである自分を支えてくれる人という存在になれるような見方をしているだろうか。そこがとりわけ重要だと感じられる。

2 肯定的な見方をすると遊びが育つ

筆者の23年間の保育者生活のなかで忘れられない子どもとの出会いが，以後，遊びを見るおとなの目を育ててくれた。それはよっちゃんという2歳児との出会いであった。

> よっちゃんは，散歩に行くときいつも道端の枝を拾って犬の糞をつつくのが楽しみのようだった。「くしゃい，くしゃい」と言いながらみんなはよけて通るので，自分がそれを退治してやる（？）といわんばかりに，得意げに枝でつつく。始めはやめるよううながしていたが，枝を取りあげられても取りあげられても，またどこからか枝をさがしてきて糞をつつくので，とうとう保育者の私は糞をつつく行為をやめさせることをあきらめ，シャベルを持って散歩に行くことにした。もちろん，それは彼のしたことの後始末をするためだった。
> 　ある時，公園で見つけた犬の糞が枝で触った拍子にころっと転がった。すると彼は驚いたように「ころころウンチ，しぇんしぇ，ころころウンチ」とそばで見ていた私に叫んだ。いうまでもなくその糞は，太陽の熱で乾ききっていた。そこはちょっとした斜面でもあったので枝で触った拍子に自分のほうに糞が転がってきたことが彼を驚かせたようだ。次の時から彼が糞を見る目が一段と輝いてきた。そして糞をつつく行為から，それがころころ転がる硬い糞であるかどうかを探ることに彼の興味が移った。そして数日後には，見ただけで（枝で転がしてみるという行為を省略して）「これころころ」「こっちはころころじゃない」と判別できるようになっていた。

　おとなもそうであるように，子どもは，自分の好きなことは飽きることなくくり返す。興味あることをくり返しくり返しやることで「こうしたらこうなるはず……」というその子なりの予測が生じ，それを確かめることが次のより興味深い活動になり，やがて「やっぱりそうだった」という確認の喜びになっていく。自分の内的興味，関心に従って，好きな活動をくり返し経験することによって「また明日もやるんだあ」という自分なりのめあて（自己課題）が生まれてくるのであろう。どの子も3歳頃になるとくり返し行動してきた成果なのか，めあてが生じ意欲的になっていく姿（明日を生きようとする未来に向かう小さな意志のめばえ）を感じていたが，よっちゃんの糞の探索行為から「くり返すことの意味と子どもの発達の道筋」みたいなものを実感的にとらえられたことが嬉しかった。

よっちゃんは，4〜5歳の頃はみんなが嫌がるくさい鶏小屋に入って，糞のしまつなどそれはよくやってくれた。そして「今日のウンチはやわらかすぎる。野菜ばっかりたくさんあげ過ぎるんだよ」「きょうのウンチはころころだよ，元気なしるし」と糞から鶏の健康状態を判断し友だちに訴えたりしたので「よっちゃんはウンチ博士」と呼ばれみんなから一目おかれるようになった。

　そのよっちゃんが，獣医さんになるために進学しまもなく卒業という手紙が届いたことがあった。私は心の中で思わず叫んでしまった。「ウンチ，ばんざい。あの時おとなの判断で糞の探索をやめさせなくてよかった」。

　子どもの遊び（1・2歳児の幼い子どもにとっては遊びとはいえないような興味ある行為）は，その子を知る手がかりであること。その行為を「いけません，やめなさい」と否定してしまうことは簡単だけれどもそれでは何も見えてこない。彼が何に対して関心を向けているのか。なぜそれに惹かれるのか。こだわるのか。おとなが心を動かして子どもの遊びや行為を見ていると，その子の心に添っていつのまにか肯定的（共感的，同調的）にその遊びを見られるようになっていくことを学んだ。おとながまず相手の視座に立ってみようとすることで，自分が変わっていくのだ。

　遊びを見るというとき，今，展開している目の前の子どもの行為の意味を読みながら謎解きの面白さを味わう微視的視点，よっちゃんの糞の探索は，おとなから見ると「またあんなことやってる……」とつい同じ行為のくり返しのように見てしまうが，実はそこに少しずつ変化していくものがあることを見届けていくことが重要であると思っている。またもう一方，長いスパンで子どもを追跡してみると興味ある対象は変化したり，あるいは変化することなく続いていくがその底には，何か引き継がれ流れているものがあると感じないわけにはいかない。その子を動かしている興味の原動力は何かを理解することがその子と繋がれること，信頼関係になっていくのだと思う。

　どの子にも与えられている内的求め，それを表出していく行為の喜びをおとなが認め，行為の喜びに共感することで子どもは，内なる求めに従って行動することが，価値をもった行動になっていくことを実感でき，一層自発的になっていくのだ。

　子どもたちの興味の対象や，好きな活動に心をわくわくさせながら，私は自分の子ども時代を思い起こし，あの豊かななかに生きたものをもう一度人間の原点に据え生きたい，そう願いながら子どもたちとの生活をすごしてきた。遊びを通して発達していくことが人間の子どもの遊びの特性である。次に実践からとらえた子どもの遊びの発達の姿を追って見ていこう。

第2節 遊びにおける心身の発達とその援助

1 出生～6か月——感覚遊び（見る，聞く，触る，なめるなど）

1 快い情感の共有

　　生後2か月頃までは，よく眠りおなかも満たされて機嫌が良いとき，周りの動くもの，音のするものをじっと見つめたり聞いたりしている。まだ自分で手を使うことはできないので，周りのものを感受することが遊びといえる。美しい明るい色彩，やわらかく快い音色の吊るし玩具を目から30cmほど離し，まくらもとの斜め上の方に吊るしてやる。またあやすとほほ笑む時期なので，ガラガラのような音の出る玩具を振ってみせ，語りかけたり，歌ったりして，発語を促す対応も大切にしたい。ことに，この時期の乳児にとってベッドは，安心してすごせる生活の場である。手足をバタバタ動かしているうちに，何かに触れ，音がするということは，子どもにとってすばらしい発見である。見る，聞くなどの感覚が発達し，やがて自分の手の届くところにあるものを触ったり，なめたり，にぎったりして遊ぶようになる。

2 目と手の協応から物への探索が始まる

　　自分の手をじっと見つめたり（ハンドリガード），なめたりし，それが自分の体の一部であることに気づいていく。目と手を連動して動かせるようになってきたのである。それは，自分の手を使う準備ができたことを意味する。おとなが乳児と目を合わせ，そばで音の出るガラガラなどを振ってみると，手を伸ばし，手のひら全体でにぎろうとする。自分の行為を見て一緒に楽しんでくれる人がいることによって，自分の行為がいっそう楽しみに満ちたものに広がっていく。そこに，遊びが生まれる。

3 笑いが生まれるおはしゃぎ遊び

　　笑いは，「楽しいね」「おもしろい」と心を通わせてくれる相手が存在してこそ成立する。この時期，人とのやりとりを楽しむおはしゃぎ遊びを通して『人と一緒にいる

第2節 遊びにおける心身の発達とその援助

ことの楽しさ』を十分に体験させたいものだ。

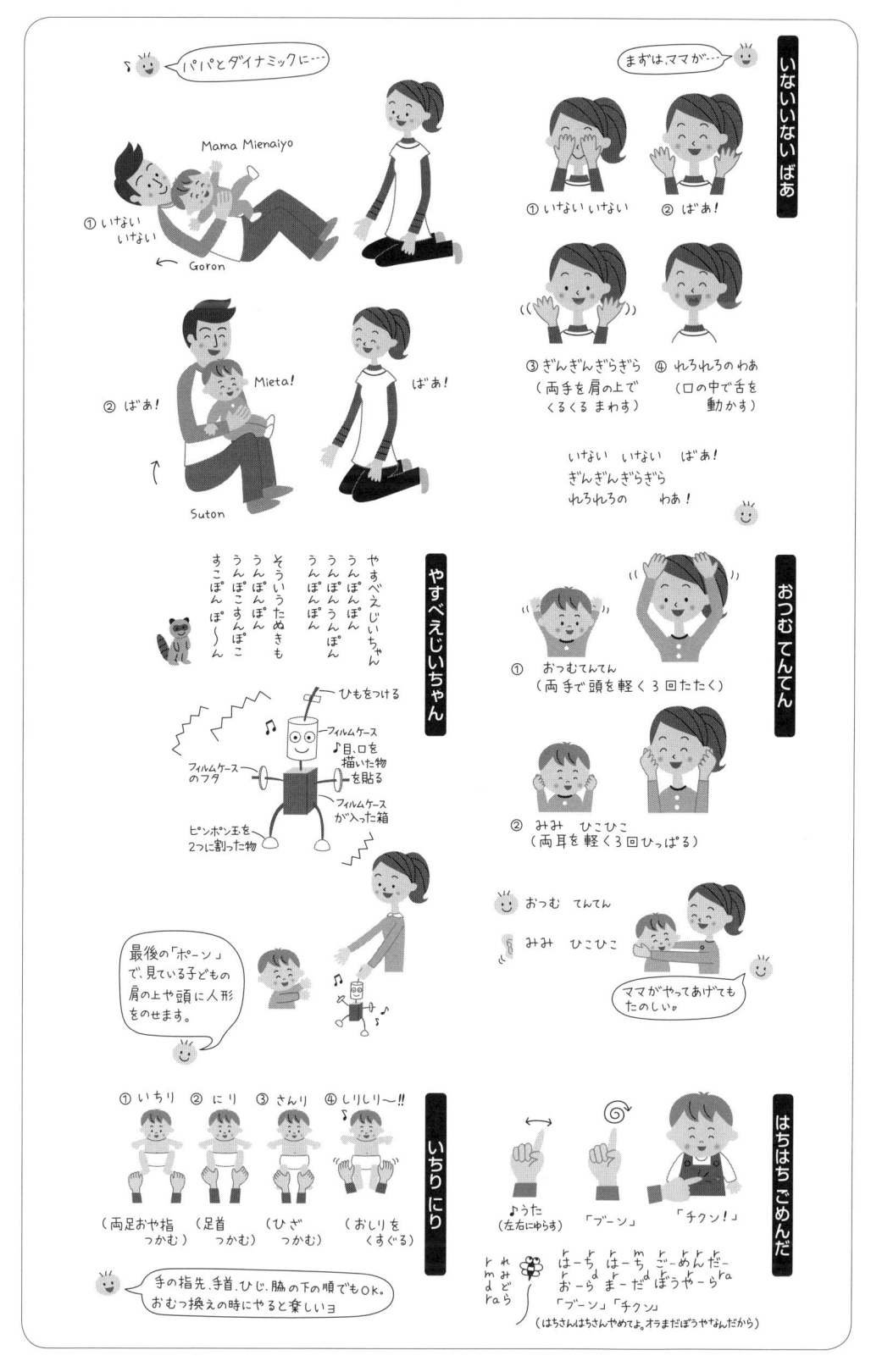

2 6か月〜1歳3か月——移動の喜びと指先の発達

1 見てから触る

　　　ハンドリガードや指しゃぶりを経験するうちに、乳児は手の動きを視覚的にコントロールする力を養っていく。すなわち目で物をしっかり確認してから手による物の操作を開始するようになる。物を「物そのものとして見つめる」姿勢ができてきたわけである。人間だけが物を取り扱う能力が著しく発達したのは、こうした「じっと見つめる態度」（静観的態度といわれる）に由来するそうである。「見つめる」ことは、周りの物を認知する非常に重要な能力だ。この「じっくり見つめる行為」が最近、人間に欠落してきてはいないだろうか。月をめ（愛）でる、花を愛でる、子どもを愛でる……認めるという言葉も「見て知る・目にとめる・許す・見て判断する」諸々の意味がある。

2 指先で細かいものをつまむ

　　　指先の機能が発達し親指と人差し指で小さなものをつまめるようになる。絵本のページもめくれるようになり「あっ、あっ」と盛んに描かれた絵を指さし、訴えることが多くなる。バイバイやおつむてんてんなど大好きなおとなの行為をまねして遊ぶようにもなる。手に持ったものを打ち合わせたり、引っぱったり、持っていた物を放ったりもするようになる。この時期、つまむ、つかむ、放す、拾う、放る、引っ張る、たたくなどの行為を楽しませ、硬い柔らかい、あたたかい冷たい、つるつるすべすべなど感触や音、大きさ、形などいろいろなものに触れ探索の楽しみを味わわせたい。

　　　1歳を過ぎるようになると物を自分の思ったところに置こうとしたり、移動させたりすることを楽しむ。したがって積み木を積んだり並べたり崩したりする遊びが喜ばれる。また入れ物のふたを開け閉めしたり、タンスのなかから物を取り出したり、いわゆるいたずらざかりをむかえる。器用になって自分の思いのままに手を使える喜びが大きいのだろう。

　　　この時期チェーリングを容器の穴から出したり入れたり、小さな引き出しから思いがけないものを見つけ出し喜んだり、自ら見出す楽しさを味わう探索活動を十分経験させたい。

3 体の姿勢の変化と運動遊び

　　　4か月頃になると首がすわり、うつ伏せにすると頭をもち上げ視野を広げる。うつ伏せが安定すると、自分から手をのばして物に触ったり、引っこめたりをくり返しながら距離感や物の立体感、遠近感などを認知していく。乳児が触ってみたくなるよう

なおもちゃをおいておくとよい。色彩，音色，感触，安全性に配慮したおもちゃ（ボールなどはことに喜ぶ）を揃えよう。

6か月頃にはあおむけからうつ伏せへの寝返りもできるようになり，初めて自分の体を移動する喜びを味わう。脇の下を支えて立たせると両足で床を蹴るようにとびはねる。同じ頃，短時間なら両手をついてひとりでおすわりができるようになる。そのことによって両手を自由に使えるので，ひとりで機嫌よく遊ぶ時間も増えてくる。周りのものへの興味が一段と高まり，探索行為も活発になる。

おすわりができるようになったときの援助としては

- おすわりで遊んでいるときは転倒に十分注意し，倒れても危険のないよう，周りにクッションになるものを敷いておく。
- 座ってみあげる，みあげて探すような力も出てくるので，部屋の上の方にも興味がいくような遊びも取り入れる（たとえば，天井から吊るしたマリオネットを引っ張ると，手や足や目が動くことに，新鮮な驚きをもって見る）。
- 座って遊ぶことの楽しさをとらえたうえで，座る，うつ伏せで遊ぶなど，一日のなかで変化のある生活を促す。
- 決して長い時間，座らせっぱなしにしない。

またハイハイができるようになった頃の援助は

- ハイハイする子どもの横で，保育者も一緒にハイハイしてやると，子どもは喜んで前進する。そしてわざと保育者が後ろにまわって「待て待て」と追いかけると子どもは必死になって逃げようとする。頃あいをみてつかまえ動物の子どもたちのようにたわむれあうと子どもはキャッキャッと声をたてて笑う。情緒的共鳴を豊かにすることが他者に共鳴する力につながる。
- ハイハイする空間にゆるやかなスロープを置いたり，段ボール箱でトンネルをつくってやったりすると，ハイハイの興味が高まる。
- 寝返りやハイハイをしない子にはうつ伏せの遊びや受動運動（体を動かしてもらう遊び）を楽しませる。

ア　ひこうきブンブン

- 保育者はあお向けに寝て，両足の上に子どもを腹ばいに寝かせて足を持ち上げる。そして保育者は足を上げたり下げたりする。

イ　高い高い

・両手で子どもを抱き，高く上げる。
・おろす途中で，子どもの額と保育者の額をくっつけて「こんにちは」をする。
・突然に激しく揺さぶらないよう注意する。

ウ　おなかや足の上で

・保育者のおなかや足の上に子どもを乗せ，顔を見あわせて声をかけたり，歌を歌ったりしながら，ゆっくり体を揺らす。

＊　注意すること
・怖がる子には無理をさせず，少しずつ体を動かす気持ちよさを味わわせる。
・子どもの体を動かすときは顔を見ながら，体の一部を支えたり，触れたりして，安心感がもてるようにする。
・運動発達を促すために一種の練習のようにやらせることはさけたい。おとなと乳児の楽しい関わりのなかで，思わず動き出したくなるような遊びであってほしい。

つかまり立ちや伝い歩きができるようになった頃の援助

・いろいろなものにつかまり立ちするが，バランスをくずしやすいので，危険のないよう見守る。
・十分な運動ができるように，広い場所を用意し，安全に遊べるようにする。

自分の両足で体重を支えて歩くよう,おとなの人差し指と中指2本を子どもに握らせる。そのとき子どものひじが肩より上にならないようにすると,自分の力で前進し,無理なひっぱりにならないですむ。
・なんでもつかまったり押したがるので,手押し車,重みのあるダンボール箱などバランスがよく安定したものを用意する。
・高いところに行ってしまい,下を覗きこんで頭から落ちるという危険があるので,階段の上り口に柵を取りつけるなどの予防策をする。
・歩き始める子を見ているとひじを曲げ,両腕を上げてバランスをとっている。したがって,図のようにおとながひっぱってやるのは適切ではない。

歩行ができるようになった頃の援助

・ひとり立ちができたときの誇らしげな表情(気持ち)をしっかり受け止める。
・高いところからの転落,ドアに手をはさむ,ストーブに触ったり,お湯の入ったポットを倒しやけどをする,タバコの吸殻やいろいろな危険なものを口に入れるなど危ないと思うものは手の届かない所に片付ける。
・自発的な探索活動を妨げないように動き回れるスペースをつくる。

4 物の永続性の理解(8か月〜)

　6〜7か月頃になると,たとえばベビートッターに座っていた乳児がにぎっていたガラガラを落としてしまうと,身をのり出すように落ちたものを探そうとする。物が見えなくなってもあるということがわかってくるようだ。これを「物の永続性の理解」という。8か月頃になると,遊んでいた玩具(たとえば車なら車)に布をかぶせて見えなくすると自分でその布を取ろうとする。「物の永続性の理解」がしっかり成立していることを表わしている。

　それでは,どのようにして乳児は見えなくなったものがあることを理解するようになるのだろう。その働きを促している行為のひとつが「いない　いない　ばあ」遊びである。「いない　いない……」と言いながら,おとなが自分の顔をかくしてしまうため,乳児は一時,顔が見えなくなり不安になるが,すぐ後で,「ばあっ」とまた大好きな笑顔が現われるので大喜びする。この言葉と動作のくり返しを通して,乳児は,今,目の前に親しいおとなの顔が見えなくても,すぐ現われるという予測ができるようになる。ほんのわずかの間は見えなくても,そこにあると頭で思い描く動きが可能になり始める。

　いないいないばあの反復のリズムを楽しみながら,乳児は,見えないおとなの顔を想像する力が育っていく。

第4章　遊びと環境

そのほかにも，大好きなおとながいつも部屋の扉から出たり入ったり，すなわちかくれたり現われたりすること，すっかり馴じんだおもちゃ箱のふたをあけるとそこにはいつも玩具が入っていることを確かめるなどの体験を通して，永続性の理解が可能になっていくと思われる。このような知的な育ちを促すためにもこの時期にいろいろな「いないいないばあ遊び」を楽しんでほしい。

5　物の奪いあいが始まる

個人差はあるが，だいたい生後7か月ぐらいまでの乳児は，自分の持っているものを誰かに取られても，取り戻そうとする素振りはみせない。「取られた」という意識すらなく，手にしていた物のことは忘れてしまうようだ。

ところが，大好きな保育者の姿が見えなくなると泣き出したり，「物の永続性の理解」が可能になると，誰かに物を取られると「ワァーン」と泣き出したり，保育者の顔を見て，取った子の方を指さしたりして訴えるようになる。ハイハイやつたい歩きなどの移動運動が可能になると，保育者の方に近づいてきて取られたことを訴えようとする姿も見られるようになる。

1歳頃になると，保育者から離れて遊んでいても，何か大きな物音がしたり，見知らぬ人が部屋に入ってくると，あわてて保育者のもとに戻ってくるようになる。これらは，自分にとって意味をもつ重要な人がこの世に存在し，常に自分を保護してくれるという認識が芽生えていることを表わす。これが人への「安心感」や「信頼感」を形成する礎である。

6　見立てや模倣の出現（1歳～）

ひとりで自在に動きまわれるようになり，周囲の探索活動が活発になる時期，子どもは目がはなせなくなるので，おとなは危ないことや触られては困るものなどに対しては，表情や言葉や動作で強く訴えたり，いろいろな合図を出すようになる。そんなおとなの態度から，幼児はさかんにその意味を読み取ろうとおとなの模倣をくり返す。「イヤイヤ」と首を振ったり，「メッ」と自分の手をたたいたり……。特定の大好きなおとなのしぐさや言葉がそのまま自分の行為の意味を知るきっかけになっていると考えられる。こうして少しずつおとなの意向（禁止や叱ること，ほめることなど）を理解し，それに適した反応をするようになる。

とくに家庭では親や兄姉，保育所では保育者のすることをじっと見て，同じことをやりたがる。電話がかかってくるとおとながかけているのをまねして受話器をはずし，耳元にあててウンウン。いかにも話しているといわんばかりの素振りである。

子どもは模倣の神様といわれるが，実によく周りのことを見ていて模倣する。この模倣したがる気持ちこそ，後の知的発達や自ら遊び出す力（自発性）の原動力である。

第2節　遊びにおける心身の発達とその援助

　　この時期，いたずらをよくする子は好奇心がきわめて旺盛な知りたがりやであることはいうまでもない。何でもやってみたい，してみたい，という気持ちがさまざまないたずらを引きおこす。そういう意味で赤ちゃんを卒業し，今身につけた新しい力を試してみようと探索・冒険への船出をする子どもとしておとなからの旅立ちを見守っていきたい。

3　1歳3か月～2歳

1　模倣や探索を十分に

　　探索行動とは「人間を含む動物が，十分な知識をもっていない対象に対して接近して調べること」である。この時期歩行が自在になると，子どもの環境への働きかけには，大きな変化が見られるようになる。〈子どもらしさ〉の中核である好奇心によって，移動しながら探索することが可能になり探索によって周囲からの情報を得ることがひときわ活発になる。鍋の蓋は，打ちあわせれば大きな音が出る，ということに興味をもっていたのであるが，やがて「お料理をするとき使うもの」として意識されるようになる。その物のもつ社会的意味を知っていくのである。それと同時にそれを扱う人の役割行動についても学び，そのことによって〈見立て〉や〈ふり〉行為が活発になりやがてごっこ遊びへ発展していく。そういう意味でも，この時期の探索行為は，すべての遊びの発達の基盤になると考える。好奇心に満ち溢れ「なんだろう？」「どうして？」と思ったら試してみなければいられない活力こそ，子どもらしさといえるのではないだろうか。

　　ところが保育所には家庭のような台所や居間が身近な所にないので，おとなが日常行なう台所仕事や生活行動など見てもらえないことが残念である。それでなくても保育室が整然と片づけられていて家庭にあるようなものをいじくりまわす機会や，さわっていいものとそうでないものなど認知していく機会が少なすぎるように思う。なぜなら，幼児の探索要求は，先にも述べた通り身近なおとなへの関心や模倣から生まれると考えられるからだ。

　　日常の生活用具の探索がいかに重要であるか考えてみる必要がある。母と子が密室に近い住宅環境のなかで生活している今日にあって，おとなにとって不都合なことがたちまち「いけません」「だめですよ」と禁止されてしまうようでは，子どもたちがさまざまなものをもて遊び，熟知していく経験はとうてい得られるものではない。

　　子どもは，自分の脳裏に焼きついた母親像を再現しながら，母親についての認識を確かなものにしていく。たとえば，ドレッサーの前で子どもが母親のクリームを見て，顔にぬるふりをしていたとする。母親が「あらあら，お母さんになってお化粧してる

のね」などと言うことによって，自分の見立てやふり行為の意識化がなされていく。そしていろいろな場面で母親を演ずることにより，やがて母親の立場や役割がわかっていき，母親の一連の行為を人形遊びやお母さんごっこで意識的に演じられるようになっていく。

いたずらのすすめ

　この時期の子どものいたずらは，「おとなを困らせてやろう」と意図的にするものではなく，興味あるもの，新しいもの，珍しいものに対してさわったり動かしたり，いろいろな手ごたえを味わいながら，そのものの性質や仕組みなどを学びとっている行動である。

　たとえば，1歳児はよく冷蔵庫のドアを開け閉めする。これは『冷蔵庫を開けるとひやっとするぞ。でも閉めるとひやっとしなくなる』あるいは『開けると何かいっぱい入ってる。でも閉めると見えなくなっちゃう』など一つひとつ丹念に確認しているわけだ。ティッシュペーパーを次々取り出してしまうことも，トイレットペーパーをひっぱり出してしまうことも，ポイポイ物を上から落っことすことなど……いったい何が楽しいのだろう？　実は，彼らは探究心の旺盛な小さな科学者である。物と物の関係を確かめたり，見えない物を探ろうと穴のなかに棒を突っ込んでみたり見通しをもった探索を始める。届かないものを取ろうとするときは，椅子を押してきてその上にあがって取るなど物の操作を工夫するようにもなる。頭のなかでどうすればよいか状況を組み合わせて考えるなど想像力の働きも始まる。

　自分のなかに備わってきた新しい力を試そうと心をわくわくさせながら学習している姿である。かつておとなも，皆，1歳の時代があった。障子やふすまを破いたり，親の大きな靴をはいて歩きまわったり……きっと親がガミガミ怒らなかったと思う。たぶん，家事や生活に追われていて，あまり子どものことなど見張っていられなかったのではないだろうか。

　子どもが何かしようとする先から「だめ」「いけません」「こうしなさい」「ああしなさい」と自分の思い通りに子どもを管理統制しようとするおとなのもとでは，子どもが物を扱う力が育たないばかりか，自発性がそこなわれ，新しい活動に対しても『失敗したら困る』『できないよ』と尻込みするようになってしまうのではないだろうか。『失敗するのは目に見えている』と思っても，まずは子どものやってみようとする気持ちを大切にし，やらせてみる。それでなくても子どもは失敗すると『まずいことをしてしまった』と感じるはずである。おとなにとってどうしても困ることを子どもが始めたときは，短い言葉で真剣に「それをされると困るからやめて」と訴えることも必要である。しかし総じていたずらをする子より，しない子の方が心配である。

探索活動が活発になると扱い方などをよく認知できるようになるため，状況に応じてものを適切に使用できるようになっていく力と，そのものを他のものに見立てて活用する力が養われていく。前者は目的遂行にふさわしいものの選別力やいろいろな物を関連づけ組合わせたり工夫したりする力になり，後者は，子どもの想像力を豊かにしていく内的発達を促すと考えられる。

模倣はたんなる模写ではなく，そこには自分のイメージにそって能動的に行為する喜びが育まれる。活動へのイメージがあると，子どもは，そのイメージを表わさずにはいられないといわんばかりに生き生きと活動する。おとなのイメージを押しつけられて活動しなければならないときは，『どうするの？』『これでいいの？』と受身になってしまう。子ども自身がインプットしたイメージを表現することが自己表現としての重要な遊びになる。

言葉で自分のイメージしていること，考えていることをまだ十分に表現できない1・2歳児にとって，自分のイメージにそって行動する力は一種の自己主張でもある。『ぼくもこういうことがしたかったの』『ぼくはこういうことすきなんだ』と全身で語る言葉である。

〈事例4-2　タンスのネームプレート・隙間〉

いつも置かれているタンスに思いもよらぬ遊びを発見したのはしょう君だった。

タンスには，ネームプレートが各引出しについており，名前が書かれている牛乳パックで作られたプレートが入っていて取出しが可能なのである。そのプレートが少しだけ動くのを発見したしょう君は，人差し指で上に押し上げたり下げたりして遊んでいるのだ。そうしているうちに，プレートは差込み口から取ることができたのである。次は，そのプレートをはめようとするが結局できずに終りになってしまった。次の日も，その次の日も……同じように遊び続けた。

そのしょう君を見て，いつの間にか，りかちゃんやけんじ君，なみちゃんもネームプレートで遊ぶようになった。

次は，タンスの隙間に気づいたしょう君。ちょうどカード落としをやっていて，タンスの前にカードを持ち歩いてきてひらめいたのか，タンスとタンスの隙間にカードを差し込んだ。入ったのがわかると，もう一枚，またもう一枚とどんどん入れて遊び続けた。　（「あすなろ」名古屋市新池保育園実践記録集より）

第4章　遊びと環境

2　ひとり遊びをじっくり楽しませる

　　子どものひとり遊びは，自分の興味を自ら展開させ追求するという主体性の発達に欠くことのできない活動である。ひとり遊びが十分に楽しめる子は，自分の求めを実現することに執着してきたのであり，友だちとの遊びになったときもたんに強い子の言うなりに従ってしまうのではなく，自分のつもり，発想を友だちにぶつけ表現できるようになる。1歳児クラスにおいては，まず個々の遊びが邪魔されずじっくり楽しめる環境を整えてほしい。

　　子どもが意欲的に満足するまで遊べるようにするには，おもちゃを子どもの手の届く棚に並べておいたり，置く位置もきちんと決めておくことが大切である。子どもが，「あそこに行けば，あのおもちゃがある」と思えるようにしたい。

　　また，つい立てのようなもので，遊んでいる子の場を仕切ってあげると，まわりの子から邪魔されず，じっくり遊べるようになる。

トンネルのような穴をあけたついたて

保育者からは部屋全体が見通せるような高さ

低い玩具棚で仕切る

牛乳パックでつくったついたて

60cmぐらい

高さは子どもがすわったとき頭がかくれるくらいのもの，保育者には遠くまで見通せる高さである。

3　戸外には自然のおもちゃがいっぱい

　　　自然物にはいろいろな形，大きさ，感触など多様なので，画一的でないいろいろな見立てやふり遊びが楽しめる。

　　　遊ぶものがいつもおとなから与えられるのではなく，子ども自身が「みーつけた」と主体的に関わっていける発見の喜びが大きい。

　　　自然物の素材性を利用しながら，振ったりたたいたり引きずったり，からだ全体を使って遊ばせてほしい。

　　　車が通る危ない所は仕方がないとしても，一人ひとり興味・関心の異なる１歳児には，なるべく手をつながず，その子のペースで歩く散歩を楽しませてあげたい。

　　　１歳児が歩きながら発見する喜びの対象は何であるかを理解しながら，保育者が子どもたちの後からついていくような散歩が望ましい。

　　　自然界のいろいろな現象が子どもたちの豊かな情報源である。風・音・空……自然の変化も感じ取っていく。雨上がりのつるつるした道を歩いてすべったり，石がごろごろした道の痛さを味わったり，枯葉の音を楽しんだり，いろいろな道を歩いてみよう（アスファルトの平らな道しか歩けなくなってはいないだろうか）。

　　　ここで散歩の途中でのさなちゃん（２歳）の見立て遊びを紹介しよう。

〈事例４-３　見立て，それは自己世界の拡大につながる〉

　５月，散歩の途中，竹やぶのなかに地面から10㎝ぐらい芽を出していた細いたけのこを見つけた，さなちゃん（２歳２か月）は，「あっ」と歓声をあげ，さっそくそれを引き抜こうとした。しかし，なかなか抜けない。そばにいた私の手をとり「とって」と求めたので，力いっぱいやってみたが取れなかった。すると彼女は，にぎりこぶしをつくって怒り，なんとしても取ってほしいという気持ちを体で表現した。そこで先の尖った石を使って切り落とすと，彼女は大喜びでその細いたけのこを握り，先っぽの繊維のようなものがしょぼしょぼと生えているところを，ペロッとなめて，地面に何かを描こうとした。しかし，それでは何も描けないとわかるとまたなめるので，私が「さなちゃん，なめてはきたない」とつい注意してしまうと，にこっと笑って今度は水たまりを見つけ，そこにたけのこ先の毛（繊維）をつけて，石段に線のようなものを描き始めた。今度は水がよくついたのでちゃんと描けるではないか！

　竹やぶの細いたけのこを見た瞬間，彼女はそれを筆みたいなものと見てとったのだろう。その自分の発想を，行動に表わさずにはいられなかったさなちゃんだった。乾いたコンクリートの石段に，なにやらしきりに描いては水をつけ，また描くというくり返しを楽しんでいる彼女に「いい筆がみつかったね」と言うと，「ふで　ふで　ふで……」と何度もつぶやきながら描き続けた。

さなえの祖父は、書道教室を開いていた。その祖父が机に向かって真剣に筆を動かしている姿や、小中学生を相手に書道を教えている様子を、彼女はいつも『わたしもやってみたいな』という思いで見ていたのであろう。実際には彼女が近寄っていくだけで、『さなえが来るところではない』と拒まれていたので、筆を手にすることなど到底できない状況だった。竹やぶを歩いているとき、そのさなえだからこそ、見出すことができた細いたけのこだった。

　『おじいちゃんがいつも使っている何かを書くあのもの』というひらめきが、何としても取らずにはいられない行為を発動した。

　「見立てを起こす第一の条件は、子どもが実物について強いイメージをもっていることであり、第二の条件は、見立てるものと実物の間に、何らかの共通性を見出すことである」と中沢和子が『イメージの誕生』（NHKブックス、52頁）に書いているが、このさなえの見立て行為は、まさに、「二つの条件」がぴったりだったと思った。

　『あっ』と思うこと、『はっ』とすること、そこから発動していることが多くある。何らかの心の動き、それを感動というのであろう。これは、人間だけに与えられた精神作用であり、これがあるために人は今ある状態よりもっとよい状態を生きようと行動するようになるのだと思う。そしてたけのこを筆に見立てるというさなえの行動は、現実には実現できない自分の要求を、現物ではない代用物を使って、すなわち、現実を表現におきかえて実現していく過程、いいかえれば、自分の思い通りにならない現実を、象徴機能を働かせながら自分で支配できる世界に変容させていく行動だったと考えてみた。

　そういう意味で「見立てる」ということは、象徴機能という自己の精神作用を働かせながら活動を広げ、自分の要求を実現していく手立てと考えられる。実物ではない、代用物を自分の想い通りに「見立てる」ことによって、そこにいろいろな意味や発見をしていく、いわゆる自己世界を広げていくことだと思う。そして、竹の子を筆に見立てたさなえのように、はっと心を動かされたことを外に表わし、実現せずにはいられないという感動的な姿を「楽しみに満ちた自己表現の体験」というのであろう。

4　保育者や友だちと一緒に遊ぶ

　　もぐったり　かくれたり　にげたり

　子どもはもぐったり、かくれたりすることが大好き。そして、自分を見つけてもらうことも大好きだ。ちょっとした空間を利用し、子どもが入りこめるような場を工夫したり、保育者もいっしょになって見つけっこを楽しもう。

　かくれている子どもを保育者が見つけたり、今度は保育者がかくれるのを子どもが見つける役になったり、役割を交代して遊ぶことは大変重要なことである。（追いかけたり、追いかけられたりする遊びも同様である）自分と相手という両方の立場がで

きることが，役割意識を形成していく礎である。これが鬼ごっこやかくれんぼという，役割交代の遊びにつながっていくことは言うまでもない。佐々木正美は「役割を交代して遊ぶ楽しい経験が乏しいまま，育つ子どもたちは，ひとりで自己完結するような遊びに没頭するようになってしまうのではないか」(佐々木 2005：95頁)と述べている。自分の感情に共鳴してくれる他者の存在が，やがて自分の方から他者に調和していこうとするコミュニケーション力を育んでいく。

5　絵本――ひざのぬくもりを感じながら見る

① 自分でめくる楽しみ

絵本は，個々の子どもが目から30cmくらい離して，自分の手でめくりながら読んでもらうもの。すなわち，「おとなのひざのぬくもりで見る」ことが前提で描かれている。

快い言葉を耳で聞き，楽しみながら絵を読みとり，想像の世界にひたることができるものである。

② 興味のもち方は，それぞれ違う

絵本はページをめくることによっておもしろさが展開していく。そのページをめくる楽しみは，それぞれの子どもにゆだねられている。

子どもたちは一人ひとり，興味のありようが違う。好きなものが描かれているページは，じっと見つめる。また，次への楽しみがわいてくると，早くめくったりし，読んでいるおとなに個々の子どもの心の動きが伝わってくるものだ。

③ 一人ひとりを，ひざにかかえて

だから保育所でも，絵本はぜひ，個別にひざにかかえて読んであげてほしい。「読んで」と持ってきたその子の絵本が終わったら，次の子をひざにかかえて，読んであげたい。それをていねいにしてあげていると，『自分もきっとそうしてもらえる』という信頼が生じ自分の番がくるまで一緒に見ながら，ちゃんと待つことができるようになる。そうしていくうちに，やがて，自分の大好きな絵本ができていく。

写真4-1　幼い子どもにとって絵本は，おとなのひざのぬくもりで見るもの

4 | 2〜3歳

1 子どもの行為は自己表現──子どもの思いを何気ない行為に見る

「幼い子どもの行為（遊び）には，何か心の深いところからのメッセージがある」と感じ，彼らの行動に注目してきた。事例4-4は人への強い関心や好奇心が，行動（遊び）の原動力になっていると気づいたエピソードである。

〈事例4-4　男の子のまねをして立ったままおしっこしたともちゃん〉

　ある日「しっこ」と言ってあわててパンツをぬいでトイレに走っていったともちゃん（2歳6か月）が，両脚をぬらして戻ってきたことがあった。どうしたのかしら？　とトイレにかけつけてみると，いつも座ってする女の子の便器はぬれていないのに，男の子の便器の周りが水びたしである。そこで次のときは，後を追うようについていくと，案の定男の子の便器の前に立って，おなかを突き出し，「シー」と言いながらしているふりをしている。私はとっさに「ともちゃんは女の子だからそっちじゃないよね」と言おうとしたのだが，その言葉を呑んだ。以前に，脚がびしょびしょにぬれたことをおぼえていたのか？　そのときは，実際に立ってしてみる気はなかった様子だ。私と目があうとにこっと笑っていつもする女の子の方にトコトコ移っていった。パンツをはくのを手伝いながら，私が「ともちゃんパパみたいにおしっこしたかったの？」と問いかけると「ちゃうの！まあちゃん」との意外な返事。同じクラスのまあ君のようにおしっこをしたかったようである。そういえば，最近確かにまあ君の行為に何かと気がかりなともちゃんの姿が浮かんでくるのだった。

〈事例4-5　想像の世界を知るてだてとなったゆうや君のひとり遊び〉

　ゆうや君（2歳4か月）が，トイレの流しにスヌーピーの人形と布を持ち込み，ビショビショにぬらしていたので，私があわてて「ゆうやくん，それはぬらさないで」と取りあげ，人形をしぼりながら「こんなことしたらスヌーピーだめになってしまうのよ」と注意する。持っていたスヌーピーを突然取りあげられたゆうや君は「ちゃうの，ちゃうの」（違うの）とおこって，私をたたき続け，スヌーピーをテラスに干し終わっても，泣いて私の後を追い続けた。

　そんな2人の様子を見ていた別の担任が「そうだ，そういえば，さっきゆうやくん，スヌーピーを抱きながら"スヌーピー，ウンチ出ちゃった"って言ったような気がする」と話してくれた。

　彼はいつもパンツにウンチをしてしまい，そのたびにトイレの流しでおしりを洗っても

> らっていた。自分のことをスヌーピーに演じさせ，本人はおしりを洗ってあげる保育者になったつもりで，スヌーピーのおしりをびしょびしょにぬらしていたようであった。
> 「そうか，ゆうやくんは，スヌーピーのおしりを洗ってあげていたのか」と，私がゆうや君に確かめると初めて泣きやんで，こくんと，うれしそうにうなずくのだった。

　このことを通して，私は子どもの行為やつぶやき（ひとりごと）がどんなにその子の想像の世界を理解する尊いものであるかを学びなおした。

　ゆうやのつぶやきがなかったら，またそれを聞きとめるおとながいなかったら，私は，ゆうやのひとり遊びの世界を，困った行為として処理してしまうところだった。「そうかあ，ゆうや君は，スヌーピーのおしりを洗ってあげていたのね」というひとことが，どれほど彼を喜ばせたか，そのときのうれしそうなゆうやの表情を私は忘れることができない。

　子どもが，自分の想像の世界を大切にするものだということも，また彼の喜びの表情から確かに読みとることができた。

　自分なりの表わし方で活動している子どもの心の動きをわかってあげただけで，そこにおとなと子どもの関係が成立し，子どもは自分が自分の内的求めを実現できる力をもっているんだと自信を得，それが次の活動力のバネになる。子どもたちの個々の小さな行為の喜びこそ，未来に向かう生きる喜びなのだ。日常の何気ない行為に見る子どもの心の動きを読みとり，環境構成に生かしていくことが保育者の役割である。

2　保育者や友だちと一緒にわらべうたや音楽遊びを楽しむ

　「人間深いところにことごとく音楽（リズム）がある」といわれる。まず母親の心臓の鼓動（2拍子）は，乳児の安らぎのリズムであった。音楽（歌ったりリズムに合わせて身体を動かす活動）は，感情を表わし，感動をひきおこす。また，聞くことで心が癒され，心の安らぎや躍動を感じ取る。さらにいろいろな人と同じリズムでつながりあうふしぎな力をもっている。

　とくに，親と子，保育者と子どもをとりもつものは歌遊びである。子どもは養育者のひざでゆすられながら，動きとリズムが一体となった快感を味わってきた。今日のIT社会のめまぐるしい環境のなかで，人間的感情や関わりを取り戻すのは古くから伝えられてきたわらべうたや，肉声による歌が最も効果的である。

　わらべうたで遊ぶとき大切にしたいことは，(1)言葉とともにある節とリズム，(2)人と息をあわせること，すなわち一体感である。わらべうたを遊び楽しむことの社会性や協調性を培うことはいうまでもない。

　子どもたちは大好きなおとなと一緒に遊ぶことがとりわけ好きである。おとなと楽

2〜3歳の子どもたちが喜ぶわらべうた遊び

① むっくりくまさん
「むっくりくまさん」の歌を,寝たふりをしながらうたい,うたい終わったら子どもたちを探しに行く。子どもを見つけたら,くすぐったり抱っこなどして二重の楽しみを味わわせよう。

大きな布を使って
② おおかみさんいまなんじ?
　言葉のやりとりをくり返しながら追いかけっこの楽しさを味わう。
・おおかみは目かくしをして待つ。
・こぶたたちは自分の家の前に手をつなぎ立つ。子どもたち「おおかみさんいま何時?」。
　歌にあわせ歩き,止まる。おおかみ「○○時だよ」。以上をくり返す。
・おおかみの「夜の12時」でこぶたたちはあわてて家に逃げ帰る。
③ うまはとしとし
　　うまはとしとし
　　　ないても　つよい
　　うまがつよいから
　　　のりてさんも　つよい
　　　　パカッ　パカッ　パカッ

　これは子どもたちがとくに好きなわらべうたである。おとなが子どもをひざに乗せたり,おんぶしたりして同じリズムで動く。最後の「パカッ」で,子どもをひざや背中から落とす。子どもたちは,その瞬間を今か今かと待っている。くり返しの後の意外性が,遊びの楽しさを増幅する。

写真4-2　わらべうた遊びで人とふれあう心地よさを

このほかにも「あぶくたった　にえたった」や「かごめかごめ」など，言葉のやりとりや身体表現をともなったわらべうた遊びをして，保育者や友だちと一緒に遊ぶ楽しみをふくらませる。

　しい遊びをくり返し楽しみながら，遊びの楽しさを知ったり，友だちの存在に気がついたりするようになる。
　わらべうた，すなわち「言葉，リズム，体の動き」を通して幼い子どもたちに育まれるもの，それは人とふれあう心地よさ，コミュニケーションの楽しさであろう。0・1・2歳児の人との心地よい戯れがいかに重要であるかをわらべうた遊びの実践から学んでほしい。

3　構成遊び

　物を組み立てたり，はめたり，くずしたりしながら遊びの過程を楽しみ，偶然できた形や，意図的に作ったものに命名し，見立てを楽しんだり，知的探究心を養う遊びである。2歳児は，積み木やブロック，折紙，粘土など，半素材的遊具（教材）を使って，日常生活の再現を楽しむことが多い。たとえば電車に乗った子が積み木を並べたり積んだりし，電車をつくりその喜びを再現する。動物園に行った子が粘土で，見てきた動物のようなものをつくり，自分のつくったもの，組みたてたものでお話を展開するなど，イメージ展開が活発になる。
　また型はめや絵あわせの遊びでは，物の形や大きさ，色，材質などについての認知を確実にし，知覚的思考を秩序づけ，課題解決の喜びを満たす。
　とくに，この構成遊びは，破壊（こわす行為）をともなうものであり，つくってはこわし，つくってはこわす，この過程こそ，七転八起の精神を培う行為であることを重視し，おとなが一方的に，壊すことへのブレーキをかけないことが大切である。
　3歳近くなると，自分しかわからなかったイメージを保護者や友だちにも伝えようとしたり，他の人にもわかるような形で再現するようになる。「ほら，ね，いま，電車にうさぎさんがのってんの」などと言いながら，積み木を並べてつくった電車に小さなうさぎの人形をのせるなど，いくつかの玩具や物を組み合わせ

写真4-3　「もっともっと高くしたいの…」2歳児は全身を使って構成遊びを楽しむ

て，ごっこ遊びのような展開をする。さらに「はい，駅につきました。おりて下さい」などと，言葉を用いて自分が今していること，イメージしていることを伝えるようになるので，友だちとイメージを共有して遊べるようになる。電車―動物―駅―降りるなどいくつかのイメージを組み合わせて再構成していく活動は，考えることと同じ知的活動でもある。

　シンボルプレイを楽しみながら，やがて自分の考えをまとめる働きを養っていく。これをイメージの社会化という。

■4　描く（切る，貼る，つくる）

　クレヨンで描くというよりも，色のちがいを楽しんだり，点を打ち，線をひいたりぐるぐるまわすことで，手首やひじ，肩の動きを楽しんでいた子どもたちが，偶然できた形に「りんご」とか「しんかんせん走ってる」などと言うようになる。誰が見ても決してそのようには見えないが，本人はそのつもりだ。絵で自分のイメージを再現しようとし始めるのが2歳児である。

〈事例4-6　2歳児クラス「クレヨンで描く」〉
　クレヨンで紙をトントンたたきながら，S男（2歳3か月）は「雨こんこんふってるの」といいながら，それらしい表現を伝える。しかし，他の子どもたちは描いている線の形とはまったく関連のないような言葉でおしゃべりを楽しんでいる。「ねえねえ，パパのこと描いたの，みて」と保育者の所にもってきたり，小さな丸をいっぱい描いて「おばけ」と命名する子もいる。描きながら次々わいてくるイメージ，これまで蓄えてきたいろいろなイメージが次々と描かれた線や言葉に映し出される。
　思っていることがらや物をそれらしい形では表わせないけれど，想っていることを表わしたい，伝えたいという気持ちがぬたくりをしながら，おはなしするという行為になるようだ。だからそのものらしい絵を求めるのでなく，その子の心に描かれたイメージをぬたくりを通して理解できたらと思う。
　　　　　　　　　　　　　　　　　　　　　　　　　　　　　　　　　　（日誌より）

■5　自然探索——散歩・命あるものとの出会い

　① 草花をぬく，から摘む行為へ
　2歳ぐらいの子どもたちは，がむしゃらに花や葉をむしりとる。そしてギューッと握ってもってくるので，手のなかで花は，どれもよれよれになってしまう。「○○ちゃんの手のなかで，お花は，きゅうくつきゅうくつって，おこってる」などと話すと，次からは，そっと手にのせて運んでくるようになる。
　花を茎から摘むということがわかるようになるのは，3歳くらいだ。2歳児は目に

とまったものは手当たりしだい力まかせに抜きとってしまう。野の花と，花壇や生け垣に咲く花を区別させていくためには，野の花は自由にとらせ，花壇などの花は「これは〇〇さんが植えたお花だから，とらないでね」と伝えていく。すると子どもたちは，だんだんに「これは，とってもいい？」と，確かめるようになってくる。

　2歳児が親しんだ野の草花は，なんといってもタンポポとその綿毛だ。息をふうっと吹くことが，じょうずになりはじめる時期でもあり，ほほをふくらませては，かたっぱしから綿毛を吹きとばす行為が気に入っていた。そんな2歳児の姿をみて，落ちている花びらをたくさん手に集め，「いっさん，ぱらりこぷうー」と，空中に吹きとばす遊びを楽しむこともあった。

② 探索を中心にした散歩

　幼い子どもの活動は，その子自身の体の発達や，心の働き（要求や興味）と直結している。すなわち，からだを動かすことで，彼らは自分の行動や生活空間を広げ，周囲のものとかかわり，運動機能や情緒，感性を養っていく。

　だから，幼い子どもたちの要求や関心が何であるかを知るには，彼らの行動を追えば一目瞭然。そういう意味で，散歩は自然のなかで，一人ひとりの子どもたちをありのままにとらえることができる，最も楽しみの多い活動ではないかと思う。

　自分の思いどおりに歩いたり，走ったりできるようになる2歳児の喜びが，周囲の探索をいっそう活発にする。子ども自身が，いつも自発的に環境に働きかけているような生活を何より大切にし，のばしていくためにも「探索を中心にした散歩」を，2歳児保育の柱としたい。一人ひとりの子どもが，内発的な好奇心や興味にささえられながら，自然にふれ，そのさまざまな発見や感動をとおして，自分をとらえるようになる過程を十分に体験させたい。

③ 自然の快さと不思議さを

　かつて子どもは，長いあいだ自然のなかで，自然を相手に育ってきた。ドロドロの土の上を歩いて，すべったりころんだり，流れの音をたよりに，水のあるところを見つけたり，草花をむしりながら，とげの痛さを味わったり，生きものをいじめてかまれたり，そうした自然とのさまざまな関わりのなかで，自分を見出し，複雑で多様な自然との対応の仕方を，一つひとつ感じとってきたのだと思う。だからこそ，今の子どもたちにも，それを少しでも体験させたい。

　2歳から3歳にかけての子どもたちは，とくに自然の快さと不思議さを，からだにいっぱいためこんでいくときではないか。

④ 拾　う

　石でも，お菓子の空き箱でも何でも子どもたちは自分が見つけたものは，大事に持ち帰る。園では拾ってきた石ころや木の実を紙で包んだり，袋に入れて，お店やさんごっこをする。並べたり，大小，多い少ないを比べる経験も大切にしたい。

写真4-4　友だちと一緒にお散歩。何よりの楽しみ

⑤　命あるものとの出会い〈アリの動き〉

2歳児の興味の対象は，草花よりも動くもの——虫や生きものにあるようだ。アリを見つけると，その動きを何とかとめようと，砂や砂利をかけたり「これか，これか（これでもか）」といいながら，踏みつぶしたり，指でつぶしたりする。なかにはアリがこわくて泣く子どももいる。ミミズも，アリと同じように殺されてしまうが，不思議なことにダンゴムシは宝もののように大事にされる。

3歳児ぐらいまでの生きものいじめは，はじめから「かわいそうだからだめ」と，教えないようにしてきた。子どもたちはアリやミミズの動きにひきつけられているからだ。「なんておもしろい動きだろう」と感じるから，とめてみたいと思わず手が出てしまう。そして，動かなくなったアリを手にのせて見ているときに「死んじゃったね」と，アリが生きものであることを，知らせるようにした。幼い子どもたちにとって，死とは「動かなくなること」と認識されていくようだ。

アリをつぶしてばかりいた子どものなかには，しだいにアリのつまみ方がじょうずになっていく子どももいる。おやつのビスケットのかけらをつまんで「アリさんにあげるの」と外に出ていくようになる。生命あるものを同等にとらえる気持ちが育ってくる。

また草原を歩いていると，スズムシやコオロギが鳴いている。「そっと虫のお話，聞いてみよう」などと子どもによびかけると，「チリリーンって，虫さんお電話してる」「うたっている」などと，虫の音色から発想したことを言葉にしてくれる。

幼ければ幼いほど，子どもは五感が鋭く働く。土のにおい，草花のかおり，風のささやき，虫の感触など，身近な自然のなかで，子どもの感性がひろがっていく体験をこそ，大切にしたい。

第3節　友だちへの関心と社会性の育ち

1　個から多へ

　　初めは群れで生活していた子どもたちが，一緒に過ごすうちに他児の言動から刺激を受け，心を動かされたことを自分のなかに積極的に組み込んでいく姿が見られるようになる。保育者が他児への関心を導くこともある。子どもたちのなかに模倣（まねっこ）が活発になり，それぞれの子どもが共通項をたくさんもつようになると群れが群れでなくなってくる。「ねえ，ねえ」という言葉に象徴される関わりが生じ，個から多へと変化していく。そして関心をもった子ども同士の遊びが始まる。

　　保育者や遊具を媒介に友だちとふれあったり，一緒にわらべうた遊びをしたりするうちに，気の合う友だちができ，友だちと一緒にいる喜びを体験し，自分から友だちを求めて遊ぶ姿が見られるようになる。この時期，子どもたちが友だちに関心をもつようになることは，彼らのどんな育ちにつながっていくものか事例を通して考えてみよう。

〈事例4−7　2人っていいな〉

　お正月休みも終わり1週間ほどたった頃，まり（2歳10か月）は登園すると必ず「ゆみちゃんは？」と探し，ゆみに「おはよう」と声をかけてから，安心したように自分のかばんを掛けに行く。ゆみが休んだりすると「どうしてお休みなの？」と聞く。かといっていつも一緒に遊ぶわけではない。ゆみの存在が気になりだしたようだ。

　ともふみ（3歳）とけんや（2歳9か月）は，登園し顔を見合わせると「ふたりともだもんね」と言って，他の子から離れた場所（保育者の机の下など）にもぐりこんでなにやらひそひそ話し，出てこない。2人だけの居場所，関わりを楽しみたいようである。2歳児クラスの1月にもなると，ちょっと気にかかる子や気の合った友だちがあそこにもここにもできてくる。

　　人が自分以外の他者を知り認めあう，いわゆる「相手を受け入れるという関係」は2人からスタートすることが多いようだ。2人の関係においてとことん自己を表出し

相手を知っていくのだろう。話す―聞くという言葉のやり取り（会話）も2人を基本に身についていく。好きな友だちとの関わりを通して，子どもたちは相手の思いに敏感になり，相手をよく知っていくようだ。保育所ではともすると初めから「みんなといっしょ」ばかりを求めすぎ，この時期の少人数の交わりを支えることを，後回しにしてこなかっただろうか。

〈事例4-8　友だちと体を寄せあっていたい気持ち〉
　みんなより早くおやつを食べ終わったゆみが，大型積み木を窓のところに運んで行き，それを台にして雨降りの外をながめていた。それを見ていた子どもたちは「ごちそうさま」とあわてて立って，ゆみの隣に積み木をくっつけ嬉しそうに外をながめだした。後から来たひろしも，無理やり同じ窓から首を出そうとするので，隣のまさこがきつくなり「やだ，やだ」と泣く。保育者が「ひろちゃん，こっちの窓も開いてるよ」と抱いてひろしを別の窓に移そうとすると「だめ，だめ」と窓にしがみついて離れない。「それじゃあ仕方がないから窮屈でもそこにいてね」と言うと「見えないよう，見えないよう」と大泣きする。しばらく泣かせていたらまさこが「ひろちゃん，おいで」と呼んでくれた。保育者は「外を見るのならどこでも見れるところでいいのに」と思い込んでいたが，彼は，友だちといっしょの窓で体を寄せあって見たいという一念だったようだ。

〈事例4-9　言いあいをしながら互いの共通項を見出す〉
　ふとしたことから保育者の所有権争いが始まった。
「ともちゃんのせんせ」（ともこ，2歳4か月）
「ちゃう，すみちゃんのせんせ」（すみこ　2歳5か月）
「ともちゃんのせんせだもんね」（ともこ）
「すみちゃんのせんせだもんね」（すみこ）
……
　2人はどれくらい同じことを言い続けたことか……。その後，すみこが急に，「2人のせんせだもんね」と言って，それでやっと一件落着。

　幼い子どもたちにとって他児を受け入れる第一歩は，この「2人の関係」とくに2人の共通項を見出すところから，関わりの糸口ができていくのではないかと感じた。そこまでに至る，互いの主張のぶつかりあいを経て初めて，一致点を見出せるようになるのかもしれない。

第❸節　友だちへの関心と社会性の育ち

〈事例4-10　楽しいことをいっしょに楽しみつながりあう〉
　保育者との関わりを基盤に，子どもたちは人との関わりを積極的に広げていくことになる。
　園庭で遊ぶ。たらいに水をほんの少し入れて，砂場の真ん中に置く。すると，S君（1歳1か月），M君（1歳1か月）がやってきて，たらいの縁にしゃがみこみ中に手を突っ込んで水を触る。そのうち2人ともパシャパシャと派手に水面をたたき出す。顔に水がかかるが，一瞬目をつぶるだけでまたすぐに手を突っ込み，よりいっそう水を撒き散らすようにバシャバシャとたたく。顔に水がかかるたびに，お互いの顔をのぞきこむようにして笑いあう2人であった。その様子を少しはなれたところからニコニコして見ていたR子ちゃん（1歳），自分は参加しないが2人が笑うと自分も笑っていた。

(熊本市「50周年記念誌　ひまわり保育園」より)

　「水をバシャバシャするのが楽しい」……その思いをS君とM君が同じ動作をし，表情や声やまなざしで確認しあうことで，さらに気持ちの高まりを感じている。その増幅した楽しさは，少し離れたところにいるR子ちゃんにも伝わり，楽しさの渦となって彼女を巻き込む。たとえ同じ行動はしていなくとも"楽しい気持ち"は共有できていると考えられる。
　ひとりで行動している場合には，このような楽しさの渦は決してできるものではない。またおとなとの気持ちのやり取りの場合，ここまで楽しさを爆発させることは難しいと思われる。単純に笑いあい，叫びあっていたからこそ，本当に楽しかったのだろう。隣にいる自分と似た他児と楽しい気持ちを共有したいと思ってできた"人と関わることは楽しいんだ"，このことが"人が好き"という気持ちを大きく育てていくことにつながるのだと感じたひとときであった。

2　人と関わる力の基礎を育てる

　事例4-7（135頁参照）のまりにみられるように，気になる子が存在するようになると，その子の言動をよく観察し模倣をする。相手が受け入れてくれると一緒にいたい気持ちが芽生え，自分たちだけの関わりを楽しむようになる姿が目立ってくる。人間が他人を知り認めあう，この気の合った2人（少人数）の関係において，とことん自己を表出しあい，相手を知り親密になっていく。その過程が重要だ。この個と個がどんな関わりをもつかという視点をおろそかにしたら，集団は枠組みになってしまう。関心のある気の合う友だち同士で遊び，時には意見が衝突しけんかになり，それでも一緒に遊びたいから何とか接点をつくり，イメージを共有してまた遊びをスタートさせる。この2人の関係（少人数）においては，大事なものも共有しあうようになって

いく。『わたしたち』『おれたちのものだもんな……』自分のものが自分たちのものという意識になり，結びつきもしっかりしていく。

まだ自分の気持ちを十分に他児に伝えられない3歳未満児の心の動きが子ども同士ではちゃんと伝わっていく様子が事例に表現されている。乳幼児期には，人と関わることのできる力の基礎を育てておくことが必要になるのではないか。ここでいう人と関わる力の基礎とはどんなことであろうか。それは人間の心と心とがふれあうとか，他人に共感するといった，他人への共感性や感受性が育つことではないであろうか。

まず，友だちのなかで，自分というものを発見し，自分の世界を確かなものにしていく。そのプロセスのなかで，自分と同じ要求や世界（＝共通項）をもつ友だちを発見し，それを認め，受けいれることが，人との関わりの第一歩となる。

その際に，特定の気の合う子どもとの生活を通して，相互理解や共感，思いやりのようなものがどのように育っていくかをしっかりととらえ，人と一緒に生活することが楽しいという実感を育てていくことが大切ではないか。

〈事例4-11　抱え込む行動〉
　たえこ（1歳8か月）は，ままごと用の布団で好んで遊ぶようになった。棚から布団を取り出し，両手で抱え込んで持ち歩いたり，人形を寝かし「ね～むれ」とうたいながら布団をトントンたたいて遊んでいる。ほかの誰かが布団を欲しがっても，「いや，いや」と貸すのを嫌がる。布団を抱えて歩きまわり，1枚でも下へ落ちるとそれを拾うために布団を全部おろし，抱え直してまた歩く，このくり返しである。落ちた布団をほかの子が拾おうものなら激しく怒り泣き出す。
　たえこにとっては1枚の布団も貸すことはできないのだ。布団が欲しいきよみ（2歳3か月）はなんとか自分のものにしたいと必死で取ろうとする。2人がぶつかりあい泣きあう声が部屋中に響きわたる。保育者はたえこの気持ちもきよみの気持ちも満足させたいと考え，小さい座布団をきよみに差し出したが，それは嫌だと受けつけない。しばらくパニックの状態が続く。たくさんある布団のなかから1枚くらい貸してあげたらよいのに……と思うが，先に遊び始めたたえこにとってはすべてが自分の物であり，1枚でも手渡すことはできないようだ。

こんなとき，保育者はどう解決したらよいのか悩んでしまう。たくさん持っているたえこの布団をきよみに貸してあげ，仲良く遊ぶよう仲介し解決してしまうのは簡単なことだが，安易に解決してしまうのはよくないと思う。なぜなら『これは私の大事なもの』として抱え込むことからものへの愛着心（私物化）が育まれ，自分のものと相手のものの区別がついていくようになると思うからだ。子どもにとって自分の手元

からものがなくなることは自分の存在がむなしくなり，不安になるもとでもある。反対にものをしっかり所有することは自己確認と自己拡大をしようとする証しだと考えられる。

〈事例 4-12　トラブルを経ながら一緒に遊べるようになっていく〉
　入園以前は同じ保育ママさんにみてもらっていたゆうと（2歳3か月）となおや（2歳）の2人はとても気が合い，何をするにもどこへ行くにも一緒だ。Bブロックをつなぎあわせて遊び始めたのだが，お互いに相手近くのブロックをわざわざ取りに行き，「ぼくのとったあー」と泣いて怒ったり，叩きあったりけんかしながらも，つなぎあわせて遊んでいる。なおやの方がつなげるのに夢中になり，ゆうとは取られるくやしさで地団駄を踏んで怒り，つなげる方に身が入らない。せっせとつなげたBブロックが2mほどの長さになると泣いていたゆうとが突然「うわあーすごーい，すごーい」と感嘆の声をあげた。そして今まで取られまいとしていたBブロックを「はい！　はい！」といってなおやに手渡し，全部つなぎあわせて約3mほどの長さにすると2人とも満足しきった表情になった。

　はじめは別々に遊んでいたのだが，途中から2人で一緒にひとつの物を作りあげることができた。この2人の姿を見て一緒に遊ぶ力が育ってきたことを感じた。2人がお互いに泣きながら取ったり，取られたりする姿を見て間に入ってやめさせた方がよいか，もう少し成りゆきを見守った方がよいか，いつ話しかけようかなど頭のなかでいろいろ考え，見守ることにしたのだが，結果的には保育者が仲立ちをしなくても2人で解決することができた。トラブルが起きると混乱を避けたいという気持ちの方が先に立ち，つい保育者が仲立ちとなってやめさせてしまうことが多い。トラブルをくり返し体験しながら子ども自身歩み寄ったり，共感しあったりする気持ちが生まれてくることもある。はじめは手当たりしだいに物を取りあげていた子が徐々に欲しいものだけ取るようになり，おもちゃを腕いっぱい抱え込んでいた子が少し遊んだら貸してあげられるようになるなど，奪いあいのなかからその姿が変化していく。つい「たくさん持っているのだからひとつ貸してあげたら」と言いがちだが，保育者はいつも弱い子の立場にたつのではなく，弱い子が自分自身で獲得する力を身につけていくよう陰ながら援助することも必要だ。どんなに求めても貸してもらえなかったのが，いつか手に入れることができたときの喜びはどんなに大きいことか。それによって本音で人と関わる力を身につけていくこともあるような気がする。

〈事例4-13 容易にゆずりたくない自分を大切に〉
　あつ子（2歳7か月）には、とても気に入っている遊具があった。その遊具で彼女が黙々と遊んでいたところへ、玲子（2歳9か月）が「れいちゃんに貸して！」と言って寄ってきた。「いやっ」あつ子は、はっきり拒んだ。玲子は、しばらくあつ子の遊ぶのをうらやましそうに見ていたのだが、待ちきれなくなって、また「れいちゃんにも貸してよ！」と声をかけた。「いやっ」やっぱり同じ返事だったかと思った玲子は、すぐに「じゃあ、あとで貸してね」とかなり譲歩した気持ちでいった。ところがあつ子は、「だめっ、あっちゃんの！」の一点張り。「それじゃあ、あした貸してね」と玲子。とにかく玲子はあつ子を「うん」と言わせようと必死だ。それでもあつ子は強固である。「いやっ、ぜったいいやっ」この一言で、玲子はとうとうこらえきれなくなって泣きだしてしまった。

　保育所には、こういう場面は日常茶飯事である。「私の気に入っている遊具なんだから絶対に貸したくない！」と主張しつづけるあつ子にも共感できるし、自分がこれまで獲得してきた言葉のなかからなんとか相手を説得できる言葉を探し、奪い取る方法ではなく、言葉で自分の要求を相手にわからせようと、知恵をしぼる玲子もすばらしい。保育者の私は、そのとき2人にしてあげられることは何も見出せず、ただただ感心するばかりだった。2歳になったばかりの頃の2人の姿を思い出し、2人とも何と成長したことかと……目を見張った。夢中で遊んでいるものだからこそ、容易にゆずれるものではないことを主張するあつ子。せっかく自分の思いを言葉で訴えているのに受け入れられず、懸命にがまんしようと自分にいいきかせるけれども、やっぱりこらえきれずに泣きだしてしまった玲子。この2人のやりとりを、私はその日のうちに、機会をつくって2人にお話として語ってみた。パジャマに着がえた昼寝の前、「あるところに、あっちゃんという女の子がいました。あっちゃんは、大好きなトンカチ積み木でトントントンって楽しそうに遊んでいたら、そこに玲子ちゃんという女の子がやってきました。そしてあっちゃんが楽しそうに遊んでいるのを見て…」と、こんな調子で話しだすと、2人は自分のことを保育者が話してくれているんだなと感じ、にこにこしながら身をのりだして聞き始めた。それはさっ

写真4-5　"だめぇ、これはあたしの！"自分だけの空間を確保したい箱をとりあう2歳児

き自分たちが経験したばかりのお話である。

　話を聞きながら，あつ子は遊んでいるときには気がつかなかった玲子の気持ちや立場を想像する。玲子も，トンカチ積み木で遊ぶことが楽しくてたまらなかったあつ子の気持ちを想いうかべる。実際の場面では，気持ちが高ぶって相手の要求を聞き入れようとしなくても，お話になると，子どもたちは聞き入れる耳をもつものである。保育者が，心を動かされた子どもたちの姿をお話にして語ることによって，子どもは，自己の存在感を確かにし，相手の力や立場を知る機会を得る。

　子どもたちのけんかやトラブルの対応は，その場面だけでなくてもできるものである。保育者は，自分とは違う欲求や価値観をもつ他者の存在を，お説教的にではなく楽しく伝えていけたらいいと思う。

3　子どものトラブルや葛藤に保育者はどう対応するか

　物や人への執着は，裏返せば自分のしたいこと，自分の大切にしていた物への強い執着心，すなわち自我の拡大と考えられないだろうか。むしろ，「自分の！」という所有感をもたない，物に固執しない子はどういう子か，追求してみる必要を感じる。自分の必要とする物，欲しい物がしっかり手中におさまる喜びを味わわせてもらうと，やがて，他人の要求もかなえてあげようという気持ちがわいてくるのだと思う。物への執着を「自分こそ一番大事にしてほしい」という気持ちの訴えと見ていきたいものだ。

　自分の思いが相手に受け入れられず，思い通りにならなかったとき，そのくやしさを泣いたり物にあたったりすることによって表わしながら，一生懸命その困難な状況をのりきろうとしている姿に出会うとき，小さな体のなかに本当にすばらしい力が育っていることに感動する。さらにまた，「友だちと一緒に遊びたい」という思いが，自分の気持ちをコントロールすることにつながっていくことが，この時期の子どもたちの育ちであってほしい。

　自我が著しく育ってくると，子どもは激しく他児とぶつかりあうのだけれど，その葛藤を体験しながら，自分と他児との違いに気づいていく。自分の力で相手とやりとりし，自分が友だちに添ったり，相手に自分を認めさせたり……しながら，友だち同士のなかに自分の居場所をつくり出す作業をしていく，その姿に心を動かされる。日常頻繁に起きるややこしいトラブルを，おとなの都合で治めてしまうのでなく，保育者が互いのつもりを丁寧に聞き出し，相手に伝える役割を果たすことで，子どもたちが他児を認める機会になっていくよう支えたい。

4　社会性の発達を支えていくことこそ，これからの重要な保育者の役割

　① 情緒の安定を礎に周りに目が向けられるようになる。

　コミュニケーションという言葉には，「一体となり通じあうこと」という意味がこ

められている。人への関心が芽生え，子どもたちが友だちに関心をもつようになる礎は，特定のおとなとの１対１の相互信頼の確立であることはいうまでもない。母親（それに代わるおとな）との相互交渉を十分に体験しながら，生活のさまざまな感情体験を共感しあい，情緒の安定が築かれる。それを礎に子どもは外界に目を向け歩み出す。子どもが外界に働きかける意欲や行動力は，特定のおとなの愛情深い関係から生まれるのである。保育所においても同様で，まず保育者との１対１の人間関係が心にしっかり刻みこまれ，安定して初めて他児に目をむけるようになる。その安心感が確立していない子どもは，いつまでもおとなとの関係をひきずって，おとなから離れようとしない。

② １・２歳児の物への執着が自己世界の拡大（共有意識）を養う。

　自分にも名前があることがわかってくると，自分は誰々であるという自己確認が強くなってくる。するとたちまち「いやっ」「だめっ」と拒否の言葉を発し，自分で決めたいという主張を始める。そして，自分の物に執着するようになる。自他の区別がつくときだからこそ，自分の物にしたくなるのであろう。執着する対象は物だけにとどまらず，お気に入りの場所や人にまで及び，おとなからは『欲ばりで困ったわ』と見られてしまう。

　自分の物を確保することによって自己拡大を試みているのだと思う。自分の気持ちをまだ言葉で言い表わせない１・２歳児にとって，物は，幼児の言葉に代わる自己顕示のひとつなのかもしれない。子どもたちの自我が芽生えてくるこの時期，保育室では物の奪いあいがたえない。『みんなぼくのなんだから』と言わんばかりに物を独占している子どもに，かつては「それは○○ちゃんひとりのものじゃない」「みんなのもの」「保育園のものよ」という言い方をし，「○○ちゃんの大切なものね」という保育をしてこなかったときもあった。

　みんなのもの，保育園のもの，という言い方で，その子，すなわち，個人が消されてしまう。「自分の物だ」という教育をしてこなかったように思う。子どもたちがいつ頃から「自分たちのもの」という共有意識をもつようになるか注目してみたところ，まず１・２歳児は「自分の物」という所有意識を大切にし，物との関わりを強め，物を大切にすることを体験させることが重要だと思った。それが共有意識につながる素地である。やがて気の合う友だち関係ができてくると『おれたちのものなんだから……ねぇ』と共有しあう姿が見られるようになる。共有の物を大切にする心を育てるには，まず人を受け入れる関係を育てることなのだと考える。

③　遊びを通して育つ自我，社会性の育ち

　心理学者のワロンは「社会参加への意欲や基盤というのは，乳幼児期の遊びの役割交替のようなことの中から芽生えてくる」と指摘している（佐々木 2005：94頁）。この章の第２節に紹介したハイハイの追いかけっこや（117頁参照），１～２歳児の遊び

第❸節　友だちへの関心と社会性の育ち

写真4-6　「あっ，ひこーきだ」友だちと同じものを見つめ心をつなぐ

（「おおかみさんいまなんじ？」や「かくれんぼ」など）の多くがおとなと子どもの役割交替の遊びである。「鬼ごっこやかくれんぼという役割を交替する遊び経験が乏しい子どもたちは，ひとりで自己完結するような，遊びに没頭するようになってしまうのではないでしょうか。自分のなかに自分と他者を持つことができなかったら，自分はないのです。他者のイメージが自分のなかに豊かにならなければ，自分のイメージはできないのです。自分というものをしっかりもっている人は，他者をしっかりもっている人なのです。だから他者の痛みや苦しみがわかるのです」と続けて述べている。役割交替などの遊びを通して子どもたちが他者に共鳴共感しやがて，他者のイメージを自分の内に育んでいく過程こそ重要である。

④　自律の育ちこそ社会性の原動力

　遊びは，他児とのトラブルや自分の思い通りにならない葛藤の連続である。〈容易にゆずりたくない自分〉と〈友だちとも一緒に遊びたい自分〉その両方の欲求に揺れながらも信頼できるおとなに支えられ，子どもは自己抑制し自己の統一を試みていく。ことに2歳半頃になると，心魅かれる他者（おとなや友だち）の行動に関心を広げ自分と他者への意識をますます強くしていく。自分もあの人（子）のようにふるまいたいという願望や他者へのイメージが探索や見立て，ふり遊びに活発に表現され，やがて自分のなかに他者を取り込んでいく。他者のイメージが自分のなかに豊かに存在することで自分のイメージをもてるようになる。

　自分をしっかりもてることは他者をもつことである。そして，3歳を過ぎると，子どもは聞き分けができてきて，おとなとの折りあいをつける知恵もできてくる。（自律の育ち）おとなに喜ばれること，嫌がられることもわかってきて，言葉でごまかすような要素も備わってくる。しかし，1・2歳児は，言葉で表現できないため，言葉よりもっと切実なもので表現するしかないわけで，それが表情や態度なのだと見てきた。その子どもたちの発信するもの，探索活動や模倣，見立てやふり遊び，人に手を出したり，物を差し出す行為など，あげればきりがないほど人間としての根本的な求め……人とつながりあって生きていきたい，でも，私が大事，というこの両者の思いが混沌として溢れ出し彼らの行動を起こしているように思えてならない。

　3歳未満児こそ，人間の根本的な生存能力をもっている存在なのだと学んできた。養育者は，まず彼らの訴えにしっかり目を向けることではないだろうか。

第4節　環境構成と自発性の育ち

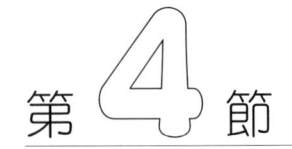

1　環境構成を考える視点――家庭的な雰囲気とは

❶　いつでも休息がとれる所

　「保育所保育指針」の第1章総則，1保育の原理の(3)保育の環境に次のような一文がある。「保育室は，子どもにとって家庭的な親しみとくつろぎの場となるとともに，いきいきと活動ができる場となるように配慮する」。この家庭的な親しみとくつろぎの場（雰囲気）というのは具体的には何を指していっているのであろうか。

　まず本来「家庭」というのは，家族が集いくつろぐ所である。くつろぐという言葉は，心や体がリラックスすること，すなわち「いつでも好きなときにごろんと寝転がったり休息が取れる場がある」ということではないだろうか。かつての日本の家庭の居間にはどこでもこたつや座卓があり，家族がそれらを囲んで団欒した。最近の家庭の居間にはソファーが置かれている。幼い子どもたちの生活の居場所である保育室には，まずいつでもほっとくつろげるソファーや畳のコーナーを設置したい。保育時間が長い子どもたちにとって，休みたいときに何もしないでごろんと休息のとれる場を用意することは必要不可欠である。ソファーがなければマットにきれいな布のカバーをつけ，そこに背の低いついたてのようなものを置くだけで休息の場になる。とくに集団で生活していると，時に周囲の目から逃れ，ひとりになってくつろぎたいという欲求が生じる。だから保育室のどこかに「ひとりになれる場」「周囲から離れてちょっと隠れることができる場」を用意したい。よく押入れの下段を空け，そこにカーテンをつけたりダンボールで囲い，子どもたちがもぐったり隠れたりできるよう工夫している所を見かける。またしっかりしたダンボール箱で窓やドアをつけた家をつくり，そこをひとりになれる拠点にしている所もある。子どもたちの生活時間が長いだけにこのような環境の配慮は最も重要ではないだろうか。

2　少人数で生活する

　次に「家庭」を象徴するような状況は何かを考えてみると，家庭は子どもたちにとって最愛の家族がいる所である。その大好きなおとながそばにいて自分たちを守ってくれる安心できる場である。3歳未満児の保育室の環境を考えたとき，自分の担当の保育者がいつもそばにいてくれて，甘えたいときに甘えられ，自分のすること，心を動かしたこと，困ったことなど言葉で伝えられなくても温かく受け止め対応してくれる。要するに好きな人といつも共にいて感情交流ができる環境であることではないだろうか。そのためには少人数の担当制による生活を築くことが考えられる（担当制については第5章第1節を参照）。

　テレビやテレビゲームが入り込んでしまった今の家庭生活には残念ながら考えられないことであるかもしれないが，かつての家庭にはいつも家族の息づかいが感じとれるような静けさがあった。乳児の言葉にならない言葉，喃語のような音声もキャッチしてもらえる静かな雰囲気のなかに情緒の安定が育まれる。幼い子どもの頭上を常に，ガヤガヤ人の声が行き交い騒音のたえない保育室，おとなの3分の1しかない小さい体の周りをいつも大勢のおとながせわしく動き回る，そんな落着きのない環境になっていないだろうか。とはいえ各クラスの定員数が定まっている保育所において，その定員を少なく限定し少人数にするなどは不可能である。そこで3歳未満児では，なるべく少人数に分かれての「グループ担当制」をとり，同じクラスであっても戸外と保育室などに分かれ別々の活動をするなど，少人数で生活するシステムを作ることを提唱している。そこで育つ子どもと保育者の人間関係，親密さこそ乳児保育の礎である。

3　自分のペースで生活できる

　家庭がほっとくつろげるという次の要素は，「一人ひとりの子どもが自分のペースで生活できること」ではないだろうか。今したいことができ，決して追い立てられない生活になっているかである。忙しい共働きの家庭にあっては，とくに朝はあわただしい。「早く早く」と追い立てられることが当たり前になってしまっている。だからこそ保育所では子どもたちを生活のベルトコンベアーにのせたりせず，ゆったりと時間を感じさせない生活をさせたいものである。

　そのためにも，保育室が「食べる，寝る，遊ぶ」に分かれていることが望ましい。一部屋で遊んだ後，片付けて，そこで食事をし，また片付けて，布団を敷くということになるとどうしてもゆっくりしている子どもを追い立てることになる。3歳未満児の保育室は，最低限「食べる，遊ぶ」の場を分けることを工夫してほしい。ついたてのような仕切りがあれば先に食事をとる子とまだ遊んでいる子に別れて生活できるはずである（図　保育室の環境〈1歳児クラス〉，150頁参照）。

　次に遊びの視点から考えてみる。家庭では，子どもがいつも自分で玩具を出してき

て自分の好きなことができるようになっているのではないだろうか。指針にも「いきいきと活動ができる場」と述べられている。3歳未満児にとって最も大切なことが「自発性が育つこと」である。一人ひとりの子どもの興味，関心，発達に見合った多様な遊びが生まれる環境になっているか否かである。「今こんなことをしたい」「やりたいことがやれるって楽しい」「わたしは自分のやりたいと思ったことをやってのける力を持っているんだ」という実感をつかむことが，自我の育ちを促していく。自我に芽生え自発性が育つことが最も重要な保育課題である3歳未満児には，自分の求めに従って，自分のペースで行動する力を育む環境構成になるように考えたい。子ども

おもちゃだなを工夫する

子どもが喜ぶおもちゃだな

左・下段にはカギのついたとびらがある

60cmぐらい

- 合理的に収納できるおもちゃだなであり，かぎやマジックテープがついた扉をつくると，子どもも喜んで片付ける
- おもちゃの自動車の車庫もきちんときめる（下段へ）
- 何が入っているかすぐにわかるように工夫する

人形の家

（今井 1991：7頁をもとに作成）

たちの発達にあった興味深い遊具や教材が，子どもたちの手の届く所に整理されてわかりやすく置かれている。いつでもここにくればこの玩具で遊べる。玩具などが秩序だって置かれているため，子どもたちも終わったときはそこに持っていくことが楽しくなるような工夫をしてほしいものだ。

それでは次に各年齢の発達にあった保育室の環境構成について考えてみよう。

2 ０歳児室の環境構成とそのポイント

　０歳児は，月齢に応じて一人ひとりの生活リズムを大切に日々の保育にあたりたい。そのため前述の通りワンルームの保育室をできれば「食べる」「遊ぶ」「寝る」「清潔」の４つの生活ゾーンに分けることが望ましい。遊びのスペースは，月齢差のあるそれぞれの子どもたちが周りの子から邪魔されずにひとり遊びを楽しめる場，また保育者と体を使ってふれあい遊びや「まてまて」の追いかけっこなどを楽しめるやや広い空間，ここにはスロープや階段など運動的な遊びができる大きな遊具を置くこともできる。さらに絵本のスペースなど。ハイハイしている子，ヨチヨチ歩き出した子などの目線にあわせて，玩具を置いたり，子どもから見た保育室の視界の配慮も大切である。

　また清潔スペースは，おむつ交換，着替え，汚物処理，保育者の消毒手洗いがスムーズな流れになるよう考える。「寝る」スペースにおいて配慮したいことは，寝てい

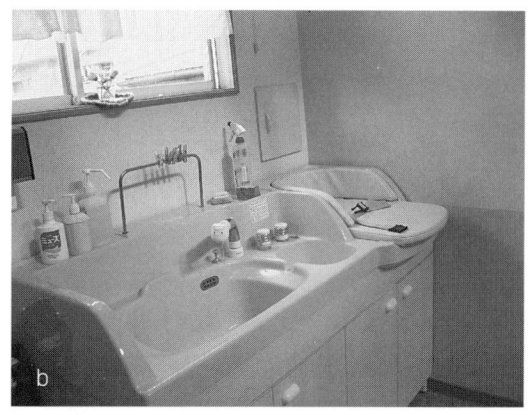

写真４-７　０歳児の環境
　a　清潔ゾーン沐浴，b　清潔ゾーン洗面所，c　手づくり人形，d　０歳児の部屋

る子どもの様子が一目で見渡せるよう仕切りとベッドの高さに気をつけ，音を遮断し安心して眠れるようにすることだ。「寝る」スペースを取れない場合は，ベッドの柵にカーテンをつけ，眠ったら子どもの顔が見えるよう少し開けて子どもの様子を見られるようにする。

それぞれの担当保育者が各ゾーンで落ち着いて乳児への介助ができるようにしたい。また保育者が子どもの周りを動き回らないですむよう動線にはとくに気をつけたい。

3　1歳児室の環境構成とそのポイント

1歳児は，全身運動，手指などの微細な運動の発達により探索活動が盛んになる時期である。また，生活に必要な行動が徐々にできるようになり，何にでも興味をもち好奇心いっぱいな時期なので，その意欲の芽を育てるような環境を作ることが大切である。そこで，遊びの空間と生活の空間を大きく分けて，一人ひとりの子どもの欲求を十分に満たすようにしたい。

遊びの空間では，絵本のコーナー，生活の再現や人形遊びができるコーナー，押入れの下を工夫した少し隠れて遊べるコーナーなど，模倣・探索遊びができるような工

「いないいないばあ」の壁面装飾で遊ぶ

- 動物のアップリケを布につける
- 戸が開くとクマが出てくる（マジックテープ／布の中に厚紙を入れて戸をつくり，布地にぬいつける）
- ファスナーを開くとうさぎが出てくる

・ダンボール紙を台紙にはり，その上に布をはって，壁にとりつけていく
・開けたり閉めたりして，遊べるようにする
・別布でポケットをつくる

（今井　1991：7頁をもとに作成）

夫をする。とくに子どもがひとりで遊び出したら他の子どもから邪魔されずじっくりひとり遊びが続けられるよう，ついたて等でその子の世界を確保できるような配慮をしたい（第4章第2節，ひとり遊びの意義，124頁参照）。絵本のコーナーでは，自分で好きな絵本を自由に取り出せるよう，表紙を前面にし，乳児の手の届く高さに並べておく。生活の再現遊び，人形コーナーでは，畳や絨毯を敷き，椅子，テーブル，キッチンセットなどを用意して家庭と同じような雰囲気をつくる。また押入れの下などを工夫した空間では，じっくりと自分のしたい遊びができるように少し隠れられるような空間にしておく。少しというのは，保育者からそこが死角になってしまうとかみつきなどのトラブルが生じたとき防げないためである。子どもたちにとっては隠れ家であるけれども，おとなからはそこでの様子がうかがえるものでありたい。

　生活空間では，トイレやおむつ替え，手洗いなどの清潔コーナー，靴箱などの玄関スペース，食事のコーナーなどに分ける。トイレの空間では，遊びの延長として楽しい雰囲気で入れるようにかわいいオマルや便座マットを敷いたり，床や壁に絵やシー

写真4-8　1歳児の環境
　a　押入れ下のままごとコーナー，b　靴箱，c　玄関，d　ままごとコーナー

第4章　遊びと環境

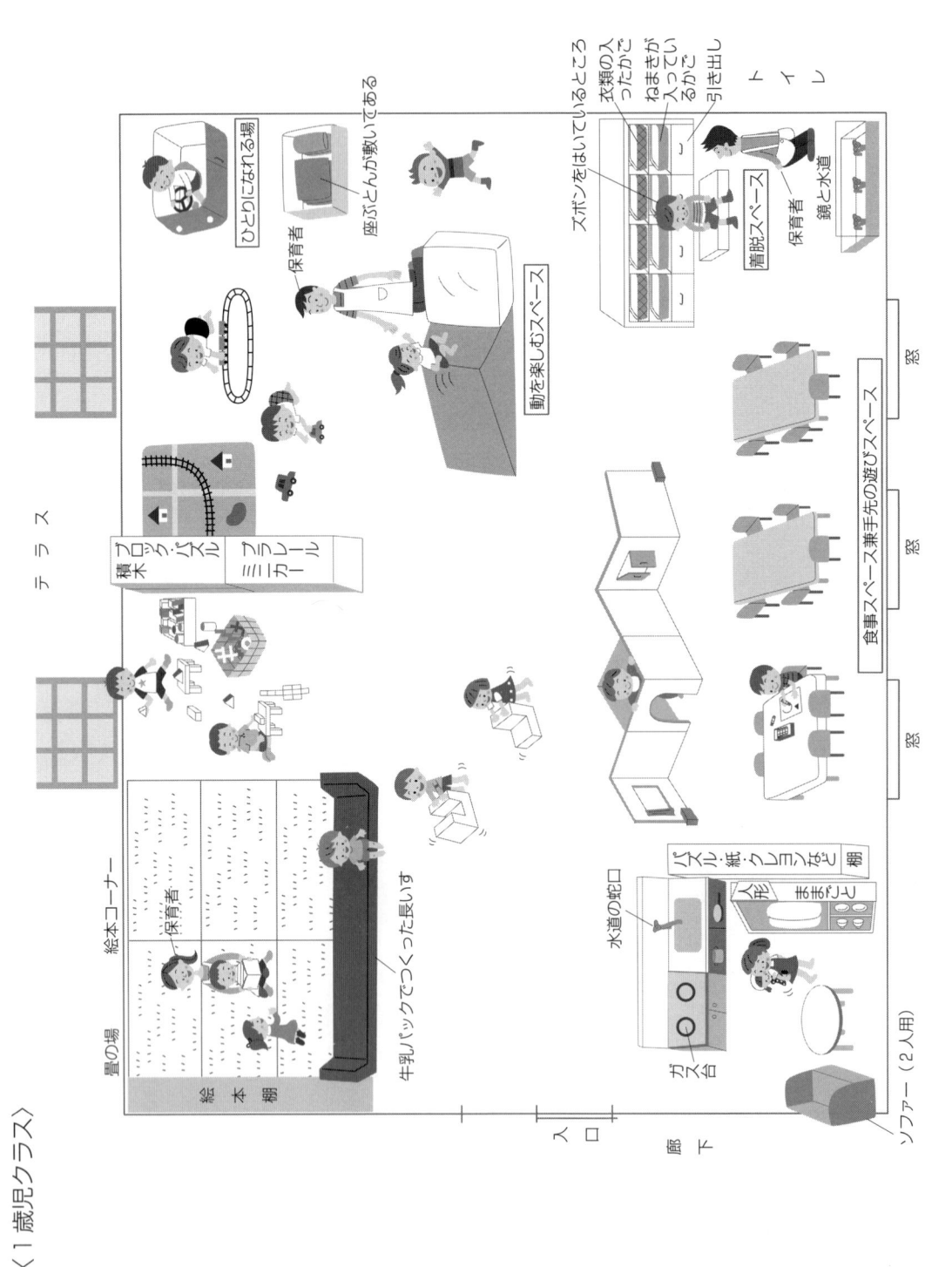

保育室の環境
〈1歳児クラス〉

150

ルを貼る。手洗い場では，乳児の使いやすい高さの洗面台を用意し，タオルやうがいのコップなどをわかりやすいように置くとよい。また乳児の目の高さに鏡を設置しておくと自分の身支度の姿を見ることができる。靴箱には，個人のマークやその子の顔写真を貼っておくと自分の場所がわかるようになる。身近なところから自分の場所を意識することができる。食事のコーナーがあることによって，個別対応が可能になる。いいかえればクラスの全員が同じ時間に一緒に食事しなくてもすむのである。保育者も個々に合わせてじっくりと介助することができる。また朝早く登園してきた子などがちょっとした軽食をとれたり，その子の状況に合わせた対応をすることもできる。0歳児と同様に個別の対応ができるような環境の工夫が大切である。

4 　2歳児室の環境構成とそのポイント

　2歳になると「自分で」という気持ち，『もうぼくおおきくなったんだ』というプライドが強くなり，自分から身の回りのことに取り組むようになる。基本的生活習慣が身につく大切なときである。また，遊びの面では大好きなおとなの仕草を模倣して見立て遊びやごっこ遊びなどイマジネーションが豊かになり，保育者や友だちと一緒に遊ぶ姿が見られるようになる。反面何かひとつのことにじっくり取り組むことも多くなってくる。他児との関わりが増える一方で，自分の気に入った玩具をひとり占めし遊ぼうとするためトラブルが多くなるのもこの時期の特徴といえる。
「生活空間」「遊び空間」をそれぞれ保障することが大切である。

生活空間

① 「生活」の場として，着替えや手洗いなど身の回りを整えるための生活空間（クロークルーム）を設ける。ロッカー・着替え・手洗い・排泄がひとつの空間（場所）にあることで，生活の流れ（これをしたら次は何をするか）がわかり，見通しがついてくる。生活面をそこで済ませれば，すっきりとした気持ちで遊びに移行できるようになり，メリハリのある生活を送れるようになる。

② 生活の動線を考え，玄関→手洗い場→トイレ→着脱を済ませ，遊びに入れるような部屋にする。一連の流れをスムーズに移行できるように道順に沿った配置がなされることがベストである。それができないときにはロッカーで壁を作ったり，通り道を作ったりして，そちらへ子どもが流れるような配慮をとる。これにより，次は何をするのかという先の見通しが立ち，子どもも自発的に行動をしやすくなる。

③ 靴箱に靴をしまったり，ロッカーから服を出すなど身の回りのことが自分でできるように，靴箱やロッカーにはその子の写真やマークを貼り自分の場所をわかりやすくする。
④ 食事は，なるべく食事コーナーを設置したい。幼児クラスの子どもたちが使うランチルームを利用できればそれもよい。身支度を整えた子から食事に入り食事コーナー，あるいはランチルームで食事をする。遊びと食事のコーナーができることで，まだ遊びたい子，早く食事に行きたい子など子どもの状況に合わせて食事時間をずらすことができる。またランチルームでは，他のグループと一緒に食事をするので年上の子に食事を運んでもらうなど世話をしてもらったり，異年齢の子ども同士の関わりの場にもなる。

遊び空間

① 好きな遊びを選択し，じっくり取り組めるように遊びのコーナーを設置したい。まず，子どもたちが見たこと，経験したことなど心を動かされた体験を再現できるようなコーナー・子どもたちの生活体験からあるときはお医者さんごっこ（園医さんの検診の後などには必ずといってよいほどこのお医者さんごっこが始まる），あるときは働くおじさんの再現ごっこ（散歩に行って工事現場で働くおじさんたちの様子を見てきたとき，園の前に山積みされたごみなどを回収する清掃局のおじさんたちの働く姿に見入ったとき，夏は洗濯やアイロンかけごっこ，園外保育に行った後は，ピクニックごっこ，季節に応じて保育者から読んでもらって大好きになった絵本，たとえば，「てぶくろ」なら「てぶくろ」のおはなしの再現遊びなど），この時期子どもたちは，自分の，自分たちの感動した事柄を再現せずにいられないのである。その感動をとらえ，そうした遊びの再現ができるよう子どもたちの求めに応じた環境を用意する。ひとつの遊びのコーナーが長く続くこともあれば2～3日で終わることもある。子どもたちの状態を見ながら環境を変えていく。2歳児は絵本を読んでもらうことも大きな楽しみである。じっくり絵本を楽しめる絵本コーナー，積み木，ブロック，廃品を使っての構成遊びをするコーナー，手先の器用さが発達する時期なので，ひもとおしやボタンはめ，洗濯バサミなど使った遊びコーナー，描いたり作ったりできるコーナーなど。発達や子どもたちの関心に応えるコーナーを設けることで，遊びに集中することができる。
② 2歳から3歳にかけては，とくに動と静の活動に応じたスペースをとることが重要だ。「走り回る2歳児」といわれる子どもたちである。男の子が多いクラスでは，片時もじっとしていられないと思えるほどよく動き回る子どもがいる。いつでもすぐに園庭に出られる場合は，あえて保育室に動のスペースをとる必要はないが，保育室が2階にあったり，庭に出られる日が制限されているような場合は，子どもが室内でも動き回れるようなスペースをとってほしい。保育者のなかには「室内では静かに過ごすもの」というおとなの固定観念を子どもに押し付け，子

第4節　環境構成と自発性の育ち

ゆらりんボックス

ゆらりん　ゆらゆら

＊用意するもの：冷蔵庫または大型テレビの段ボール箱，牛乳パック，新聞紙，布，ガムテープ（布），ボンド

もぐらちゃん

下からもぐって顔を出す
たったこれだけの遊びです

穴から見渡したい激しい願望
目いっぱいの背伸びが始まる

＊用意するもの：大き目の段ボール箱，紙，布，ボンド

ポイント：
・穴の高さが決め手。下から首を出して，もう少しで目が出るくらいが良い。
・穴から下へ降りる，手かけ部分の使い方の難度の高い遊具。
・登りには台を用意すると良い。慣れるまで，そばについていること。

育つ力：登り降り，背伸び，挑戦心など心と体の背伸び

(東間 2004をもとに作成)

どもたちが走り回ったりすると「静かに遊びましょう」などと注意するが，それでは子どもたちの溢れんばかりのエネルギーをどのように燃焼させ，創造のエネルギーにしていけばよいのか。2歳児クラスにおいて，室内に動の環境を考えることは必要不可欠であると思っている。上にあげた遊具は，長年保育者として子どもの環境，遊具づくりを研究してこられた東間掬子によるものである。

③　1歳児と少し異なる環境構成の視点は，友だち遊びが生まれるような大きな遊具，あるいは押入れの下などを利用して子どもたちが隠れたり入り込んだりし，おとなが介入しない子どもだけの世界を作ることが可能な環境である。たとえば大きなダンボール箱で大型バスを作っておく。するとそこに興味をもった子どもたちが集まってきて，同じイメージで遊びだす。友だちと共通のイメージで遊ぶことができることは，友だち関係が生まれやすいということである。長い新幹線にひとりで乗るより友だちと一緒に乗った方が楽しい。友だち遊びが生まれる必然性のある遊具がポイントである。

(今井 1991より)

写真4-9　2歳児の環境
　a　ままごとコーナー，b　ロフト人形コーナー，下はトンネル，c　庭でシャボン玉，d　手洗い場で歯みがき

5 ３歳未満児の園庭
——戸外活動の環境（入間市おおぎ第二保育園の場合）

　園庭の環境は，室内環境と同じように，子どもの成長，発達には重要である。身体全体の運動的な遊びと，四季折々の自然にふれ，感動する心や喜びを感じ，動植物を育て，小さな生き物に興味や関心をもつなど感性を育てる。

　「園庭がない」「園庭が狭い」など，それぞれの園の条件はあるが，それに代わる人工的な自然であっても，ちょうちょや小鳥は飛んでくる。たとえば，人工芝に大きな植木鉢を置き，花壇はプランターやテラコッタに四季折々の花を咲かせるなど，楽しい庭造りの工夫はできるのではないか。

　保育所で過ごす子どもたちにとって安全かつ安心して遊べる保育環境が何よりも重要である。単にリスク管理の視点だけでなく，子どもにとってさまざまな経験や体験ができ，豊かな感性や人間性を育み，自発的に遊べる環境作りが大切である。

　そこで３歳未満児専用の園庭作りの実践を述べてみたい。

　当時は強い風が吹けば砂埃の舞う平面的な園庭であった。保育者がついていなければ危険と思われるすべり台やブランコ，それに小さな砂場があった。それでも一日中，

日当たりがよく風通しのよい園庭で、元気に遊ぶ子どもたちに満足していた。

そんなおり、北欧の保育所を視察できる機会に恵まれ、園庭で遊んでいる子どもたちの姿を見て、心を動かされた。自然本位のなかに小さな家と思われるかわいい園舎があり、そこで子どもたちは木に登ったり芝生と雑草を敷き詰めたような緑一面の園庭で、座ったり寝そべったりして遊んでいた。とくに、印象的であったのは大きなすべり台が傾斜のある地面にそって置かれていたことだった。

「自然」こそ、小さな子どもたちに似合う遊び場であったと気づく。樹木や林、緑いっぱいの自然のなかに小鳥やちょうちょ、とんぼが飛んでくる起伏のある園庭を作ろう。果実のなる木も植えよう。それに、丸太で囲われた大きな砂場も必要だ。保護者と職員が土・日曜を返上しての園庭作りが始まって、14年たった現在、枝をいっぱい広げた大きなけやきやどんぐりの木、いろいろな実のなる木々や草花。鉢やプランターなどに四季折々の花を咲かせ、春の若葉、夏の木陰、秋の紅葉と晩秋の落葉。とくに落ち葉の積もった園庭で、元気に遊び回る子どもたちの姿は、幸せな絵を見ているようだ。市街地の高層住宅に囲まれた保育所であり、小さな園庭であるが起伏を作り砂場や泥場で泥だらけになって遊ぶ子、小屋や木によじ登って遊ぶ子。飽くことなく一日中園庭で遊び、実った果実の酸っぱさ、苦さを味わったり、いたずら遊びのできる園庭で、発見の喜びを知ったり、驚いたり、何よりも豊かな感性が育つと信じている。

環境づくりは一人ひとりの保育者が、子どもの成長、発達を考慮し、計画的に継続し進めていくことが大切である。

写真4-10　戸外活動の環境
　a　木登り遊び，b　泥んこ遊び

第**4**章　遊びと環境

参考文献（第4章）

東間掬子著『あなたが変える室内あそび』0歳〜2歳，サンパティックカフェ出版，2004年。

今井和子『自我の育ちと探索活動』ひとなる書房，1990年。

今井和子『なぜごっこ遊び？――幼児の自己世界のめばえとイメージの育ち』フレーベル館，1992年。

今井和子『0・1・2歳児の心の育ちと保育』小学館，1998年。

今井和子他編『子どもたちの四季』環境・遊び・表現（春）童心社，1991年。

E. H. エリクソン／仁科弥生訳『幼児期と社会1』みすず書房，1977年。

熊本市「50周年記念誌　ひまわり保育園――もうひとつのお家をめざして」2005年。

佐々木正美『乳幼児の発達と子育て』子育て協会，2005年。

津守真『自我のめばえ』岩波書店，1984年。

中沢和子『イメージの誕生』NHKブックス，1979年。

名古屋市新池保育園実践記録集「あすなろ」2005年。

森上史朗責任編集『保育のための乳幼児心理事典』日本らいぶらり，1980年。

森上史朗・今井和子編著『集団ってなんだろう』ミネルヴァ書房，1992年。

第**5**章

クラス運営とチームワーク

第1節　担当制保育で乳児保育の質の高い実践を

1　担当制保育とは

1　担当制保育の現状

　近年，乳児保育の営み（方法）をめぐり，子どもの担当を保育者の間で決める，いわゆる「担当制保育のあり方」がとくに注目され，論議されるようになった。この担当制については，1960年後半から産休明け保育や乳児保育に早くから取り組んできた一部の保育所でじみちに実践されてきた。しかし，働く母親たちの強い要望であった産休明け保育の実践が全国的に広がってきたことで，改めて質の高い乳児保育のありようが検討されるようになった。

　そして，1999年に改訂された「保育所保育指針」の，第3章の6か月未満児の保育の内容〈2　保育士の姿勢と関わりの視点〉にも「<u>特定の保育士の愛情深い関わりが，基本的な信頼関係の形成に重要であることを認識して，担当制を取り入れるなど職員の協力体制を工夫して保育する</u>」という文章が盛り込まれるにいたった。

図5-1　乳児保育の担当制の調査結果

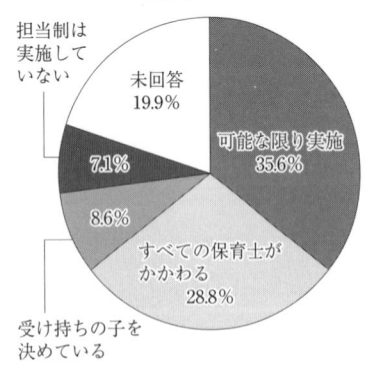

- 担当制は実施していない
- 未回答　19.9%
- 可能な限り実施　35.6%
- すべての保育士がかかわる　28.8%
- 受け持ちの子を決めている　8.6%
- 7.1%

出所：日本保育協会「保育所における低年齢児の保育に関する調査研究報告書」。

　実際には，今，どれくらいの保育所で担当制が実施されているか。2001年度日本保育協会「保育所における低年齢児の保育に関する調査研究報告書」を見ると図5-1のとおりである。

　子どもと保育者の信頼関係を築くために，担当制の必要性を感じながらも，受け入れ児童数や職員の勤務体制，あるいは長時間保育（たとえば朝7時半登園の子が19時までいる場合，保育者の勤務時間をはるかに超えてしまうため，同じ保育者が一日その子に関わるということは不可能である）など……，担当制を行なううえでさまざまな壁があり，その取組みを困難にしているようだ。未回答のなかにはどのように実施すればよいのか方法がわからないという意見もあるので

はないだろうか。

そこで，ここではそうしたいろいろな壁を考慮したうえでの担当制保育の具体的なすすめ方について考えてみる。

2　子どもと保育者の信頼関係を築くために

乳児保育で最も大切にしたいのは，「乳児の心に，人への基本的信頼感を養う」こと。それには『私は生まれてきてよかった。周りの人から愛されている』と感じ取る自己信頼と，『人は信頼に値する。人と一緒にいることは，なんと楽しいことか』と思う他者信頼を育むことであると再三述べてきた。「三つ子の魂百まで」と昔から伝えられてきた言葉の真意は，2歳（昔の数え年の3歳）頃までに，人への基本的信頼が子どもの魂に宿ることを示唆しているのではないか。人間の心は，大切なところから発達していく。人への基本的信頼は，子どもが最初に出会う人，母親やそれに代わる特定の人，保育者などとの愛情深い関わり，「愛着関係」を抜きには考えられない。

そこでまず乳児クラスの担任は，親子関係において愛着関係を成立させるよう，その過程を保護者にわかりやすくていねいに伝えて支援することである。と同時に保育の営みでは，保育者が一人ひとりの乳児の心の拠り所になれるように個別的対応をとり，相互信頼を築くことが基本だと思っている。

とくに，乳児保育において，大切な生活習慣の形成には，日々の生活を通して保育者が一人ひとりの子どもにていねいに関わっていくことが不可欠である。そのためには，保育者が責任をもって育児にあたること，ひとりの保育者が育児にあたる子どもを限定し，人数も少なくすることがより効果的である。家庭では母親と子どもは1対1，保育所は集団保育なのでそこまでは不可能であるが，0歳児12人を4人で誰ということなくみるより，生活習慣に関わる育児（養護）の部分を，ひとりの保育者が3人みるほうが心をこめ，ていねいに関わることができる。「自分が世話をする子どもはこの子たち」と決めることで，責任をもって育児するようになることはいうまでもない。

また担当保育者が同じ子どもに継続して関わることで，その子どものくせや心理状況などをよく把握して世話をすることが可能になる。たとえば，A子の離乳食を与える際，初めての食材は，口に入れてもすぐ出してしまうが，2回目，3回目となると口のなかに含んでもぐもぐ

写真5-1　子どもと保育者が食卓を囲み，家庭的な雰囲気をつくる

させ4回目ぐらいから呑み込むようになる。新しい食材に慣れるには回数を重ねることが必要である。ところがB子は、初めての食材でも口にあわないもの以外は抵抗なく食べてしまうなど、個々の子どもの実態を継続して理解できるようになるため、子どもに対して見通しをもって関われるようになる。この、先を見通す目を養う力こそ保育者の「ゆとり」になる。ゆとりをもって保育にあたれば子どもに無理をさせずに対応できるようになるため子どもも安心し、保育者との信頼関係をしっかり築きながら、生活習慣を身につけていく。

2 担当制保育のすすめ方

1 クラスの状況にあった担当制を選ぶ

年度当初に、園の保育計画やクラスの年間指導計画のねらいをふまえ、1年間を見据えてどのような担当制をすすめるかを担任同士で話しあう。

たとえば、4月当初に、クラスの人数が定員いっぱいの場合と、当初の人数は少なくても、随時途中入園が見込まれる場合では、担当制のすすめ方も変わってくる。子どもの人数3人に対し、ひとりの保育者を固定した担当として定める方法は、途中入園の子が増えてくると、どうしても担当児を他の保育者に移しかえなければならなくなる。また、子ども数人にひとりの保育者を固定すると、その保育者の見方だけで、子どもや保護者を限定して見てしまう危険性もある。集団保育のよさは、複数の保育者がひとりの子どもの多様性を見出していくことである。ところが担当制をとると、そのよさが生かされないという批判もないわけではない。

そこで、子どもたちの月齢差や発達差を考えて少人数のグループを作り、家庭に両親がいるように2人ぐらいの複数の担当保育者を定める、「ゆるやかな少人数のグループ担当制保育」をすすめてみてはどうだろうか。複数の保育者が少人数の子どもを担当することで、子どもや保護者への見方も限定されずにすむ。また、仮に保育者と子ども、保育者と保護者の間に違和感があったとしても、複数ならばその関係性の調整ができるメリットもある。さらに保育者が出張や休暇などで不在のときでも、もうひとりよくなじんだ保育者がいれば、他の保育者が手伝いに入ったとしても、子どもたちの動揺はさほど大きくならない。また、途中入園の子どもがいても保育者が複数であれば、スムーズに受け入れられるであろう。

子どもの人数が少ない場合（たとえば0歳児9人ぐらいまで）は、あえてグループに分かれなくてもよい。しかし、養護面だけは担当制を行ない、遊びは保育者の役割分担（リーダーとサブ）を組み合わせる方法が考えられる。また、少人数に分けたグループ担当制を実施しても、子どもたちの成長に合わせ、年度の後半には担当制をは

ずしていく方法なども考えられる。ただしこの方法は，月齢差があまりなく，高月齢である場合に限る。いずれにしてもクラスの状況をよく考え，どのような担当制をとるか見通しを立てることが必須だ。

2　入園当初こそ，担当制のよさが生かされる

　入園と同時に子どもたちは，これまでとはまったく別の環境で生活することを求められる。それはおとなの予想を上回る不安や，緊張があるはずである。保育所保育指針にも「入所時の保育にあたっては，できるだけ個別的な対応を行なうことによって子どもの安定感を得られるよう努め……」と記述されている。この個別的対応というのは，たんに保育者と子どもが1対1の関わりをもつというだけではない。特定の保育者と継続的な関わりを通して，相互信頼を築いていく「担当保育の意義」を表わしていると考えられる。

　ことに入園当初は，同じ保育者が同じ子どもを受け入れ，まずは安心できる心の居場所になることが最も重要である。母子分離や環境の変化から生ずる不安やストレスを，乳児はさまざまな非言語的サインで発信する。泣いたり，表情で訴えたりするサインを，いかに適切に感受して応答するかがポイントになる。「この人には自分の表わしが伝わる」「この人が私を受け止めてくれる」といった，安心感が芽生える出会いになるかどうかが入園時期のポイントになる。

　子どもの要求に保育者が的確な受け止めができると，子どもは安定し，その保育者に安心して甘えるようになる。さらに，継続的な接触ができると，その子の小さな変化や心の動きまで読み取れるようになる。一人ひとりに合わせた世話ができるようになるのは，いうまでもない。

3　担当制保育は家庭的な雰囲気のなかで

　園でも生活時間が長い子どもたちにとって，くつろいだ家庭的な雰囲気で生活することの重要さは，保育指針のいたるところに述べられている。この「くつろいだ雰囲気」とは，具体的にどんなことを指すのであろうか。

　0・1・2歳児の人数が多く，保育者も各クラスに4人以上いるような場合，おとなの動線，人や物のやりとりが多くなり，雑然とした落ち着かない状態になりがちである。保育者が大勢いて，みんなで全体の子どもを見ていても，どうしても要求の強い目立つ子，よく泣く子に保育者の目が集まり，おとなしいあまり自己表出をしない子が見落とされがちになる。また，みんなで見ているつもりでも，ある所は誰も見ていなかったというようなこともよくあることだ。保育者同士の連携だけでは，把握しきれないこともある。

　たとえば，19人の1歳児クラスを2つのグループに分け，2人の保育者で9人から

10人を見るとしたらどうだろうか。少人数に分かれることで，どの子にも目が行き届き，子どもたちもいつも同じ保育者がそばにいてくれる安心感から，要求を出しやすくなる。自分の思いを言葉で伝えられない0・1歳児にとって，保育者がそばにいれば，「あっ」という小さなサインも見逃さず，「Kちゃん，いいもの見つけたね」などと，心通いあう交わりになる。いつも頼れる人がそばにいてくれる，自分の要求を受け止めてくれる，そんな喜びが子どもの自己表出を促し，人と一緒にいる喜びになる。また多勢で一緒に生活しているとそれだけ雑音も大きくなり保育者が発する声も大きくなる。少人数であれば，一人ひとりの子どもに静かに語りかければ通じるのである。それが，家庭的な雰囲気といえるのではないだろうか。

　乳児は甘えから対人関係を学び，依存しながら人を信頼する力を獲得する。そしてその人が自分に必要欠くべからざる人だ，と感じとれることが「愛着関係」を成立させる。人が好きになる，人間にとって最も大切な感情は，家庭およびそれに代わる園の家庭的雰囲気のなかでこそ育まれる。それを大切にしていくのが担当保育制である。

　この少人数のグループ担当保育は，月齢差（発達差）を考慮して分けることで，それぞれの月齢，発達に見合った保育を可能にすることはいうまでもない。

4　ひとり遊びを充実させる少人数の保育

　3歳未満児の遊びを考えるとき，最優先したいのは「ひとり遊びがじっくり楽しめる環境」である。クラスの子どもたちの人数が多いと，他児のやっていることに興味をもち，つい手出しが多くなって，トラブルが多発してしまう。ひとり遊びは自分の興味を自ら展開させ，追求する自発性の発達に欠かせない活動である。3歳未満児においては，この自発性が育つことも保育の重要なねらいである。一人ひとりの遊びが邪魔されず，じっくり楽しめる環境を整えるには，少人数になることが最も効果的だ。

　たとえば，1歳児の小さな子のグループが園庭に出て遊んでいるとき，大きな子のグループは室内に残るのもいい。そうすれば，日頃小さな子がいるとできない活動（積み木やレールを組んで列車を走らせる遊びなど）を，思い思いに楽しむことができる。

　ひとり遊びを充実させると，いつも一緒にいる他児への関心が芽生え，子ども同士の関係も育まれる。少人数の子ども同士だからこそ，互いのことをよく見つめ，認め合える関係が生まれるのである。それは，まるで兄弟姉妹のような関わりといってもよいであろう。

第1節　担当制保育で乳児保育の質の高い実践を

写真5-2　担当の保育者といつもいっしょ
a　テラスに出て大好きな遊具で遊ぶ（お父さんたちが作ってくれたお馬さん）よじ登ったりくぐったりかくれたり…
b c　1歳児は穴落としの玩具が大好き！

3　担当制保育の課題

　担当制のデメリットとして，同じクラスの子であっても，「私は担当ではないから……」と，保育者が担当の子しか見なくなる傾向が生じやすい。しかし，少人数に分かれて生活したとしても，クラス担任であることには変わりはない。したがって担任同士，常にそれぞれのグループの子どもの様子を，きめ細かく伝えあう体制がとられなければ，担当制は成就しないであろう。

　また，担当保育者が，自分の担当する子どもの授乳や離乳食にあたっているときには，育児に入っていない他の保育者が，その保育者が担当する他の子どもを見るなど，日常的に協力体制をとらなくては，保育はすすめられない。子どもが放っておかれる状態は決してあってはならない。

　少人数のグループに分かれての担当制保育は，その園の保育室の環境（とくにスペース）や保育者と子どもの人数に問題が生じやすい。最小限食事のコーナーと，遊びのコーナーに分けてみたが，子どもの人数分ベッドが獲得できないため，眠たくなった子どもがすぐに眠りにつく場がとれない，あるいは，食事コーナーを作ろうとしてもスペースが狭く個別には対応できないため，みんなでひとつのテーブルを囲んで食

べさせることになってしまうなど、いろいろな問題が生じてくる。

またたとえば、9人の乳児を3人の保育者で担任するという場合、どのようなグループ分けをするのか。常に複数の保育者がひとつのグループの担当になるのであれば問題はないが、3人の場合（1歳児クラスで、15人を3人で見るといった場合）はとりわけ難しい。

しかしながら、いつも世話をしてくれる保育者が決まっていることは、何と言っても子どもの情緒を安定させ、困ったときにもそばにいてくれるからわかってもらえるし助けてもらえる。保育が楽しくなるということは、子どもと保育者のお互いの感情交流が豊かになることである。とすれば、いろいろな工夫をしながらもこの担当制保育をすすめていく意義は大きい。

今、よいクラスに求められる要件をあげるとすれば、それはクラス全体の保育者が、どの子ども、どの保護者についてもその生活ぶりや気持ちを含めて理解できるかどうかにかかっている。「担当でないからわからない」という状況になることは、担当制保育を否定することにもなる。だからといって、「みんなで子どもを見ていきましょう」という結論を導き出すのは安易ではないだろうか。

社会の大きな変動やうねりのなかで、働き続けていこうとする保護者、ことに母親にふりかかる矛盾や障壁は大きい。そして保育所という集団保育の場であっても、愛情豊かな所、家庭で子どもを育てるのと同じように、乳児の魂に人への基本的信頼感がしっかり宿るような保育を実現していく。それを保護者と一緒に実現していくことこそ、保育所の役割ではないか。

自分の意思を言葉で訴えられない3歳未満児に代わって、保護者と保護者の代理人である保育者が、共に子どもの育ちの道筋を確認しあうことが大切であることは周知の通りである。そして、このような人への信頼を育むことを柱にした保育を展開させていくには、子どもと特定の保育者による、親密な関わりを生む担当制を実践していくことこそが、求められている。

それでは、実際にどのような担当制をすすめていくことが望ましいのか、次節では月齢ごとに具体的に考えてみる。

第2節　０・１・２歳児それぞれのクラスの担当制のすすめ方

１　０歳児クラスの場合

　０歳児クラスでは，月齢差や個人差がとくに大きいため入園する子どもたちの実態をふまえ，どのような担当制をすすめるか担任同士でまずは十分に話しあうことが重要である。たとえば４月当初の子どもが少なく，途中入園が多数見込まれる場合，なるべく担当を変えずに１年間同じ担当保育者が継続して保育することを大切にし，複数によるグループ担当者を決める方法である。いわゆる「ゆるやかな担当制」といわれるものである。たとえば子どもが12人入ってくる予定があれば，全体の子どもを６人ずつぐらいの２グループに分け，それぞれのグループを２人ずつの保育者が担当するように決める。グループの分け方は月齢にあった活動を大切に進めたいのであれば月齢差を考慮し低月齢，高月齢に分ける（０歳児クラスの規模が大きく15～20名以上もいる場合は，低，中，高の３グループに分かれるとよい）。もちろん４月当初は子どもの人数が揃っていないので保育者も後から配置されることになるわけだが，先を見越してグループを決めておく。そして途中入園の子どもが入ってきたら，その子どもの月齢に合ったグループに入れ，複数の保育者のどちらかが新入園児の担当者として継続的な受け入れをする。子どもから見ると自分の世話をしてくれる保育者が２人いることになり，どちらかが新入園児にかかりきりになったり，居残りにあたって遅く出勤するようなときでも，よくなじんでいるもうひとりの保育者がいることで，あまりなじみでない保育者が手伝いに入ったとしても動揺しないですむ。

　途中入園の子どもはなく最初から全員揃ってスタートするのであれば，子ども一人ひとりに対する育児担当者を決め，ケアはすべてそのひとりの担当者が責任をもって行なう方法も考えられる（その際遊びの場面では，なるべく子どもたちの興味を大事にし，担当保育者から離れて遊ぶようにもなれば１対３の担当制をくずし，２対６あるいは３対９のような生活のシステムに移行していくとよい）。

　０歳児クラスの場合，基本的にはひとりの保育者が３人の子どもを担当するわけだ

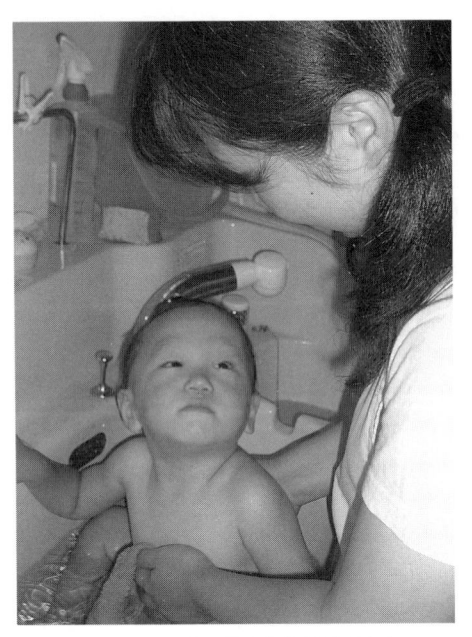

写真5-3　沐浴も担当保育者が行なう

が，連絡帳，日誌などの記録はもとより，保護者との連絡なども主に担当保育者が行なうようになると人間関係の幅が狭くなってしまう傾向がある。さらに子どもと保育者，または保護者と保育者の間で何らかの感情的なずれを感じたときなど，膠着状態に陥りやすい。したがってクラスの規模を考慮したうえで，なるべく複数の保育者が担当になり少人数のグループを作って保育するシステムがベストではないかと考える。そのとき，食事・排泄・睡眠時などとくに養護の部分をできるだけ同じ担当者が行なうようにする。遊びについては，午前寝をする子どもなどもいるので生活リズムをポイントにし，「育児分担」と「役割分担」を組み合わせた柔軟な対応をすることも考えてみるとよいのではないか。

　乳児保育においてはとくに個々の子どもの24時間の生活を継続的にとらえ，登園から降園，降園後から登園まで快適な生活ができるよう，家庭へとつなげていかなければならない。複数担当制の場合，保護者との連携も主に複数（2人なら2人）で行なうようにする。しかし保護者から伝えられた子どもたちの家庭での様子や園での生活ぶりは，クラス担任の全員が知っておく必要がある。そのため個人別の記述ができるようなホワイトボード等を利用し，クラス担任全員が把握できるようにしておくことは最も重要なことである。それによりクラスとしての共通理解ができ保護者にも信頼してもらえるようになる。

　0歳児クラスで子どもたちの月齢が高くその差もあまりないようなときは，一応一人ひとりに担当保育者を決め（日誌や連絡帳は担当が記述することもあるが）あとは食事だけは担当がそのケアを行なうというところもある。その場合担当制は，6か月ほど継続し子どもたちとの信頼関係が育ち，活動も活発になったら担当をくずし担任の皆で保育するという方法もある。

　要は0歳児クラスにおいて何を大切に生活するのか。子どもたちの実態と保育者間の保育観を重ねあわせながら担当制のすすめ方を創造していってほしいものである。いずれにしても乳児保育においては，緩やかな担当制で一日の生活がゆったりと流れ，保育者が穏やかな気持ちで関わっていくことが乳児へのよい影響となっていくことはいうまでもない。

2 １歳児クラスの場合

　１歳児の発達の特徴は歩行の確立，手の操作が巧みになるなど，乳児期に引き続き発達が著しいことである。好奇心が強く行動範囲も広がるので探索活動を支援することも保育者に求められる。そのためには，誰がどの子を見るかという養護の担当は一応決めるとして，遊びはできるだけ子どもたちの活動に保育者があわせ動けるようにしたいものである。生活面ではとくに「食事・排泄」にポイントを置いてなるべく担当保育者があたりたい。とくに１歳半～２歳頃は，咀嚼の臨界期である。よく噛んで食べる習慣が身につくよう，担当保育者が長い期間継続して援助していかなければなかなか身につくものではない。排泄の自立に関してもまずは，一人ひとりの子どもの排尿感覚を把握することがその基本である。少人数の担当の子どもであればしっかり把握できることではないだろうか。

　また目に見えない心の育ち・自我が芽生える重要な時期である。大好きな保育者との気持ちの通いあいがあってこそ子どもは安心して「いやっ」「だめ」という自己主張が始まる。自分のつもりをよくわかってくれる担当保育者だからこそ，その人の話もよく聞くようになり自己発揮が活発になる。担当制を実践したいポイントである。

　１歳児クラスも，０歳児クラスと同様，子どもたちの成長・発達が著しく個人差，月齢差による発達の開きが大きい。したがってクラスの人数が多い場合は，月齢差や活動に合わせた少人数のグループ担当制が適切である。月齢の低い子どもたちはまだ１年の前半は午前睡眠を必要とする子もいる。１対５～６（保育者ひとりに対して１歳児５人ないし６人を責任をもってみる）の担当制では，寝てしまう子，外に出て遊びたい子，保育者に抱っこしてもらいたい子など，いろいろな要求をもっているので保育者がひとりで対応するのは不可能に近い。

　月齢の低い子どもたち（小グループ），比較的月齢の高い子どもたち（大グループ）に分かれて生活することがよいと思う。ひとつのグループは，保育者２人に対し乳児８～10人が活動しやすい。「わが道を行く」といわんばかりの思い思いの戸外活動を楽しみたいこの時期の子どもたちには，複数だからこそ目が行き届くのである。各グループそれぞれに発達に見合った指導計画をたてて保育をする。そのときに大切なのがクラス担任同士のチームワークである。よく連絡を取りあって双方の計画の内容を理解し，担任としてクラス全員について理解しておくことは最小限必要なことである。

　１歳児クラスで比較的年齢差がない場合，４～７月頃まではグループに分かれての担当保育を取り入れ，子どもたちがすっかり保育者や園生活に慣れ安定した関係を築けてきたら，夏の保育（休みをとるため出席が少なくなり，グループ保育ができなく

なるのでそれをきっかけに)のあと担当制を変えていくすすめ方もある。その場合，担当保育者を変えるときと担当をなくしていく方法がある（これは０歳児クラスでも考えられることである。たとえば夏以降は，授乳組み，離乳食組み，普通食組みに分かれ活動しやすいグループ編成に変えていくなど）。

　園によっては０歳児と１歳児，あるいは１・２歳児が混合のクラスになっているところが多い。その場合もそれぞれの年齢で担当者を決め，それぞれの発達にあった指導計画を立て，時にはグループに分かれ，時には一緒に活動するなど担任がよく話しあい，混合クラスのよさを生かしながら柔軟な運営をしてほしいものである。

写真5-4　天気のいい日はバギーでお散歩

3　２歳児クラスの場合

　２歳児はごっこ遊びや簡単なルールのある遊びを保育者や友だちと一緒に楽しむことができるようになり，少しずつ我慢することを覚え，してはいけないことを理解するようになっていく。いわば社会性の育ちがポイントになるときである。また，トイレの使い方，歯みがき，着替えなどの身の回りの生活習慣をくり返していねいに導くことで，生活習慣が自立していくときでもある。そのため年度始めには，生活面において担当制をとるようにする。また新入園児には受け入れる保育者を決め，担当保育者との安定した関わりがもてるよう，とくに留意する必要がある。しかしこれは園に十分慣れるまでの期間でよいのかもしれない。

　２歳児の場合はひとりの保育者がほぼ６人の子どもを担当することになる。１クラス18人ならば６人ずつ保育者が責任をもって関わる子どもを決めるわけだが，クラス規模や勤務体制により担当やグループに分かれることをすすめた方がいいか否か十分話しあってみたほうがよい。なぜなら今保育所は，かなりのパート職員にクラスの保育を委ねることが多くなっている。正規の職員と同じように担当の子どもをもってもらうことは可能かどうかである。また２歳児にもなれば，どの保育者に対してもなじみをもつことができるようになるのではないか，ということも考えられる。保育者間で常に子どもの様子をしっかり伝えあう体制があれば，０・１歳児のようにずっと担当制を続けなくても，そこは社会性が発達していく２歳児である。０歳児との違いでもある。しかし先にも述べたように生活の自立にむけては担当制も無視できない。

そこでひとつの方法としてクラスの人数が多い場合（0・1歳児のところでも述べてきたように），子どもたちを把握しきれないような状況においては「高・低月齢で分ける」方法がある。あるいは各グループの子どもの月齢が平均になるように分けるのも一案だ。

当初は担当保育者が主に食事・排泄・着脱などの生活面を見守り，ケアする。生活面において担当制をとることは，子どもたちの基本的生活習慣や生活の流れが身につくよう促すことになるからだ。しかし，子どもの成長にあわせ，やがては担当保育者を変えたり担当制をなくしていくこともありうるということである。

また，2歳児は保育者とのつながりが安定すると，子ども同士の関係が育っていく大切な時期でもある。だから食事の席など担当保育者がいても「気の合ったお友だちと一緒に座りたい」と主張し，席取りのトラブルが盛んに起きるようになる。いつ頃から担当制をはずしていくか，子どもたちの要求をしっかり受けとめながら担任同士で話しあい判断することが必要である。

遊びにおいては担当にとらわれずに，保育者同士連携をとり子どもたちの求めと保育者の意図を重ねながら，たとえば朝の自由な遊びは，コーナーごとで遊びを援助するなど，子どもの動き，状況に合わせ保育者の位置を考えていく。

子どもの成長については，なにより保育者間で共通理解をもつことが大切である。クラス担任が一人ひとりの子どもの育ちや具体的な援助の方法を最低月に一度，もしくは必要に応じて話しあい，指導計画につなげていくことを心がけたい。

写真5-5　「ごくごく　おいしいね」保育者と一緒に見立て遊び

第3節　複数担任の難しさと保護者との関わり

　月齢が低ければ低いほど子どもに対してのおとなの数が多くなり，複数担任が難しくなる。しかしその反対に，担任同士の連携のよさが園生活の過ごしやすさになり，子どもが安心して健やかに育つことへとつながっていくから不思議だ。

　まず年頭に1年間の保育のあり方，考え方を園内・グループ内で共通認識しておくことが重要になってくる。同じ保育目標に向かって共通の思いで1年間の保育をスタートしたい。

1　保護者に担当制のことをどう伝えるか

　低月齢児であればあるほど家庭と同じ対応が求められる。それぞれの子どもの生活の特徴や癖などを保護者から何でも語ってもらえるよう，担当をとおしていい印象をもってもらえるよう，毎日の出会いと別れに気持ちを込め，子どものことも詳しく伝えるようにしたい。また担当制をすすめていると保護者からよく「どの先生に子どものことを相談したり話したらいいのかわからない」と言われる。保護者には「クラス担任が全員で責任をもって見ていますから，何かあったら担任の誰にでも話してほしい」と伝えるようにする。だからこそ担任同士でよく話しあう必要がある。しかし連絡帳などは同じ保育者が書き，保護者とやり取りしていくので「柔軟な担当制をとっている」という話は懇談会の折などに伝え，「なぜそのような保育運営をするのか」「園やクラスでは何を大切に育んでいきたいと思っているか」などをしっかり理解してもらう必要がある。

2　よきチームワークのために

　保育者の経験年数の違いを補ったり保育者の個性を生かすためにはグループとして連携を密にとり，話しあえる関係作りが必要である。また計画を立てる際など定期的に話しあう機会をもつようにする。毎日の生活のなかではホワイトボードを使用し，それぞれの子のミルク・便・睡眠・食事・体調などをそのつどボードに書き込み，全員でその子の生活を共通認識できるようにしておくと一目でわかり次の対応がスムー

ズになる。担当制をとることによって，担当しかわからないのではなく，担当制を工夫しながら担当以外にも信頼できるおとなの存在を広げていくことが必要である。

0・1歳児などグループ内で月齢差がある場合は，遊び場や時間帯がそれぞれ違ったり活動範囲も広がってくる。しかしクラス全体の子どもたちの動きをどのグループでも把握していることによって，合流したりどこかのグループで人手が足りないときなどは互いに助けあうこともできる。

要するに，他のグループとの垣根を作らないことがより柔軟な保育体制をとることになる。年度も後半になると0歳児でも1歳を過ぎ0歳児のグループでは物足りない子どももでてくる。そこでその子の成長に合わせた環境を考え，他グループとの連携ができれば，その子にとってグループ保育の必要性は意味をもつ。子どもの成長に応じてグループ同士，あるいは0歳児と1歳児の行き来はスムーズにしたい。

おとなの都合に子どもを合わせるのではなく，保育者間のチームワークを良くすることで，子どもに今何が必要かという子どもからの視点にたち柔軟に対応できるのではないか。保育者が固定観念にとらわれず連携を密にとり臨機応変に対応できることが，保育の質を高めることにつながるのではないか。

参考文献（第5章）

日本保育協会「保育所における低年齢児の保育に関する調査研究報告書」。

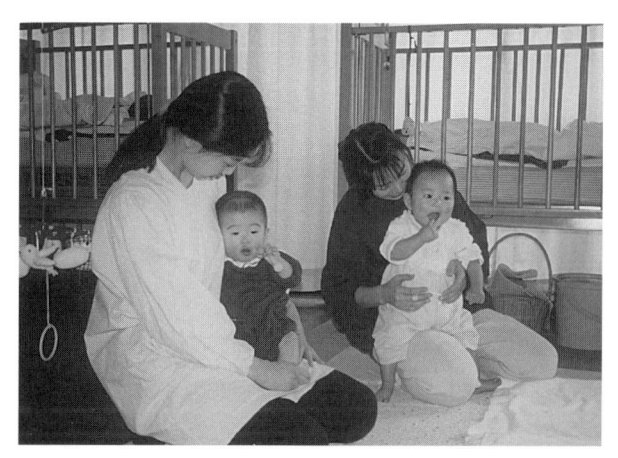

写真5-6　昼寝からめざめそれぞれ担当保育者の膝に入ってごきげん（0歳児クラス）

第**6**章

保育記録と指導計画

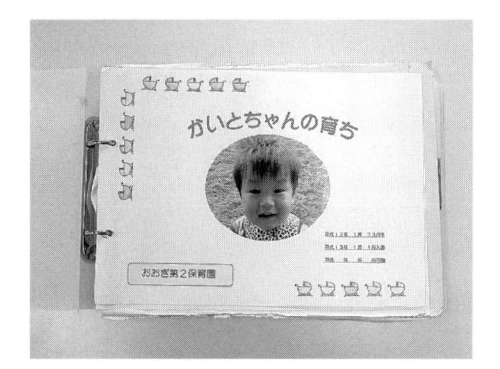

第1節　保育記録

1　記録の必要性

　日々たくさんの仕事を抱え，休憩時間もとれないことがある厳しい状況のなかで，なぜ記録を書かなければならないのか。記録さえなければ保育は楽しいのだけれど……と保育者は思いあぐねることがあると聞く。そこでまず記録の重要性について考えてみよう。

■1　大切な出来事を忘れないため――感動を保存すること

　保育をしながら子どもの言動や保育の経緯になぜか『はっ』とすることがある。子どものちょっとした変化や育ちなどを発見し『今書いておかなければ忘れてしまいそう』と思ったり，『○○ちゃんは，今日どうしてあのような行動をとったのかしら？』と疑問を感じたり『あのときあんな言い方をしなければよかった』などと後悔したり……それらの心の動きが書かずにいられない，すなわち，書くべき必要性を引き出している。そういう点で書くということは「感動を保存すること」でもある。そのためには保育中，子どもに気づかれないようさり気なくメモをとる習慣をつけたい。このメモが後で日誌や連絡帳など書くとき，「事実をありのまま具体的に書く力」になる。

■2　書くことはよく見ることのトレーニング――書くことで子どもの内面を見つめる

　日誌をはじめとする「記録を書く」ということは，子どもの育ちを確認し，それらの言動から内面を理解することでもある。そのためにはたんに子どもたちの，目に見える現象だけを書くのでなく行為の意味を考える，すなわち行為的発達評価をすることが重要である。『なぜそのような行為をとったのか』『その行為を通してその子が求めていたことは何だったのか』その子の真実の求めを理解しようとすることである。この「なぜ」と問う行為こそ今，求められる保育者の専門性ではないだろうか。「な

ぜと問う心は相手の魂に近づく心」（灰谷健次郎の言葉である）すなわち，書くことは行為的発達評価をすることであり，それは相手の身になって考える行為でもある。「なぜ？」と考えると子どもの心の動きが見えてくる。その「なぜ？」をすっ飛ばして行為の結果だけを書いてしまうと子どもの内面が見えてこないのである。

実際の日誌からそのことを考えてみよう。

> ### 魚つり遊びのじゃまをするR男（2歳半）
>
> 保育者が子どもたちと一緒に，魚つりごっこを楽しんでいるところへ，R男が入ってきた。そして，池に見立てた仕切りを動かし，じゃまをしはじめた。「Rちゃん，魚がつれなくなるからやめて」と言っても，保育者の顔を見ながら，どんどん壊していく。
>
> 何回言ってもR男がやめないので，知らん顔をして様子を見ていると，今度は池の中の魚を全部外へほうり出す。そこで，「Rちゃん，お友だちが魚つりできなくなってしまうでしょ！」と少々強めの口調で，言葉を投げかけると，R男はつりざおで保育者の頭をたたいて，ほかのコーナーに移っていった。
>
> （1歳児のクラス日誌から）

この日誌はこれで終わっている。そこで「書くことで子どもの内面を見つめられるようになるため」に反省，評価を書き加えてみた。

——R男の行為の意味するものと，保育者の対応を考える

まず，「R男がとった行為の意味するものは何だったか」，それに対して「保育者の対応のしかたは適切だったか」を考えてみよう。

まだ言葉で十分に自分の気持ちを表現できないR男にとって，大好きな保育者がほかの子と楽しそうに魚つりをしているのがうらやましく，自分も一緒に遊びたい気持ちが"じゃまをする"という行為になって表われたのかもしれないと予測できる。「仕切りを動かす」「魚を投げる」「つりざおでたたく」など，保育者の気を引くサインを幾度となく違った行為で表わしているのに，保育者はR男の行為を制止するだけの言葉かけになっている。なぜこのような乱暴な行為をするのかを考え，R男の気持ちになって，その心を受けとめる対応がなされたとしたら，R男はくり返し保育者の気を引く行為はしなかったかもしれない。

乱暴な行為に対しては，「Rちゃん，魚をほうると魚が死んじゃうから，やめてね」とか，「友だちが遊べなくなって困っているよ」などと訴えることは大切である。しかし，そのあとで「Rちゃんの魚をとる竿もここにあるよ。お魚が早くつってくれって，顔を出しているよ」などとR男の<u>行為の意味をしっかり受けとめるような言葉</u>をかけていたら，『先生にぼくの気持ちがわかってもらえてうれしい』と感じさせ，『ぼくも魚つりがしたかった』という欲求を実現させてあげられたかもしれない。

●——子どもの内面を読みとることから，新しい関わりが生まれる

　とくに乱暴をする子どもには，その子の気持ちを言葉に置き換えて語ってあげると，気持ちの切り替えが上手にできるようになるものである。

　記録を通して子どもの内面を読みとれるようになるには，上記のように「子どもの行為の意味するものは何か」「自分の対応は適切だったかどうか」ということを，自分自身に問いかけながら記述してみることが重要だ。

　書くことは，自分の考えを意識化することである。そうすることによって，次にR男が同じような行為をしたときは，きっとその気持ちを言葉に置き換えてあげる対応ができるようになる。以前とは違う関わりができる自分を見出す喜びは，どれほど大きいものであろう。

❸ 保育のマンネリ化を防ぎ保育者の自己課題を明確にする

　「疑問をもつことは，問題（真理）を発見する力である」といわれるとおり，書きながら疑問が生じそれについて追求することは，保育者の視点を明確にしていくことでもある。その疑問をさらに実践によって探求していく過程こそ「保育の創造」である。保育がマンネリ化しないためにも常に記録をとりながら，自分の（自分たちの）保育の課題は何かをつかみ，その課題解決を追求する姿勢が求められる。

❹ 自分の保育から自分たちの保育に

　保育は決してひとりだけではできないものであるように，記録も複眼で見ることで共通理解がなされたり，意見交換し「みんなで築く保育」に高めていく。すなわち互いに学びあう保育者集団になっていくためにも記録を複数担任で見あったり，園内研修の資料にし職場のみんなで読みあうことが意味をもつ。「ひとりの保育者の実践」が保育の畑を耕し，より豊かな土壌に掘り起こされていくことはいうまでもない。

2 保育記録の種類

　保育現場で活用されている3歳未満児の記録には次のようなものがある。

❶ 保育日誌

　保育日誌は，保育者が自分の担当する子どもの保育実施状況，とくに子どもたちの具体的な生活ぶりについて日々記録するものである。

　3歳未満児の場合，個人差に即して保育する必要性から日誌は個別に書くことが主

流になる。しかし個別記述だけだとクラス運営のこと（とくに今考えなければならないクラスの課題，たとえばかみつきでのトラブルが多くなっているなど……）や環境構成，複数担任の動きなど日誌に書くべき必要な記述ができないため，全体的なクラス運営的なことを書く欄も添えるようにする。

2 児童票（保育経過記録）

入所している乳幼児の家庭の状況，および入所してからの保育経過を記述する個人別記録である。主には，(1)入所前の状況（その子の育ち，生育歴），(2)入所後の健康記録，(3)保育経過・心身の発達とそのプロセス，(4)家庭との連携の記述などを書くことになっている。保育経過記録は園によって異なるが，乳児は一定期間ごとに（たとえば入所時は1週間ごとに書き，慣れてきたら1か月ごとに記録するなど）その期間中の保育のなかでの育ちや変化など指導上参考になる事柄について日誌や連絡帳を参考にしながらまとめていく。

3 連絡帳

連絡帳も，毎日保育者と保護者が書く一人ひとりの子どもの大切な個別記録である。この連絡帳の書き方については第7章第2節で詳しく述べているのでそこを参照してほしい。

3 記録の書き方——日誌を中心に

1 視点を定め簡潔に書く

日誌はとかくデイリープログラムをなぞるように，1日の活動の流れに従って，いつ，誰が，どこで何をして次は何をして……という活動の羅列になりがちであった。そうならないよう，書くべき必要な事柄を押さえ（ポイントをつかむ）簡潔に書くとよい。そのためには1日を振り返り自分が一番書き残しておきたいと思った内容を選択し，それを重点的に書くようにする。何を書きたいのかという，保育者の視点がないと，子どもも保育者の関わりのありようも見えてこない。そのことを写真撮影を例に考えてみよう。時にはパノラマ描写（広く全体像をとらえる）も必要であるが，いつもいつもそれだけでは訴えるものがなかなか伝わってこない。ズーム描写（一点に焦点を絞って見る）にすることで，表情やしぐさなど被写体の感情や心の動きが伝わってくるから不思議である。さらに撮影する人の訴えたいこと，気持ちまで映し出してしまう。誰しもみんな，見るというとき「自分の目」で見ている。「目は感情の窓」である。いうまでもなく「自分の心で見ている」のだ。日頃見ているようでも，

心で見ようとしなければ見えないし，聴こうとしなければ聴こえないのではないだろうか。

さらに書きたい事柄にタイトルをつけてみよう。タイトルをつけることで必要な事柄だけを記述し，余計なことをだらだらと書かなくてすむようになる。次に羅列的な日誌と視点を絞って書いた日誌を比較検討してみよう。

資料6-1 単にその日の活動を羅列しているだけの日誌

保 育 日 誌　　　　　　　　　　　　　　　　　（3歳未満児）（1歳児）

6月3日　木曜日　天候　雨のちくもり　温度24°C			園長	主任	記録者
主な活動	延長時間外保育　4名 　園庭で遊ぶ 　室内で遊ぶ 延長時間外保育　7名		出欠状況		
^	^	^	在籍	出席	欠席
^	^	^	8	8	0
^	^	^	欠席等の状況理由	(欠) なし	
記録（反省）	・朝のうちは雨も降っていたが，午前のおやつの頃より晴れ間がのぞく。園庭も水はけが良いので，戸外へ出る。三輪車に乗る子や砂でいたずらをする子とゆったりと遊んでいた。途中で小雨が降り出してしまったため，室内に急きょ入る。 中途半端な時間となってしまったが，室内遊びに切り替え，ままごとなどをしてすごす。今日は，戸外で十分活動ができなかったが，食事中から眠ってしまう子もいるなど，昼寝も寝つきがよかった。		健康状態	斉藤…鼻汁 伊藤…アトピーつけ薬 　　　食後薬服用	

＊　子どもの名前は仮名である。

第 1 節　保育記録

資料 6-2　視点を絞って書いた日誌

2 歳児クラスの保育日誌から

　　　5　月　27　日　　　　　　木曜　　　　天候　　　くもり

環境・予想される子どもの活動・援助

◎園庭で泥んこ遊び
　・おだんごをつくる
　・水をバケツに入れてままごと
　・山をつくる ┐
　・池をつくる ┘＞保育士と一緒に
　　　　↓
　泥だらけになるので全部着替える

活動の記録と保育の反省

〈見立ての始まりはどこからか〉

　　水をもとり入れて泥んこ遊びをする。初めは水たまりの感覚を足で楽しんでいたが，しばらくするとバケツやコップを持ってきてままごとを始める子，保育士と共に砂を掘りだす子などそれぞれちがう遊びを始める。
　　T 男が「ホラ，ゴハン，デキタヨー」とお皿に盛って，やってきたので「今日のごはんはなぁに？」と聞くと，しばらく考えた後「カレー」と言う。このときは T 男のなかに"ごはんを作った"という見立てがあり，保育士がそれをさらに深く聞いたことで"カレーを作った"とより具体的なイメージが出てきたのだろう。さらに「うわぁ辛そうなカレーね」と形容詞をつけたりして保育士が返すことで，もっとイメージの広がりができてくるのかなぁと思う。
　　T 男の隣で M 男も砂に触れて遊んでいた。「何をつくってるのー？」と聞くと，しばらくして「アイスー」と言う。この時ちょっとした疑問が出てきた。M 男は何か作るつもりで遊んでいたのだろうかということだ。もしかしたら砂の感触を楽しんでいただけかもしれない。保育士が声をかけたことによって，その時点から見立てへと切りかわったのかもしれない。
　　そう考えると，ちょっとした言葉かけや環境で子どもたちの見立てやつもりはもっとふくらむ可能性を秘めているともいえるし，その反面子どもたちのイメージや遊びをつぶしてしまう可能性だってあるのかもしれないと思った。

個人にかかわる事項

健康観察	欠席とその理由	行動および家庭連携
A 男　投薬 M 子　〃 Y 男　機嫌悪		手伝い

＊　保育者が心を動かされた保育の一場面を具体的に記述することで，その場にいなかった人にも VTR で見るようにその場面が伝わってくる。また，考察が次への活動の課題を生み出している。

（熊本県熊本市　ひまわり保育園より）

2　子どものありのままの姿を具体的に書く

　多くの記録を読み返してみると「楽しそうだった」「元気よく遊べた」「よく集中した」「みんな仲良く遊ぶことができた」「とても落ち着いていた」「どの子も生き生きしていた」「大方の子どもは，張り切ってよく頑張った」「きちんとできてよかった」「○○はこのごろよく乱暴をする」などの抽象的で概括的な言葉が使われていることに気づく。これらの言葉を使いたくなるのは，日頃子どもたちの行動や活動を見ようとして見るのでなく漠然と見ているために（抽象的かつ概括的に見ている結果），そうした記述になってしまうのではないだろうか。たとえば「よく乱暴をする」という記述について考えてみよう。乱暴とは具体的にどんな行為を指すのか。またなぜそうした行為をしたのか。それを具体的に記述しただけでもその子の心の動きが見えてくるのではないだろうか。

　ここで1歳児クラスの6月下旬の日誌を例にあげ，さらに具体的記述の重要性を考えてみよう。

　　　「昨日からの雨で室内遊びばかりだったためか，今日はずっと子どもたちはふらふらと動き回り，じっくり落ち着いて遊べなかった」

　雨が続き外に出たくてしようがない1歳児たちが室内でもてあましている姿は伝わってくる。しかし，これだけの記述では雨のために，いいかえれば外に出られなかったためにふらふらしていたと見てしまう。果たしてそれでいいものかどうかである。まず子どもたちのどのような姿から，記録者はふらふらしていると見たのか，子どもの姿を具体的に書くことでそこにいない人にも浮かんでくるように書く必要がある。なぜふらふらしているか，遊びたい玩具が見つからず探し回っているふらふらであれば，その行為の後が大事だ。ふらふらしていても時間をかけて自分のしたかった遊び

個人日誌や連絡帳によく書かれる抽象的な記述例

- 自分の思い通りにならないと泣いて通そうとする
- 友だちをよく泣かすようになってきた　　・迷惑をかけるようになった
  〈下線の部分はどういう行動・状況か具体化する〉
- わがままになってきた　〈どういう姿をわがままととらえているのか？〉
- ちょっとしたことですぐ怒る
- 何事もマイペースで気分屋である
- いたずらが多くなった
- 言葉がよく出るようになった
  〈どんな行動？　どんな言葉？　であるか具体的に書くとその子が見えてくる〉

を見つけられれば、そのふらふらは活動選択の過程と見ることができる。自分のしたい遊びが見つからずあきらめてしまってふらふらしているのであれば、保育者の働きかけが求められる。保育者が常に課題意識をもって見ることによって（○○ちゃんは今なぜ動きまわっているのかな？　などと）具体的に記述する力もついてくるのである。

3　状態像をどう見て関わったか——保育者の見方，関わりを書く

この部分こそ実践記録（保育を実践している当事者が書く記録）の本質的な要素といえる。本節の1「記録の必要性」でも述べたが「保育の営みは，保育（子ども）を

資料6－3　本質的な要素が記述されていない日誌

保　育　日　誌　　　　　　（0・1歳用）

8月6日火曜日	天候	くもり	気温	28℃	出席 欠席	8名 7名	記録者印		園長印	
氏名			こ ど も の す が た						備　考	
T. S. 月令2.3	先週までの連休の間に言葉数が増えたとの連絡をうけるが，園では相変わらず「ンー」とうなっている。なるべく言葉をひきだすよう促しているが，ほとんどしゃべらない。									
M. Y. 月令2.3	欠席									（コメント）そこで保育者はどう関わったのか？が大切。
N. S. 月令2.1	朝から大泣きで，おんぶで過ごす。ホールに遊びに行くとしばらくは泣きやむが，保母が動くと「ママいく」と泣きだす。／それでも少しずつは泣かない時間もでてきている。									
I. H. 月令1.11	機嫌よく登園。ホールに「お母さんと一緒」を見に行くが，TVには見向きもせずすべり台へ走っていく。シーソーではきちんと順番まちをし，かわってあげることもできる。									
S. Y. 月令1.10	手遊びや歌で名前を呼んでも返事をしない。わかってはいるのだが，呼ばれると逆に知らない顔している。食事は結局全量食べるのだが，食べさせてもらうのをまっている。									なぜ機嫌が悪かったのか？考えてみたか？
H. T. 月令1.10	一日中機嫌悪く，／欲しくもない玩具を無理にとったり，友だちをたたいて自分で泣いたり，とても不安定である。／食事中も好きなものだけ食べてしまうと言葉かけだけで泣きだす。									そんなに不安定なTくんに保育者はどう関わったのか？どのように関わることでTくんの気持ちは安定するかを書いてほしかった。
N. R. 月令1.10	TVにあわせて身体を動かしている。すべり台に全く手をつかわずに，逆から登ることができる。すべることより登ることが楽しいらしく目がはなせない。									
Y. K. 月令1.7	TVにあわせ，キャーキャー大喜びで体操している。シーソーが気に入り，交替ができず，どうにか納得させ降りると急いで逆側にまわり又のってしまう。									

資料6-4　本質的な要素が記述されている日誌

月　　日　　保育日誌　ももぐみ（1歳児）

名前	健康（基本的生活）	あそび　　情緒　　その他
しんじ		ひろしにトラックをとられてしまい大泣き。声をかけてあげると、取り返そうとするが、力で負けてしまっていた…もう一度気をとり直し取り返しにいくと、もらうことができた。
ゆうじ	生やさいを「いや」と拒むので「うさぎの"みみ"は大好物なのよ」と話すと、自分で少しつまんで口に入れた。	ダンボールのなかに新聞紙を入れてあるのを見つけると、一番にやってきて、半分ぐらい外にヒラヒラ出すと、自分が中に入り、中で自分に新聞紙をかけたり、こすったりする。「オフロでゴシゴシ？」と言うと、うなずいて「ゴッゴッ」とこすっていた。
ひろし	①めずらしく立ったままおしっこをしてしまいだまっている。②「おしっこ出ちゃったね」と言って保育士がふいていると③「ちがう、みず」と言う。④失敗したことを認めたくないのか？　自尊心が著しく発達していることを感じた。 ①と③子どもの姿 ②保育士の関わり ④考察 「大きくなったからおしっこの失敗などしたくない」と思っているひろしの内面を見つめ考察している。	①えいじが絵本のイチゴを食べようとすると「ヒロクンの、メー」と言ってえいじをつきとばす。②泣いているえいじの前へつれていって泣いている姿を見せ、痛かったことと、えいちゃんも食べたかったことを伝えた。③少しの間、みんなから離れた所へ行ってもどってくると、イチゴをつまむ動作をしてえいじの口に入れてあげていた。④相手の姿をきちんと見られるようになっている。 ①子どもの姿 ②保育士の関わり ③その後のひろしの姿 ④考察「保育士に注意され、しばらくみんなから離れた所に行っていたが、その後自分で気持の切りかえをし、えいじの気持を理解する対応をしている」など感じとれた。
えいじ		ひまわり組の子が蛇口から水を出している姿をじっと見てやってみたくなったのか、まねをして水を出すことができ大喜び。はじめは出すだけだったが細くしてみたり大きく出してみたりと。
るみこ	食後、だまってトイレにいくので、ついていくと便器にすわって「ウーン」といっていた。大便が出たくなったことを行動で示している。	着脱面をはじめ、自分でやりたいという気持ちが出てきており、保母がサッとはかせてしまったりすると、怒りだしたりしている。自分ではきたかったの？ごめんねと声をかけると「うん」とうなずいている。じゃ自分ではいてごらんねと声をかけ見守ると、片足と手を使い持ち上げ、ズボンのなかに通してひっぱりあげ、がんばって一人ではける。 意欲を大切にし、見守ったり介助していきたいと思う。
よしひろ		自分の両手や、ザルをかぶって「イナイイナイバー」をする。保育士が「バー」と動作に合わせて言うと、嬉しそうに目をしっかり合わせて何回もくり返す。
あきこ		夕方、もも組が来て合同になると、あわてて保育士のひざにしがみつき離れない。もも組の子どもの活発な動きに圧倒されているようだ。保育士のひざに座ってじっと見ている。そのうちに同じようにやりはじめるだろう。
クラスのようす	よしひろとあきこの2人は、まだ他の子のように遠くまで歩けないので園庭でY保育士と遊び、2歳になっている5人は、K保育士と一緒に（フリーの保育士に応援に来てもらい）○○公園まで片道30分歩いて行った。公園では、ひろしはえいじに、いつになくやさしい。他の3人は、保育士といっしょに狼の追いかけっこを楽しみ、公園でも走り回ってしまい帰りが大変だった。歌を歌うと何とか気持ちを切り替え歩いてくれた。もう少し休息を意図的にとらなければと反省する。	

＊　日誌の個人名は仮名である。

どう見て関わったか」である。保育者の見方，関わり方すなわち主観的要素こそ保育を方向づける力である。保育者が自分の見方や関わりのありようを意識して書くことで，次の「関わりのありようは適切だったかどうかを振り返り，反省や考察を引き出していく」のである。保育（子ども）を理解するということは，目に見える事実，現象や結果を認識するだけでなく，想像力を働かせて，その背景にある心の世界を感じとることではないだろうか。そのためにも，子どもがどのような動機で行為したか，面白がっていることは何か，何をイメージしてやっているのか，葛藤（つまずき）をしているとすればその理由は，またその援助の手立てをどうするか，友だち関係は，など行為的発達評価をすることが，日誌を書くことのポイントになる。日誌におけるこの本質的な要素が，記述されているものとそうでないものを比較してみよう（資料6-3，6-4）。

4 反省や考察（評価）を書く

以下に，考察（評価）の視点を述べる。

(1) 子どもの育ちを確認し，発見や気づきを書く。

　一面的な印象や結果「できたか？　できなかったか？」といった到達度のみを書くのでなく，その動機や過程を把握したうえで「子どもの育ちに今，何が必要か」「もし生活習慣の自立，たとえばひとりで洋服の着脱ができるようになったとすれば，できるようになったことがその子にとってどういう意味をもつか，日常生活のなかでその子は，できるようになったことをどう生かそうとしているか」また「どう変わってきたか」を見出していくのである。さらに，もしできなかったとすれば「そのことを子どもがどのように感じ受け止めているか」というようなことを考察する。つまり，子どもの能力の評価ではなく，その子にとっての意味をとらえていく眼差しが考察，評価のポイントになる。

(2) 保育者自身の反省，評価をする

　・子どもに対する理解や，関わり，援助のしかたは適切だったか。

　・保育者間の連帯は。

(3) 指導計画についての評価

　・その日の保育のねらいや活動および環境構成は適切だったか。

(4) 今後の課題

　・書くことによって生じる疑問や課題こそ明日の保育につながる視点，その疑問や課題を追求していく姿勢が保育を創造する原動力になる。

次に，考察がしっかり書かれた日誌からその意義を確認しよう。

「ジブンデー」「ジブンガー」の思いがはじける２歳児

★「Ａちゃンガァ～スルンダッター」

　２歳児になると，目の前のことだけでなく「～したら～するんだ！」と少し先の見通しがもてるようになってくる。お昼寝から起きたＡちゃん。先に起きて，パジャマから着替えて遊んでいる友だちに混じり絵本を読み始めていた。しばらく様子を見ながら「Ａちゃんおしっこいって，着替えてから絵本読もうか？」と声をかけたが，絵本に夢中な様子……。タオルケットもそのままだったので，保育者が「Ａちゃん布団たたまないのかなぁ？」と声をかけたが返事がない。そこで，保育者がたたむと「イヤァーＡちゃンガ～ァァァ……」とひっくり返って足をじたばたさせて大泣き。「Ａちゃんが自分でたたみたかったの？」と声をかけると，ものすごい勢いで保育者がたたんだタオルケットをかごから引っ張り出して，もう一度広げて自分でたたみ直した。そして，自分でたたんだタオルケットを保育者のところに持ってきて「ハイ！センセー」と誇らしげに見せた。「Ａちゃん自分でできたね！」とにっこりして言うと，うれしそうに笑ってトイレへ向かったＡちゃん。

（考察）

　保育者がたたんでしまったタオルケットを，怒って，泣きながらも自分で最初からやり直しながら，Ａちゃんは気持ちを立て直していくことができた。「自分でした」という満足感と，保育者に気持ちをわかって共感してもらったという喜びがＡちゃんの表情から伝わってきた。

資料6-5　ひとりの子どもについて1週間分見通せるように書いた日誌

0歳児保育日誌

氏　名	いとうかずこ（仮名）			
月日	5月18日（月）	5月19日（火）	5月20日（水）	5月21日（木）
きげん	○　良	○咳・鼻汁	○　咳	○　良
排　便	軟便1回	な　し	良　便	良便2回
検温　午前	36.7度	36.8度	36.度	36.度
検温　午後	36.3度	37.1度	36.度	36.2度
おやつ　牛乳	のませない	150 cc	150 cc	170 cc
おやつ　種類	（軟便のため）			
食事　1回目	うどんが好きなようでよく食べた。	パンは口から出してしまう。	ごはんは全部食べた。	よく食べた。カボチャは嫌がる。
食事　2回目	残さずよく食べた。	ごはんはよく食べた。スープは喜んでのむ。	ほとんど食べた。わかめを口から出す。	残さず食べた。
午　睡	11：15〜14：00	9：10〜9：40 12：00〜13：	11：00〜12：10 16：30〜17：10	11：30〜13：30
子どもの様子	○きげんよくひとりでガラガラやおきあがりこぼしの玩具であそんでいたが、保育室の戸があいて用務員さんが入ってきたら急に泣き出し、あわてて保育士の方にハイハイしてくる。人見知りがつよい。	○10時に牛乳をのむ。コップを出し保育士が用意しているとそばにきて"マーマー"と催促をする。 ○ハイハイをして大好きなボールをつかみ"オーオー"とうれしそうに笑う。"ちょうだい"というと保育士に首をふって手わたしてくれる。	○保育室の戸があいていると、保育士の顔をみてニコッと笑い廊下にハイハイで出ていくが、保育士が見えなくなると泣き出す。 ○夕方咳が出る。	○M子にもっていた玩具をとられるとワァーンと泣く。（以前はとられても泣くことはなかったのだが）保育士が同じ玩具を手わたすとうれしそうにまたあそびだす。
特記事項				身体測定 10.3 kg 81 cm

出所：今井 1993。

資料6-6　クラスの様子と個別記述をあわせて記述する様式例

2歳児保育日誌　　記録者（　　　　）

9月	1日	水曜日	天気	晴	出席人数	9	欠席人数	1

		特記		特記	理由
石鹸遊び	まだ手を洗うことがうまくできない子どもたち。タライに水を少し入れて今日は自由に石鹸であそばせる。手をこすり"オテテ マッシロ"と笑ったり、お風呂に入ったときのように石鹸をくっつけてごしごしやったり、タライの水があわだらけになると容器にすくってあわをブーと吹いたり、とても不思議な感触（ヌルヌルしていたり、ひっくり返してもこぼれない）など感じていたようすである。	I・T		食事中"ウンチ出チャッタ！"と報告。まだ大便は出てから教えることが多い。	S・T
		M・S			Y・S
		K・K	朝抱っこして起こしてくれなかったとか自分の思い通りに親がしてくれないということで機嫌をそこね登園するまでぐずる。が園に来るとそういううわがちらんがみられなくなる。	欠席（かぜ）	K・S
		Y・N	絵本やおはなしが好きで、4～5冊もつづけて読んでもらっても、さいごまでついている。	絵本を読むと、手を叩いたり絵本の主人公のまねをして同じ動作をしたり。とてもよく内容がわかっていると思われる反応をする。	N・T
		S・K	友だちのビーチボールを奪いとり、そのこがとりかえしにくると遠くにポーンと放り、それを友だちがとりにいくとするとそこのビーチボールの上にしゃがんでとらないようにする。		H・K

出所：今井 1993。

第2節　保育課程と指導計画の作成

1　保育課程（全体計画）の必要性

　保育の計画は，その保育所における保育内容についての全体的な「保育課程」と具体的な「指導計画」から成り立っている。「保育課程」は，各保育所の保育方針や目標に基づき，第2章（子どもの発達）に示された子どもの発達過程を踏まえ，保育の内容に示されたねらい及び内容が保育所生活の全体を通して，総合的に展開されるよう，編成されるものである。したがって，「保育課程」の作成にあたっては，園の職員のすべて（園長，主任，保育士，看護師，栄養士，調理員などさまざまな職種の人，さらに常勤，非常勤，パートタイマーなど多様な勤務体制になっている）が参加し，討議を重ね作成することが望まれる。

　まず保育目標の設定にあたっては，地域の実態や園の子どもたちの姿を出しあい，園としての望ましい子ども像，保育の方針を打ち出していく。次に「保育所保育指針」を参考にしながら各発達過程ごとの「ねらい」や「内容」を設定する。何といっても保育所は子どもたちの家庭に代わる生活の場である。日々の食事や健康把握など保育者以外の職員にも保育が支えられている。したがって全職員の協力体制を築くことは不可欠である。また職員間の保育に対する考え方や望ましい子ども像がまちまちであると一番困惑するのは，子どもたちだ。たとえば，まだ自分の気持ちをうまく言葉で表現できない1～2歳児が，何か自分の思い通りにいかないことで泣いたり怒ったりだだをこねたり，おとなを困らせるような態度を示したとき，それは1～2歳児の順調な心の発達，過程なのだとある保育者は考え「泣きたいときは，泣いていいのよ。泣くと気持ちが晴れるものね」と対応したとする。ところが他の保育者は，「そんなことで泣かないの！　早く泣きやみなさい」と子どもを叱りつけたとする。子どもたちの心に混乱が生じるのは目に見えている。

　生活習慣の自立についてもやはり同じことがいえる。幼いときから「自分でやれることは自力でするべき……」という考えですすめる人，反対に「幼いときにおとなか

らていねいに気持ちよく世話をしてもらったことが習慣になり，自立の原動力になるのだから早くから自分でさせることを強いるのはよくない」と考え保育する人もいる。一年ごとに変わる担任によって生活面での対応が違うとすれば，子どもたちはどうなってしまうか。

　そこで子どもたちの発達を職員全員でしっかり共通理解し，子どもに不必要な戸惑いを与えないようにしなければならない。保育課程を立てることは，全職員が1歳なら1歳の目や心，体になり……，2歳なら2歳の体や心になって，2歳の望まし生

保育課程

保育目標	・いろいろなものをおいしく食べ，エネルギーに満ちあふれた「丈夫な体」で生き生き遊ぶ。 ・人の話をじっくり聞く。そして，自分の気持ちを言葉で表現し，会話を楽しむ。 ・生命あるものを尊ぶ心を養う。 ・仲間を思いやり，助けあい，感動を共有しあえる「豊かな心」を養う。	基本方針	・保育者は働く親たちと同じ仲間同士として共感をもってあたたかく子どもを受け入れる。 ・園全体が異年齢の子どもたちの遊び場であり，自分の（自分たちの）したい遊びが十分に楽しめるよう，環境づくりに努力する。 ・保育者は働く父母を理解し，支援していく。保護者は保育所の保育を理解して，本音で語りあえる関係を築き，共に子育てしあう関係づくりに努める。 ・保育者は常に「子どもの最善の利益」を柱に据え，討議しあい協力しあう職員集団であり続ける。
	おおよそ6か月未満	おおよそ6か月から1歳3か月未満	おおよそ1歳3か月から2歳
年齢別保育のねらい	・入所前の生活リズムに添った生活づくりに努め，一人ひとりの生活の安定をはかる。 ・担当保育者との結びつきを深め情緒の安定をはかる。 ・個々の育ちに応じた授乳や離乳食を進める。 ・笑ったり泣いたり怒ったり，表情が豊かになり，喃語の発声や指さしなど，言葉に代わる言葉で人とのやりとりを楽しむ。	・保育者に心地よく世話をしてもらいながら，自分でもやってみようとする気持ちが芽生える。 ・安全で活動しやすい環境のなかで，自由に体を動かすことを楽しむ。 ・安心できる保育者との関係を基盤に，探索，自発活動が活発になり行動範囲が広がる。	・自我に芽生え，してほしいこと，したいことを体や言葉で自己主張する。 ・ひとり遊びや模倣遊びを十分にし，玩具などを媒介に保育者や友だちと関わって遊ぶ。 ・保育者にていねいに受けとめてもらい，生活に必要な身の回りのことを，自分でしようとする。 ・友だちへの関心が芽生え，けんかをしたり，時には一緒に遊ぶことを楽しむ。

＊　2〜6歳までのものは省略。

活を考えてみることである。すなわち職員みんなが共通に，「子どもの側に立った保育」をめざすことなのではないか。

　職員みんなで，子どもたちの育ちを考えあうその過程に意味がある。保育の方法にはいろいろな手立てや考えがあることを認めあいながら，しかし，みんなが共通に子どもを思う心でつながりあっていることを確認する職員間の結束を強めるいい機会になる。とくに子どもたちの生活は，従来の8時間保育の延長として11時間ないしは12時間の長時間に及んでいる。その延長保育がおまけの保育にならず，12時間なら12時間全体の園生活を視野に入れ，午後の保育の充実をはかるなど保育課程でおさえるべき事柄は多岐にわたっている。

　この保育課程の編成にあたっては，共通性をもつ地域（市町村）ごとに標準的な「基準となる保育課程」を編成し，それをもとにそれぞれの保育所の独自性を加え保育課程を編成しているところもある。

　こうして編成された保育課程は，実施の成果にもとづき毎年1回3月頃に評価をする。そして，保育課程が次に述べる指導計画とつながっているかを点検する必要がある。改訂された指針においては，評価がとくに重要視されている。職員の異動などで新しい保育者が入ってきたときなどは，とくに，園の保育課程にもとづいて指導計画を作成してもらうことで，子どもの発達の順序性や系統性，園の独自性を踏まえた指導計画づくりに着手してもらうことができる。

2 ｜「開かれた保育所保育」をめざした保育課程の編成を

　保護者から見た「よい保育所の条件」は，担任によって保育方針が違ってしまうのではなく，入所から修了までどの年度も子どもの主体性を大切にし，一貫性のある保育をすすめてくれる園であることはいうまでもない。保護者の要望をしっかり保育課程に反映させた全職員の共通理解によるものを編成することが求められている。198～201頁にある0歳児の「言語・人間関係・認識・情緒・表現・遊び」の保育の計画は家庭保育を視野に入れた保護者との協同のカリキュラムである。

3 ｜ 0・1・2歳児期の指導計画

1 指導計画とは

　「保育所保育指針」第4章，保育の計画と評価には，指導計画について次のように述べている。「指導計画はこの保育課程に基づき，子どもの状況を考慮して，乳幼児

期にふさわしい生活の中で，一人一人の子どもに必要な体験が得られる保育が展開されるように具体的に作成する」。すなわち指導計画の作成にあたっては保育課程をもととして，指導にあたる保育者が，担当するクラスの一人ひとりの子どもたちの年齢，保育年数，発達の実態，地域や家庭環境，個性などを考慮し一定の期間の園生活を充実させていくために見通しをもって保育するための手がかりになるものである。指導計画の種類は次のとおりである。

(1) 長期指導計画　年間指導計画……１年間の保育を見通し年度ごとに立てる
　　　　　　　　　期間指導計画……期ごとに立てる
　　　　　　　　　月間指導計画……月ごとに立てる

(2) 短期指導計画　週案と日案
　　　　　　　　　日案……子どもの発達，課題，育てたいことに視点をあて，その日の具体的なねらいと内容を明確にする。

　０・１歳児のような低年齢期では，時に思いがけない変化に驚かされることもあるが，おおかた同じような生活が続き，一人ひとりの子どもの発達の表われも継続していく。月が変わったからといって，ねらいも内容もすべて変わってしまうことはありえない。変化や成長ぶりがあったところは変えていくとしても，同じ内容が続くこともある。そこで計画を立てる目安（見通し）をおおよそ１か月ぐらいのスパンでとらえていくことになる。そのため，週案などの短期指導計画は必ずしも必要としない。週の予定などクラス運営や少人数に別れてのグループ上の配慮などは，メモ的に記しておけばよいのではないだろうか。ただし，２歳児の保育を進めるうえで活動の展開や環境構成，友だち関係の育ちなど，より具体的で細かい指導案を作成する必要性が出てきたときには，週案を立案することが望ましい。

2 **指導計画の様式とその立て方──個別に立案することを主流にし全体のクラス運営的視点を添える**

　３歳未満児は，３歳以上児と異なり発達の個人差が著しいこと，また月齢による発達差だけでなく，同じ月齢でも大きな違いが見られる。そのため指導計画はその年度に在園する子どもに視点をあてて一人ひとりの育っていく姿をしっかり把握し，それに応じた保育をしていくことが大切である。したがって指導計画の主流になるのは個人別計画である。

　年（期）間の指導計画では，個別ではないまでも，発達の近似した数人の子どもごとにね・ら・いや内・容・，環境構成，予想する活動，保育者の配慮する事項をあげる。子どもをひとつのグループとして保育するということではなく，保育者が月齢差のある子どもたちをしっかりととらえる意図からである。これを「個々の発達に即した指導計画」と理解したい。月齢が近いというだけではなく個人差を当然配慮したものとなる。

　それでは，子どもの発達の面からとらえた指導計画だけでいいものかどうか考えて

みると，いうまでもなく保育所の保育は集団生活である。それぞれのクラス規模があり，複数の保育者が一緒に生活するのである。担任を任せられた保育者同士が，1年間の生活を通してどんなクラス運営をするのか。たとえば担当制を実施するのか否か。保育室の環境構成はどう考えるのか。さらに1年間の生活の見通しをどのように立てていくのか。入園当初の保育者や園になれるまでのごたごたした時期や，少し落ち着いて過ごせるようになってくる時期など生活の流れに応じて，子どもたちの様子にも変化が見えてくる。季節的な生活内容や遊び，それにともなう配慮なども異なってくるのではないかと考えられる。そこで，「子どもの発達からとらえる面」と，「1年間の流れ（期の移り変わりをクラス運営としてとらえていく）側面」の両方が必要になると考える。後者の場合，3歳以上児と同様，1年間を4期にわけて立案する。

　　第1期（おおよそ4，5，6月）……ごたごた期
　　第2期（7，8，9月）……開放期
　　第3期（10，11，12月）……もりあがりの時期
　　第4期（1，2，3月）……まとめの時期

「子どもの発達からとらえた指導計画」を主流にしながら，後者の「クラス運営的な指導計画」の双方をうまくひとつの表に取り入れ工夫して作成する（0歳児の年間指導計画202〜203頁参照）。

　月別指導計画も，当然個人別指導計画が主流となる。個々の前月末の姿（子どもの実態）にもとづき，生活面や遊び面，その他注意すべき事柄などをおさえながら，「個人別の配慮」を主とした計画を作成する。その時期に必要な「全体的なクラス運営に関するもの」は別記しておく（0歳児9月204頁，1歳児6月の月案例205頁参照）。

　月齢が上昇するにしたがって子ども自身の活動が増してくるが，2歳児では，友だちとの関わりも見られるため，後半頃からクラスとしての指導計画を主として作成する必要性が生じてくる。ただし，必ず個別欄をつくり，そこに個々におさえておくべき必要な事柄を記述する（2歳児5月の月案例206頁参照）。

　3歳未満児の場合は，ことに，集団生活であっても一人ひとりの子どもが発達に即した適切な保育を受け，食べること・眠ること・遊ぶことが十分にでき，毎日が健康，安全で，情緒の安定した生活が基本とならなくてはならない。そのためにも〈養護〉の関わりをとりわけ大切にし立案する。その適切な養護を受けながら，生命が守られ，情緒が安定することで，基本的な生活習慣の自立や自発的な活動が展開し，心身ともに発達していくことはいうまでもない。

3　家庭との連携をしっかりおさえる

　保育は家庭との協力や相互理解なくしては成り立たない。ことに1日24時間の生活を見通し，家庭から園へ，園から家庭へとスムーズに流れるようなリズムをつくっ

ていくことが重要である。園での経験が家庭に引き継がれ，家庭の経験が園の生活や遊びの意欲に影響する。3歳未満児に24時間の生活のリズムを整えることはおとなの役目である。

　家庭は子どもにとってかけがえのない所である。保護者が小さい子どもを保育者に託していく気持ちになって，保護者の立場・状況を理解し，お互いの共通理解を深めたい。

4 計画の作成とその手順

1 子どもの実態（実際の姿）を把握する――〈子どもが主人公〉の計画になるために

　指導計画は，子どもたちの次の期間の生活プランであるから，立案の際にはまず前の期間での子どもたちの生活ぶりを振り返ってみることが基本になる。とくに3歳未満児は何といっても個人差が大きくその発達特徴を考えると，集団の人数や保育の方法が生活や遊びの充実に大きく，関わってくる。保育は当然「一人ひとりの子どもが主役」でなくてはならない。個々を大切にするということは，一人ひとりが自分なりの心の世界をもった存在であることを尊重する保育である。そこで，

　(1)　一人ひとりの行為を通してその内面を理解する。

　3歳未満児は，泣くことや，表情，しぐさ，体の動き（行動）や片言などで自分の気持ちや要求を表現する。その行為の結果だけで「よく泣く子だ」とか「かみつきが多くなった」など評価してしまうことがないように「何を訴えて泣くのか」「なぜかみつきをするようになったのか」と「なぜ？」と行為の意味を考え，その子の身になって「真実の求めは何か」を理解しようとすることが何より重要である。とくに，保育者にとって扱いにくい子どもほど，その心の動きを理解できるようにしなくてはならない。

　(2)　一人ひとりの今，伸びている力，課題になっている事柄などをとらえる。

　個々の子どもがどんなことを楽しんできたか（興味，関心のありよう），これからも楽しみたいことは何か（方向性），その楽しみをどのように実現していくつもりか（意欲や態度は？），周りの人や，ものへの関心は？（人間関係），前の期間の育ちや変化は？（育ちの確認）などを子どもたちの実態を日誌や連絡帳からとらえていく。とくに子どもの姿は領域の窓口を通して見ることで偏りなく見直すことができる。たとえば生活習慣については，健康の領域「おなかがすいた，食事が食べたい」という要求，すなわち食欲があるか，など5領域を窓口に見ていくとよい。

　(3)　24時間の生活のリズムを整える。

　保護者と日々の連絡を密にとり，子どもたちの快の体験が情緒の安定につながるこ

とを確認しあい保育する。

2 次の生活で大事にしたい具体的なねらいおよび内容を設定する

この場合のねらいは、到達目標ではなく「子どもが興味を持つ、やろうとするなどのように心情、意欲、態度」で示す。いいかえれば子どもたちのなかに育つもの、育てたいものでもある。それは子ども自身の求めと、こう育ってほしいという保育者の願いが嚙みあったものである。次に「内容」を設定する。内容は、ねらいを達成するためにどんな経験を積み重ねているかを具体的に見通すこと、すなわち「経験する必要のある事柄」などである。

0・1歳児の個人カリキュラムを作成する場合、クラス目標（ねらい）と個々のねらいがともに「ねらい」という同じ言葉になり混同しがちになるため、個人別カリキュラムについては、直接具体的な「内容」を立てることでよいと思う（0・1歳児の月の指導計画参照）。

3 適切な環境を構成する

子どもたちの発達や要求に即してねらいや内容を達成するために、物や人、時間、保育者自身の言動等を総合的にとらえて状況づくりをすること、つまりは子どもたちの自発的な活動を引き出す「動機づけ」が大切である。ともすると従来は「子どもたちに何を経験させるか」といった保育者主導の保育が行なわれる傾向があった。「保育所保育指針」の改訂後は「保育を子どもの育ちへの援助活動」として子どもの自発性や主体性を大切にした「環境を通しての保育」がうたわれてきた。要は「経験のさせ方」である。子どもたちの発達に必要ないろいろな活動に対し「やらねばならない」と求めるのでなく「やってみたい」と思える気持ちを起こさせる鍵が「環境」にもりこまれてほしいのである。子どもの自発性の尊重と育ちに不可欠なバランスのよい活動の経験、その両立こそ保育の営みといえる。そのためにも保育者は子どもたちが活動したくなるような環境構成をいかにするかが最も重要である。3歳未満児の指導計画では、クラス運営の視点から「環境構成」を記述する場合と、個々の「内容」を実現するための「環境構成」を記述する場合もある。しかし、個別記録の場合は「環境構成」でなく「指導上の配慮事項」として記述するとよい。

4 反省、評価

保育における評価とは、「子どもの育ちを確認すること」であり、子どもたちの能力、たとえば三輪車をこげるかこげないかなど、できるかできないかといった結果だけの評価になってはならない。もし三輪車がこげなかったとすればそれはなぜなのか。興味があるのにこぎ方が身につかない状態であるのかどうか。足の力が弱いためにこ

げないのか，三輪車には興味がないため乗ろうとしないからなのか。やはりその子の内面を見つめようとすることがポイントになる。その際，保育者は子どもの言動をどのように見てどう対応したか，という相互的な営みのなかで見ていくことが求められる。もし子どもに確かな育ちが見られたとすれば，それはなぜだったか，原因を分析し，整理することである。そこには必ず保育者の子どもに対する見方，関わり方が適切であったか否かの反省も生じる。実践を振り返り反省・評価することが次への予測を確かにし，保育者の力量を高めるのである。そもそも評価とは，「問題点を明らかにし改善していくこと」である。したがって指導計画のねらいや内容のたて方，環境構成，保育者間のチームワーク，保護者との連携のあり方，なども反省・評価することになる。保育の営みは常に計画→実践→反省・評価→計画とつづいていくものである。

5 日課表（デイリープログラム）

　デイリープログラムとは，日々くり返し実施する保育活動（日課）を，登園から降園まで一日の生活の流れを時間を追って示したものである。クラスの担任が日々作成する指導案，すなわち日案とは異なるものである。デイリープログラムの作成にあたっては以下の点に留意したい。

・子どもたちが園で快適に過ごせるように，子どもたちの生活リズムにあわせて作成する。とくに生理的欲求の充足が最優先される乳児には，最も重要である。
・規則正しい生活リズムの確立によって基本的生活行動の自立をはかること。
・一人ひとりの子どもの発達段階，その年代の子どもたちの発達の姿に応じて作成する。
・1年間の流れ（季節の変化や期ごとの生活の流れ）に応じて変えていく。
・子どもたちの家庭環境などを考え，24時間の生活を考慮して作成する。

　デイリープログラムはあくまでも基本の生活リズムであるから，毎日必ずしもデイリープログラムの通り厳守しなければならないということはない。むしろその日の子どもの実態や要求に合わせた柔軟な対応が求められる。日課表に書かれた時間のベルトコンベアーに子どもたちを追い立てることがないよう，ゆったりとした生活の流れを築いてほしいものである。そのためには，複数の保育者間のチームワークが何より重要になる（2園で作成された日課表，資料6-7，6-8を参照）。

資料6-7　0歳児デイリープログラム（例）

時刻	57日〜4か月	5〜6か月	7〜8か月	配慮及び保育者の動き
8:00	登園　視診 おむつ交換 検温	登園　視診 おむつ交換 検温	登園　視診 おむつ交換 検温	[朝の受け入れ] ・乳児室の清掃をする。床拭き，ベッド拭きとベッドメーキング，おむつ交換台の消毒，ホットおむつ作り，プレイマットおよびおもちゃの準備をし，受け入れの環境を整える。 ・「○○ちゃん，おはよう」と声をかけ受け入れ，保護者から家庭での連絡を受け，哺乳量・授乳間隔，睡眠時間などを確認する。 ・子どもの顔色，機嫌などを視診する。
9:00	遊び	遊び	遊び	
9:30	おむつ交換 沐浴 水分補給 遊び	おむつ交換 沐浴 水分補給 遊び	おむつ交換 遊び　散歩 シャワー 水分補給	[おむつ交換] ・汚れたときはまめに取り替え，排便のあとやおむつかぶれのあるときは，ホットおむつで清拭したり部分浴をする。 ・お尻の下を支え，股関節脱臼にならないようにする。 ・月齢や排尿量に合わせたおむつを使用する。 ・転落などないようにそばを離れない。 ・おむつ交換をいやがる子には，おもちゃなどを持たせたり話しかけたりしながら，手早く取り替える。 ・腹式呼吸を妨げないように臍部から下に当てる。 ・おむつ交換は時間に関係なく個々に対応する。 ・おむつ交換後は必ず手を洗う。
10:00	ミルク	離乳食（初期食） ミルク	遊び	
10:30			おむつ交換 離乳食（中期食） ミルク	
11:00	おむつ交換 睡眠	おむつ交換 睡眠	睡眠	
12:00	目覚め 水分補給	目覚め 遊び 水分補給	目覚め 遊び 水分補給	[睡眠] ・睡眠中は子どもから目を離さず，眠っているようすや姿勢などに気をつけ事故防止に心がける。 ・一人一人の眠りのサインを受け止め，その子に応じた眠りを促していく。 ・睡眠時間がまちまちなので，睡眠の妨げにならないように心がける（遊んでいる子どもの遊びが十分にできるように工夫する）。 ・室温に気をつける（室温：16〜20度，冬は18〜20度，湿度：50〜60%）。
14:00	おむつ交換 ミルク	おむつ交換 離乳食（初期食） ミルク		
14:30			おむつ交換 離乳食（中期食） ミルク	

後は省略

（注）月齢区分については，各園の乳児室の状況によるものとする。

出所：今井ほか　2002：56頁。

第6章　保育記録と指導計画

資料6-8　未満児の生活日課の目安

時間	新生児	3ヶ月～	5ヶ月～	7ヶ月～	9ヶ月～	11ヶ月～	14ヶ月～	備考
6:00		起床 授乳	起床 授乳	起床 授乳	起床 授乳	起床 朝食	起床 朝食	・生活日課表はあくまでも目安であり、個人の登降園時間によっても、少しづつ変わってくる
7:00								
8:00			登園	登園	登園	登園	登園	登園
9:00				水分	水分	水分	水分	・午後の午睡時なるべく短時間に止め、早寝早起が習慣ずくように配慮する（夜間睡眠の確保）
10:00	授乳	授乳	食事			食事	食事	
11:00				食事	食事			
12:00	検温 授乳	検温						・保育者の動きはそれぞれ担当を決めて、効率よく子どもに接することができるように工夫する
13:00	授乳							
14:00		授乳	検温 食事	検温 食事	検温 食事	検温 食事	検温 食事	
15:00	授乳							
16:00								
17:00		授乳	水分	水分	水分	水分	水分	
18:00								←睡眠
19:00	授乳 入浴	授乳 入浴	食事 授乳 入浴	夕食 入浴	夕食 入浴	夕食 入浴	夕食 入浴	
20:00								

・水分補給を十分に行う
・アレルギー体質児については個別に配慮する
・牛乳は消化吸収に問題があるので、原則として1歳児未満には与えない
・細菌感染を意識して常に徹底した注意を行う

○1日に必要な水分摂取量
・6ヶ月児（平均体重　7.3kg）
　1日量　950cc～1100cc（体重1kgあたり130cc～155cc）
・9ヶ月児（平均体重　8.6kg）
　1日量1100cc～1200cc（体重1kgあたり125cc～145cc）
・12ヶ月児（平均体重　9.5kg）
　1日量1150cc～1300cc（体重1kgあたり120cc～135cc）

第2節　保育課程と指導計画の作成

資料6-9　大人の役割・仕事分担表（0歳児―12名）

時刻	A. 7:30～3:45 (8:00～4:15)	B. 8:30～16:45	C. 9:00～17:15 (9:15～17:30)	D. 9:30～17:45 (9:45～18:00)
7:00				
7:30	(出勤) ・受入れ、視診 ・連絡ノートをみる	〈分担の仕事〉 ・外遊びの準備（ゴザ、靴、靴下、バギーなどの用意） ・コップ・ピッチャーの用意 ・哺乳びんを煮沸から引き上げる		
8:00	〈分担の仕事〉 ・ホットオムツ作り ・トイレ・着脱台カバーとりかえ ・哺乳びん煮沸 ・麦茶づくり			
8:30		(出勤) ・連絡ノートをみる ・Aの補佐	〈分担の仕事〉 ・食数を給食へ伝える ・おしぼりづくり	〈分担の仕事〉 ・調乳 ・ワゴンを運ぶ ・エプロン、おしぼりのセッティング
9:00	・保育リード		(出勤) ・連絡ノートをみる	
9:30	・水分補給	・オムツ交換、着替え	・オムツ交換、着替え	(出勤)
10:00	・食事介助	・食事介助	・食事介助	・食事介助
10:30				
11:00	・オムツ交換 ・睡眠介助	・オムツ交換 ・睡眠介助	・オムツ交換 ・睡眠介助	・オムツ交換 ・睡眠介助
11:30	・連絡ノート記入 ・日誌をつける	・連絡ノート記入		・午後食の準備
12:00	A、B　食事・休憩	（休憩室にて）	・連絡ノート記入 ・個人記録記入	・連絡ノート記入 ・個人記録記入
12:30				
12:45	・個人記録記入	・個人記録記入	C、D　食事・休憩　（休憩室にて）	
13:00	・オムツたたみ （オモチャ作り）	・目覚めている子の排泄をみる	・目覚めている子の排泄をみる	・水分補給
13:15	・調乳 ・食事準備 エプロン・おしぼり ワゴンを取りに行く	・着替えをさせる	・着替えをさせる	・検温 ・遊びをみる
13:30				
14:00	・食事介助	・食事介助	・食事介助	・食事介助
14:30		・片付け ・床ふき ・オムツ交換		
15:00	・連絡ノート記入		・オムツ交換 ・Dの補佐	・午後保育リード （乳児園庭・机上あそび 設定 など） 〈分担の仕事〉
15:30	(退勤)			
16:00		・連絡ノート記入 (退勤)		・スイッチを切る （ホットオムツ） ・室内整頓
17:00			・連絡ノート記入 (退勤)	・延長保育室へ子どもをつれて行く
18:00				(退勤)
19:00				
助手	・食事時間、食事をしていない子どもの遊びをみる。玩具の消毒 ・トイレ・調乳室の掃除、室内にある汚れたオムツを外に出す。ゴミ捨てなど ※〈分担の仕事〉は子どもの状態に合わせるので変更することもある			

出所：ゆりの木保育園『保育カリキュラム〔子育て知恵袋〕』。資料6-8も同じ。

資料6-10　言語・人間関係・認識・情緒・表現・遊び

	子どもの姿	ねらい
新生児	・声を出して泣く ・反応微笑をする ・自発微笑をする ・ベルに反応する	・心地よく過すことができるようにする
	・聴覚、続いて視覚の定位反射が現れ、オルゴールの音をじっと聞いたり、光をじっと見つめたりするようになる（3週）	・全面発達を保障するために、基礎となる一つひとつの活動を大切にする
～2ヶ月	・視野の中に入ってくる顔を、しっかり見つめるようになる ・母親の声、足音、乳房、顔の表情などを覚えて、反応を示す ・吊り玩具や物を動かすと、追視をするようになる	
	・機嫌の良い時は声を出して、「アー・ウー・オー」など、喃語を発するようになる	・子どもが満足するまで十分にあやす
	・「おはしゃぎ反応」が出てくる 　あやすと体を動かして、嬉しそうに笑う（1.5カ月）	
～4ヶ月	・腹這いで頭を上げる ・首の動きが自由になって、興味を感じた物を360度追視するようになる ・つかんだ物を見つめながら、両手で遊ぶ	
	・寝返りをする	
	・機嫌のよい時には盛んに喃語を発し、空腹や眠い時などはぐずぐず言うようになる	・喃語を盛んに発するようになるので、話しかけを十分にする
	・目と手の協応が始まる ・「イナイ、イナイ、バー」をよろこぶようになる ・不機嫌な時は、そっくり返ったり、泣きわめくなど、感情を表すようになる	・手に玩具を握らせる
～6ヶ月	・生活のリズムができ始める ・保育者の顔や、手、声を識別するようになる	・生活リズムを整えていく
	・おすわりができるようになり、視野が広がる ・寝返りができるようになる ・人見知りが始まる ・甘えたり、ねだったりするようになる	・玩具を用いて楽しませながら、機能の発達を促す
	・身近な小動物に興味を持つ	・小動物に親しませる

出所：ゆりの木保育園『保育カリキュラム〔子育て知恵袋〕』。

第2節　保育課程と指導計画の作成

	保育上の留意点	家庭保育
新生児〜2ヶ月	・順調に発達の節目を乗り越えることができるように配慮する ・「おはしゃぎ反応」の出始めの頃（1.5カ月）は、抱かれた人の眼に対し、反応を示しているので、新生児期から、子どもの眼を見つめて授乳したり、あやしたりする ・1日中布団の中で過ごすことが多いので、授乳は十分か、オムツは濡れていないか、衣服、寝具の具合、寒暖の差、採光などに注意して、生理的に快適に過せるように配慮する ・ゆったりとやさしく話しかけ、できるだけ同じ保育者が世話をする（甲高いトーンは避ける） ・「おはしゃぎ反応」は、保育者との言葉以前のコミュニケーションの手段としての、重要な役割があるので、生き生きと愛情をこめて笑いかけたり、話しかけたりすることが大切である	・左に同じ ・参考までに、 <u>前おんぶについて</u> 首すわりまえの子どもを長くおんぶ紐に入れると上体が後そりになり、首も後に乗れる形になるので、筋肉を緊張させ、無理をかけます。また両手をブラブラし、肩の運動発達を阻害し、「反り返り症候群」にもなるといわれています。 症状 ・3、4ヶ月で寝返りができないのに反り返って背這いをする ・立て抱きでしか泣き止まない ・抱かれることを嫌い、突っ張って反り返る ・寝返りが遅くなる ・筋肉が異常に硬い ・両手、両足をついて ・歩行が遅く転びやすい ・背筋力が弱く走れてもカーブが上手に曲がれない ・横抱きをお勧めします
〜4ヶ月	・目と手の協応が始まるので、吊り玩具を用意したり、手の届くところに玩具を置いたりして、物に対する興味、手の働きを育てる ・遊びを十分に保障し、楽しく遊び疲れて、ぐっすり眠れるように配慮する ・引っぱったり、握ったり、振ったりが楽しめる玩具を用意して遊ばせる	・オルゴール式の大きな吊り玩具よりも、小型の、ベッドに取り付けるものや、天井から下げて、手で引っぱって動かせる形のものがよいと思います
〜6ヶ月	・掌やハンカチを用いて、「イナイ、イナイ、バー」をしたり、やさしいわらべうたを歌ったりして、楽しませる ・子守唄、わらべうたを歌って聞かせる ・生活のリズムができ始めるので、食事、睡眠、オムツ交換、遊びのバランスに注意して保育し、好ましい生活リズムが身につくように援助する ・玩具を媒介にしてあやされるのを好むので、色や形、機能を考えたものを与える	・わらべうたや、子守唄をたくさん歌って聞かせましょう 　レコードではなく、保育者の肉声が子どもの心を安定させます ・発達に合う手作りの玩具を与えましょう 　市販で良い物もありますが、子どもの発達を促し、よろこんで遊ぶ玩具は少ないです

	子どもの姿	ねらい
7ヶ月〜8ヶ月	・知らない人を見ると表情を固くしたり、泣いたりする ・保育者（母親）の姿が見えなくなると泣く ・声をかけられたり、目が合ったりすると、よく笑う ・好きな人を見ると、キャッキャッとよろこんで手を伸ばす ・抱かれたくて声を出したり、身を乗り出したりする ・名前を呼ばれるとその方を向く ・他児に笑いかけたり、喃語（なんご）で話しかけたりする ・アーアー、ウーウー、マンマなど、さかんに喃語（なんご）を言うようになる ・バーバー、ダーダーなど、破裂音が出てくる ・何でも口に持っていき、なめたり、かんだり、しゃぶったりする ・手に持った物を、持ちかえることができる ・手近にあるものをつかむ	・子どものいろいろな感情を敏感に受けとめて、要求を満たしてやり、常に安定して過せるようにする
9ヶ月〜	・持たせると両手に玩具を持っていられる ・遠くにある玩具を取ろうとして腕を伸ばす ・こまかい物をつまもうとする ・たくさんのおもちゃを手で散らす ・音の出る玩具を持って振ったり、音を出したりする	・優しく語りかけたり、発音や喃語（なんご）に応答したりして、言葉の持つよろこびを伝えていく
10ヶ月〜	・他児に、アーアー、オーオーなど話しかける ・保育者や母親を、アーアーと呼ぶ ・イナイ、イナイ、バーをする ・バイバイ、コンニチワなどの動作をする ・自分の名前を呼ばれると、それに応じる様子を見せる	
〜12ヶ月	・ウマウマ、マンマ、パンパンなどと言って、食物を催促する ・身近にあるものを、○○はどこ？と問うと指さす ・名前を呼ばれると、アーイ、アイなどと言う ・保育者に相手をしてもらって遊ぶのをよろこぶ ・保育者を独占したくて、他児を押しのけて、自分も抱かれようとする ・気に入らないことがあると、ひっくり返って泣く ・保育者の手遊びなど、簡単なしぐさをまねる ・自分の持っている玩具を取られると、大声で泣く ・他児の持っている玩具を取り上げたりする ・他児の遊びを見ていて、自分も同じことをしたがる ・庭に出たり、散歩に行くことをよろこぶ	・絵本や玩具、身近な生活用具を用意し、意欲的に遊ぶことによって、身の回りの物に対する興味や好奇心が芽生える

第2節　保育課程と指導計画の作成

	保育上の留意点	家庭保育
7ヶ月〜8ヶ月	・人見知り、恐れ、怒るなど、いろいろの感情が出てくる時期なので、個々の表れ方を知って、それに応じた無理の無い接し方をする ・子どもの名を呼んだり、手を出して抱き上げ、タカイ、タカイなどしてよろこばせ、子どもからの保育者に対する積極的な親しみが育つように心がける ・人間関係を徐々に広げていくため、担当保育者が側についていて、安心感を持たせながら、少しずつ他の保育者に抱かれる経験をさせたり、同年令や年上の子どもとふれあう場をもうけてやるなどする 　しかし、子どもが拒否する場合は無理に行わない	・人見知りは、自分を保護してくれる人を見分ける認識が育ってきたことの表れです 　不安がらせずいつも側にいて、大人をよりどころにしながら、能動性や積極性、そして面白いこと、楽しいこと、驚き、悲しみなどの情緒が順調に育つように配慮しましょう
9ヶ月〜	・一人で寝返りをしたり、腹這いで遊んだりさせる 　腹這いの姿勢で前進したり、後退したりなどの身体の移動を十分にさせる ・膝に抱いたり、もたれかけさせたりして、おすわりの姿勢で遊ばせる ・適当な高さの台などの前で、支え立ちで遊ぶ経験をさせる ・手の届くところに玩具を置いて、なめる、さわる、いじる、噛むなどの経験を十分にさせる ・音の出る玩具を与え、振ったり、動かしたりして十分に遊ばせる ・玩具をつかんだり、持ちかえたりする遊びをさせる ・欲求が身振りや声として表れてくるようになるので、言葉と動作を結び付けて話しかけるようにする ・保育者は表情豊かに話しかけたり、しぐさをして見せる	・膝にのせて、わらべうたや、やさしい季節の歌などをたくさん歌ってあげましょう ・発達に即した玩具を選んで与えましょう
10ヶ月〜	・子どもの側に行き、はっきりと発音しやすい言葉で静かに語りかける ・イナイ、イナイ、バー、おつむてんてん、バイバイなどして相手をしてやり、快い状態の中で、言葉の出るのを助けるようにする ・かんしゃくを起こして泣いている時などは、抱いたり、ほほずりしたり、ゆするなどして落ち着かせたり、気に入った玩具などで、気分転換をはかる ・友達と玩具の引っぱり合い、体にさわる、などの行為が見られたときは、危険のないように注意深く見守り、他のものを与えてみたりしてなるべく仲よく過せるように工夫する ・子どもの身近に玩具を置き、いつでも出したり、入れたりが楽しめるようにしておく	・早口でなく、ゆっくりした言葉で話しかけるようにします ・泣いている時は、まず健康面と生活面、空腹、痛いところはないか、オムツは濡れていないかなどを調べ、問題がなければ、気分転換をして機嫌をなおすように遊びにさそいましょう
12ヶ月	・積み木の材質を考慮する（危険を避ける） ・はがす、めくるなどの遊びに適したものを工夫して作るようにする ・同じ玩具ばかりでなく、意図的に玩具を変えたり、種類を少なくしてみたりなどしていろいろ遊ばせてみる ・保育者自身が色彩感覚を養い、色の配合、組み合わせ、玩具の並べ方など注意深くするように心がける ・床や手の届くところに危険なものを置かない	・玩具は一度にたくさん与え過ぎないようにしましょう 　物が多すぎると身体の移動が妨げられますし、じっくり落ちついて遊べません 　気に入った玩具（発達に即したもの）で十分楽しめるように配慮しましょう

第6章 保育記録と指導計画

資料6-11 0歳児 年間指導計画

年間目標：特定の保育者との愛着関係をもとに，人と関わる喜びを知り，ひとりひとりが安心して心地よく過ごす。
配慮の柱：①担当制保育をすすめ，子どもとの相互信頼を図る。②家庭と連携し，24時間の心地よい生活を築く。

	1期（4～5月）	2期（6～8月）
ねらい	○担任の顔を覚え，親しみを感じ，安心した表情を見せる。 ○新しい環境に馴染み，心地よいリズムで生活する。 ○0歳児室に馴染み，育ちや興味に合ったあそびを楽しむ。 ○テラスや園庭に出て外気に触れ，気分転換したり，開放感を味わう。	○身近な保育者に要求や気持ちを表わし，受け止められ満たされることにより，人に対して信頼感を持つ。 ○生活リズムが安定してくる。 ○沐浴や温水遊びを通して感覚的快さを味わう。 ○触れあい遊び・関わりあそびを充分楽しむ。
クラス運営	○それぞれの子どもに担当保育者を決め，できるだけ特定のおとなが継続的に関わり，心の安定を図る。 ○朝夕の会話，連絡ノート等を通じて家庭の様子を知り，保育園での様子を伝える。登園初日に保育参加を行ったり，離乳食のサンプルを各段階展示したりして，実際の様子を見てもらう。保護者が不安になるような言動がないよう充分留意する。クラスの懇談会を行う。 ○哺乳・食事・睡眠・おむつ交換の場所を固定し，安心できる環境を整える。 ○育ちや動きの違う子どもがそれぞれ安心して生活し，あそべる空間を保障する。人の動きに動揺しないような部屋づくりを工夫する。 ○部屋や遊具の清潔に留意する。	○担当保育者が継続して対応し，愛着関係を深める。 ○様々な場面で喃語や指さしに応え，ゆったりと言葉がけをする機会を充分持つ。 ○生活やあそびの中で，抱っこしたり触れ合ったりして感覚的安心感や心地よさを大切にする。 ○家庭訪問または個人面談を行う。 ○沐浴や温水あそびの際，安全には充分留意し，戸外に出る際は，タープや帽子で紫外線を防ぐ。 ○肌の清潔・水分補給に気をつける。 ○子ども自らの体温調節や発汗を大切に考えながら，室温調節や除湿を心がける。 ○クラス便りは毎月発行する。

	3ヶ月～6ヶ月未満	6ヶ月～9ヶ月未満	9ヶ月～
子どもの姿	○快・不快の表し方がはっきりし，感情を訴えるような泣き方になる。 ○親しい人とそうでない人を区別するようになり，あやされると声を出して笑う。 ○喃語がさかんになり，感情交流を楽しむ。 ○首がすわり，寝返りができるようになり，うつ伏せで両手を突っ張って胸が張れるようになる。 ○手を伸ばし物を握る。両手を合わせたり，指しゃぶりをする。 ○180°追視（目の前の動くものを目で追う）	○人見知りが激しくなる。好きな人を後追いする。 ○鏡にうつった自分に関心を持つ。 ○喃語に抑揚がついてくる。 ○遊具がなくなると探す。 ○うつ伏せで頭を持ち上げ，両手両足をそらせることができる。うつ伏せで前進する。支えなしで座れる。 ○遊具を持ち替える。熊手型でつかむ。両手に1個ずつの積み木をつかむ。 ○中期食。自分から食べ物に手をのばす。	○好きなおとなが他の子どもの相手をすると怒ったり泣く。 ○理解できることばが増え，指さし，動作で気持ちを伝える。 ○イヤイヤ，バイバイ等の動作をする。 ○ハイハイ，つかまり立ち，つたい歩きをする。
内容（○印）配慮（●印）	○要求を受け止め，状況に合った言葉を添え応えてもらいながら自己表出を活発にする。 ○語りかけやあやし遊びを豊かに体験する。 ○腹ばいであそぶ。 ●モビールやオルゴールメリー等，動く物や音の出る物を用意する。手に持ち，見たりなめたりする遊具を用意する。 ○落ち着いた環境で目と目を合わせて哺乳。 ○ミルク以外の味や食器を知り喜びを味わう。 ○快くおむつ交換されスキンシップを楽しむ。 ●睡眠中は呼吸確認する。	●あまりたくさんの人に触れさせたり，新しい場所に行ったりせず，安定した環境の中で過ごす。保育者の動き方にも留意する。不安な時はしっかり受け止める。 ○手に持ってなめたり探索できる遊具で遊ぶ。 ○「いないいないばあ」やくすぐり遊びなど保育者と向かい合う遊びを楽しむ。 ○おはしゃぎ遊びを喜び，声を出して笑う。 ○無理なく離乳食を進める。意欲を大切にし，手に持てる食べ物を用意。食べ方を見る。 ●感染症にかかりやすいので注意。	○子どもの指さしや動作にことばを添え，要求や気持ちを受け止め応える。 ○斜面や広い空間でハイハイが楽しめるようにする。 ○押し車を用意する。 ○引き出しやフタの開閉：入れたり出したりする遊具を用意。
家庭と	○睡眠・哺乳・健康の様子を伝え合い，保護者との信頼関係を作る。生活面，あそびなど育ちに合わせて具体的にアドバイスする。	○子育ての大変さを理解しながらも，子育ての喜びを保護者自身が感じられるような援助をしていく。	○保護者同士のつながりをサポートしていく。

③個人差に配慮し，それぞれの育ちや興味に合ったあそび及び環境を保障する。④保護者との信頼関係を築く。

3期（9～12月）	4期（1～3月）
○特定の保育者との愛着関係を深め，快い気持ちのやりとりを重ねる。他児に興味を持ち手を出したり関わろうとする。 ○安定した生活リズムで心地よく一日を過ごす。 ○戸外で自然に触れたり大きな動きを楽しんだりし爽快感を味わう。室内では手指を使う遊びを充分楽しむ。	○安心できる保育者との関係を基に人との関係を広げる。 ○豊かに育った感情を動作やことばで表わしながら，人との心のやりとりを積み重ねていく。 ○探索遊びを充分楽しみ，意欲や興味を広げていく。 ○体を動かす快さを味わう。
○担当保育者がそばにいれば安心して遊びを始めるようにする。 ○生活リズムがそろってくるので，生活の組み立て方や保育者の動き方を見直す。子どもも見通しが持てるようにする。 ○積極的に戸外に出る機会を持つ。安全面や衣類調節に気をつける。 ○体の動きが大きくなってくることに配慮した部屋づくりを工夫する。また，探索あそびやひとりあそびが充分楽しめる環境を整える。 ○手指を使う遊具を用意する。細かい物は誤飲に配慮する。 ○唱えことばや歌を楽しむ機会を持つ。 ○クラス懇談会を行う。グループ面談や親睦作業を行い，保護者同士の関係作りを手助けする。 ○室温調節・加湿を心がける。	○担当保育者との愛着関係を基に，他の保育者との関係を広げていく。 ○自分の思いを強く出す姿が見られるので，しっかり受け止めていく。 ○感情が複雑になり，ことばも増えてくるので，気持ちをことばに置き換えながら豊かな心のやりとりを積み重ねられるようにする。 ○かみつきやひっかきが見られるようになるので留意する。 ○室内でも体を動かす場所を考える。探索あそびが充実する環境を工夫する。 ○自ら遊びたくなる遊具の配置を工夫する。 ○クラス懇談会を行う。次年度の説明，引きつぎ。

12ヶ月未満	1歳～1歳6ヶ月未満	1歳6ヶ月～2歳未満
○両手の積み木を打ち合わせる。引き出しやドアを開ける。親指と人差し指の指先でつまむ。 ○後期食。手で食べたりスプーンに手を出したりする。好みが出てくる。口を上下左右に動かす。 ○睡眠時間がまとまってくる。	○おとなの模倣がさかんになる。 ○他児に触ったり，話しかけるような様子が見られる。 ○「ちょうだい」「どうぞ」のやりとりを喜ぶ。 ○「マンマ」「ワンワン」など一語文が出る。 ○ハイハイして階段を上る。歩き出す。 ○探索活動が広がる。なぐり描きをする。2つの積み木を積む。 ○完了食。スプーンを使い口に運ぶ。 ○昼寝は1回になる。	○自分の名前・持ち物・他児の名前がわかり区別する。 ○「～はどれ？」と聞かれて指さしで答えたり，簡単なお手伝いをしたりする。 ○「イヤ」を言うようになる。 ○二語文を話すようになる。 ○後ずさり歩きができる。ボールを蹴る。ボールを投げる。その場でジャンプする。 ○歩行確立。柵につかまって階段を上る。 ○4つの積み木を積む。 ○尿意がわかり，トイレで出ることもある。
○ひとりあそびを楽しむ。時には保育者や他児と共に関わり遊びをする。 ○食べ物に手を伸ばし自分で食べようとする。 ○飲み物はコップで飲むようになる。 ●食べ物の好みが出てくるが無理強いせず，楽しい食卓を心がける。 ●誤飲や転倒事故に注意。	●子どもの思いが強くなり，激しく泣いたり，かんしゃくを起こすこともあるが，気持ちを受け止め，丁寧に対応する。 ●他の子どもと関わろうとする姿が見られるので橋渡ししていく。嚙みつきやひっかきも見られるようになるので注意する。 ○豊かに探索あそびを楽しむ。 ○ひとりで歩き回る喜びを味わう。 ○絵本・手あそび・わらべうたを楽しむようになる。重ねる遊具・つなげる遊具で遊ぶ。 ○昼食後はすみやかに午睡の流れが身につく。	●しぐさや表情で自己主張するが，それぞれのつもりを理解し，「～したかったの？」と確認する。 ●子どもが発することばに応え，言い尽くせなかった言葉を添えて暖かく語りかける。 ○戸外に出て積極的に体を動かして遊ぶ。 ○手先を使う遊具・並べる遊具で遊ぶ。 ○見立てやふり遊びを楽しむ。 ●子どもの排泄の間隔やサインなどを把握する。
	○保護者の気持ちに寄り添いながら，子どもの自我の芽生えについて伝えていく。	○子ども同士の関わりや，その中で起こるトラブル（嚙みつきなど）について丁寧に説明し，対応する。

(バオバブ保育園ちいさな家　勝俣恵子)

資料6-12　0歳児：9月の指導計画

月のねらい	○食べる・眠る・遊ぶという欲求が満たされ、機嫌よく過ごす。 ○這う、歩く、登る、くぐるなど、体をいっぱい動かして遊ぶ。			○夏の疲れが出てくる頃なので、食欲の有無、睡眠の状態について連絡を十分とりあって元気に過ごせるようにする。 ○歩ける様になった子どもたちの様子など、心も体も成長してもらう。喜びがある様にする。○散歩用の靴を用意してもらう。
		行事	運動会　誕生会 身体計測 避難訓練	家庭との連携
	氏名	内　　　容		保育者の援助・環境
内　　　容	※生活 ○夏の疲れが出てくる時期なので、食事の量を減らしたりぐっすり昼寝したり無理なく生活する。 ○汗をかいた時は、清拭をしてもらい麦茶や湯ざましを飲んで気持ち良く過ごす。 ○朝夕は涼しい日もあるので衣服の調節をしてもらう。 ※遊び ○這う、伝い歩き、歩行等、体を動かすことを十分行う。 ○斜面や段差のある場所で体を動かして遊ぶ。 ○散歩に出掛けた戸外で元気に遊び、まわりの物に興味をもって見たり触ったりする。 ○しぐさや片言で自分の要求を表わす。 ○ひざにのせて、リズムに合わせて歌ってもらいながら体を描すったり、抱っこしてゆらゆら回ったりしてスキンシップをはかる。 ○多様な遊びの展開できる大型遊具を作り、他児の遊びを再現する。 ○いっぱいはあはあが楽しめる扉やトンネルを組み入れた大きな家を設置する。	とも0歳3か月	○果汁を哺乳びん、スプーンで飲ませてもらう。 ○立位で抱かれたり、腹ばいなり、体位を変えてもらって楽しむ。 ○抱いてあやしたり優しく話しかけてもらい笑ったり喃語を発したり喜ぶ。		○ゆったりとした雰囲気の中でスプーンから飲み込むことに慣れさせる。 ○寝ていることが多いので、起きている時は、笑いかけ、"あっぷっぷ"などの顔あそびをしたり、スキンシップを十分はかる。
		かずや0歳11か月	○歩いたり音楽に合わせて体をゆすったりして楽しく体を動かす。 ○身近な物に興味をもち、触ったり、引っぱり出して遊ぶ。		○保育者も楽しそうに歌ったり、リズムに合わせて体を描すったりして見せる。 ○見たい、触りたい気持ちを大切にしたいので、興味をもって遊んでいる時はひとりあそびを十分楽しませる。
		ひろし1歳2か月	○保育者の話しかけに動作で応じて関わりを楽しんだり手あそびをしながら言葉を覚える。 ○関心に関心をもち、一緒にいることを喜ぶ。 ○玩具の取り合いが始まる。 （いやなことはいや、と主張する。）		○1対1ではっきりした発音で話かけを多くする。 ○関心を受けとめ「○○ちゃんと一緒だね」などと話しかけながら保育者も一緒に遊び、玩具の取りあいが起きたら、相手の存在を知らせ、生活、遊びの約束をくり返し教えていく。
		ゆかり1歳3か月	○スプーンを持って自分で食べようとする。 ○機嫌が良い時、トイレに誘ってもらい、座ることに慣れる。 ○すべり台・ジャンピング馬などで、体を動かして遊ぶ。 ○靴を履いて散歩する。		○スプーンですくう時、こぼす量は多いが、さりげなく手をそえて上手にすくえた時ははめてあげるなど、食べようという意欲を育てていく。 ○画面の絵を見せたり「チッチでたかな?」と話しかけながら便器に慣らし、排尿できた時は「チィ出たね」と見せてほめてあげる。
		みるう1歳5か月	○介助してもらいながら、コップ・スプーンを持って一人で食べてみようとする。 ○自在に動きまわって楽しさを十分に味わう。 ○のぼったり、くぐったり、いろいろな動きを伴った遊びを楽しむ。		○遊んでいる時は近くで見守り、時間に余裕をもって出掛ける。 ○遊びやすい安全な場所で「おいで」と呼びかけたり、歩きたいという気持ちを引き出していく。 ○嫌いな物は黄を向いたり舌で押し出したりするがスプーンは興味をもっているので、一人で口に運ぶ時はタイミング良くほめたり、時間をおいてから食べさせる等、楽しい雰囲気の中で進めていく。 ○歩きはじめたねんねこ「上手だね」とほめたりして、歩く喜びを引き出していく。
環境構成				

（福井県武生市　浪花保育園）

資料6-13　1歳児：6月の指導計画

ねらい
- 好きな遊びを見つけ、一人遊びを楽しむ。
- 甘えや欲求を満たしてもらいながら、動作や言葉で活発に自己主張をする。

保育のポイント
- 子どもが自分から関心をもった遊びを見守り、その活動が中断されないように、場所を整えたりおもちゃの数を少し多めにそろえて独占欲が満たされて一人遊びをするこどもに対しては余裕を持って関わる。
- おとなに対する独占欲が満たされてはじめて友だちとかかわる余裕が出てくる。子どもが保育者に依存して安心感がもてるようにしながら、自主張ができるようにしていく。
- 梅雨期は気温差が著しいので、健康状態や衣服の調節、衛生面に十分気を配る。

〈室内でも体を動かして遊べるように〉
梅雨期に入ると戸外で遊べないことが多いので、室内でも体を動かして遊べるよう環境を工夫しましょう。
・走ったり止まったりして
・ぐるぐる
・よじのぼったり、すべったりして
★豆自動車を使って遊ぼう

家庭との連携
- 汗をかきやすい時期なので、調節しやすい衣類を多めに用意してもらう。また、6月は日ざしも強くなるので、帽子を持ってきてもらうようにお願いする。
- 何に対しても「いや」と言うようになるので、連絡帳などを通じて日々の子どもの姿を伝え、自己主張の芽生えについて、保護者と共通認識を持てるようにする。
- 砂や水を使った後の泥んこ遊びの楽しみは落ちにくいので、汚れてもよい衣服を用意してもらったり、汚れた衣類は洗ってから返す。

	前月末の子どもの姿	内容	援助・配慮
生活	●こぼすことも多いが、好きなものはフォークやスプーンでどんどん食べる。 ●おむつの中に排泄・排便をしたりして、不快な表情を見せたり、保育者に知らせたりする。 ●ぐっすり眠れるようになり、遊びの途中で目覚めずにかかる余裕ができずに泣くことが多くなる。 ●着がえのとき、自分で手足を入れようとするようになる。	●こぼしながらも、自分でフォークやスプーンを使って食べようとする。 ●排泄をしたときの感覚やとき、不快感がわかってくる。 ●保育者にそばについていてもらい、安心して眠り、気持ちよく目覚める。 ●自分で布団に入れようとする、寄り添いながら、着がえを楽しむ。	◆こぼすことはあまり気にせず、自分で食べようとする意欲を大切にする。 ◆「チーが出て気持ち悪かったの？」などと声をかけ、排泄の感覚や不快感を意識できるようにしていく。 ◆寝つくことも目覚めることも安心して感じることができるような、やさしい着がえの仕方を経験できるようにしていく。 ◆保育者が手をそえてやり、やさしい着がえを繰り返し経験できるようにしていく。
遊び	●園庭の水たまりに手を入れて水をまぜたり、靴で水をけったりする。 ●登園すると、すぐにおもちゃを取り出して一人遊びをはじめる。 ●段差のある斜面を好み、よじ登ったり、隣り合ったりする。 ●独占欲が強くなり、物の取り合いなどのトラブルが多くなる。 ●保育者や友だちの言葉の一部をオウム返ししたりして、言葉のまねをしたりする。	●砂や水にふれ、心地よい感覚を楽しむ。 ●気に入ったおもちゃを一人でたっぷりと使って、体を十分に動かして遊ぶ。 ●自分の好きな場所を見つけ、行動で訴えようとする。 ●簡単なやりとりを言葉で返したり、動作をまねたりして遊ぶ。	◆気温や子どもの体調を考慮しながら水遊び、砂や水の感触が楽しめるようにしたり、知らせていく。 ◆一人ひとりの子どもが、ゆったり遊べる場所を整えたり、おもちゃの数を多めにしたりして、室内でも体を全身を使って遊べるようにしていく。 ◆「○○したかったの？」などと語りかけていき、気持ちが伝わるようにしていく。 ◆互いの名前や「ブーブー」など、身近な言葉やことばを伴った動作を楽しく、発語を促す。

	前月末の子どもの姿	内容	援助・配慮
とむと 1歳 3か月	●食欲はあるが、キュウリやリンゴなど硬いものは口の中にため、飲み込めない。 ●午睡のときは不安を求めるが、泣かずに眠る時間が長くなる。 ●ウサギを指さし、「ワンワン」と知らせたりする。 ●コップを持ってむぐむとほとんどこぼさずに飲む。	●ひと口ずつ、よくかんで食べるようにする。 ●おんぶやだっこをしてもらい、安心してぐっすり眠る。 ●指さしや片言しぐさで気持ちを伝えようとする。 ●スプーンやフォークを持って、自分で食べる。	◆食べ物を口の中にどんどん入れてしまうので、ひと口ずつ食べるよう促し、保育者がゆっくり食べる姿を見せる。 ◆依存する気持ちを十分に満たし、子守歌をうたったり、語りかけたりして、気持ちよく眠れるようにする。 ◆伝えたいことを受けとめ、「ワンワンだね、これ」などと言葉を添えていく。
ヨシト 1歳 7か月	●排便すると、「ウンコシタ」と、自分でおむつを指さす。 ●大人が掃除をしていると、掃除機のスイッチを押していっしょにまねて遊ぶ。 ●たまにA子の音声を聞いて、友だちと顔を見合わせて笑う。	●排便したことを言葉をまねて言ったりして知らせる。 ●おとなの動作をまねたり、音声でのやりとりや、興味のあるものにふれたりする。	◆自分のすることを言葉でまねるようにして、大切にしていく。 ◆おむつ替えの気持ちよさを言葉にしながら、排便の感覚を結びつける。 ◆人との関心や、言葉（音声）を発することをまねてみようとする気持ちを大切に受けとめ、友だちと気持ちが通いあう喜びを味わえるようにしていく。
ゆき 2歳	●おむつがぬれると知らせることも多いが、平気でいることも多い。 ●好きな保育者のひざを独占し、他児を寄せつけない。 ●好きな曲が流れると、音楽に合わせて踊りだす。	●排尿後、保育者に知らせて気持ちよくする。 ●保育者やおとなを一人占めしたり、友だちから離れなくなったりする。 ●好きな曲やリズムに合わせて体を動かして楽しむ。	◆「おしっこが出た」と語りかけ、気持ち悪かったねと他児にふれ、快・不快の違いを感じとれるようにしていく。 ◆甘えたい気持ちにかかわるときは、自分から他児に言葉をかけようとする様子を見ながら仲立ちをもち、ふれあいが楽しめるようにする。 ◆保育者の歌やテープの曲などで、体を十分動かせるようにする。

資料6-14　2歳児：5月の指導計画

ねらい	○一日の生活を見通すことができるようになり、身の回りのことに興味を持つ。 ○戸外で気持ちよく体を動かす。 ○生活や遊びを通して、友だちの存在に親しみを抱いていく。	環境構成	○子どもの動きや、物の配置、移動の方法などを子ども達の目線に合わせて工夫する。 ○戸外でも好きな遊びを見つけ、安心して遊び始められるよう、場の設定や保育者の動きを考慮する。

子どもの姿と○内容	保育者の関わりと配慮
新入園児は落ち着いてすごせるようになってきた。進級児は興奮が冷めると、遊びに気持ちが向かないなど、不安定な様子が見られる。 ○安定したリズムで生活をする中で、次の自分の行動を予測したり、身の回りのことに興味が湧き、自分でやってみようとする。	・遊びにじっくりとつきあったり、着脱や食事の時にゆったり向き合うようにして、不安な気持ちをしっかりと受け止められるようにする。 ・「ごはんを食べたら着替えようね。」など、次の行動をわかりやすく伝えることで、安心して身の回りのことに目を向けられるようにする。
はしごの上り下りや、三輪車など、繰り返してひとつの遊具と向き合う姿がみられる。 「まてまてしよう！」と保育者に追いかけてもらいたがる。 ○お気に入りの遊具で、体を使って繰り返し遊ぶ。 ○保育者と追いかけっこをする中で、思い切り体を動かす気持ちよさや、友だちとはしゃぐ楽しさ・開放感を味わう。	・やってみようとする姿を危険のないように見守ったり、必要な手助けをし、おもしろい！できた！という満足感を味わえるようにする。 ・「おへそまんじゅう、たべちゃうぞ〜!!」など、楽しげな雰囲気をつくることで、保育者を中心に繰り返し楽しみ、そのおもしろさを友だと共感できるようにする。
誰かが泣いていると、「どうしたの？」と声をかけたり、その子の人形を探してきて渡してあげたり、という姿がみられる。 ○生活や遊びを一緒にしている友だちの、様々な姿に親しみを感じ、話しかけてみるなど関わってみようとする。	・友だちに関わろう、という姿を見守り、必要な時は、言葉を添えて子ども同士の気持ちをつなげられるようにする。 ・友だちの姿に自分を重ねて「こうしてあげたい」と、行動に出たものの、その思いが相手に受け入れられなかったときは、残念な気持ちを受け止めた上で、相手のつもりを伝える。

個別配慮	Y子（2歳8ヶ月） ぼんやりしていることが多く、おとなの膝で落ち着いていたいY子。少人数の時は遊びに気持ちが向き、よく遊ぶ姿もみられるが、泣き声に過剰に反応し、泣いている人を叩きに行く姿もみられる。 ○おとなとの関係の中で安心感を得て、好きな遊びを見つけ、楽しむ。その中で、様々な気持ちを発散したり、友だちと心通う心地よさを重ねる。	・好きな絵本を一緒に楽しむ、など保育者とゆったり過ごす時間を作ったり、少人数で過ごす中で、安心感を得ることができるよう配慮する。 ・Y子が興味を抱きそうな遊びのきっかけを作る。また、友だちとのつなぎ役となれるように配慮する。

家庭との連携	・お便りで、新入園の子もクラスに馴染み、様々な場面で関わりあっている様子を伝える。その中で、我が子だけでなくクラスの子ども達みんなの姿を保護者に感じ取ってもらえるようにする。 ・「自分で着替えたい」という気持ちが出てきているので、着脱のしやすい衣類（サイズにゆとりのあるシャツ類・ウエストがゴムのズボンなど）を用意してもらうようにする。

（バオバブ保育園ちいさな家　和田久美子）

参考文献（第6章）

今井和子『保育に生かす記録の書き方』ひとなる書房，1993年。

今井和子・鶴田一女・増田まゆみ『改訂保育の計画・作成と展開』フレーベル館，2002年。

ゆりの木保育園『保育カリキュラム〔子育て知恵袋〕』。

第7章

保護者と信頼関係を築くために

第1節　連携の基本
──指示者ではなく支持者に

1　保育所の子育て支援

　2003年11月に施行された改正児童福祉法において保育士が国家資格となり，児童の保育にあたるだけでなく保護者に対する保育指導を行なうことを業務とすることが法律上規定された。さらに保育所等に通う子どものみならず，専業主婦家庭を含め幅広く地域社会の子育て支援のための業務を行なうことも明文化されることになった。したがって，保育所が行なう子育て支援は，(1)入所児童の家庭支援と(2)在宅の親子の子育て支援の両者に分けられる。ここでは，(1)多様化する保育ニーズへの対応，すなわち子育てと働く女性としての生き方を支える入所児童の家庭支援について述べてみたい。

　よく「最近の保護者は……」とか「子どもより母親が変わってきた」という保育者の母親批判ともいうべき嘆きを聞く。若い保育者のなかには「子どもたちの保育は楽しいけれど保護者対応が苦手……」と訴える人もいる。ほんとうに保護者が変わってきたのであろうか。もし変わってきたとすればなぜなのか。保護者の姿を嘆くだけでは良い関係は築けるはずがないし，子育てのパートナーとしての相互信頼をつなぐことは難しい。

　女性も社会人として生きがいをもって働き続けたいというキャリア志向が強まる一方で，子どもを産んだ以上は良き母親でありたいという願いも強い。生きがいをもって働き続けたいという願いと良き母親でなくては……というジレンマのなかで葛藤し，悩み続けている。ところが現実の社会や企業の実態は厳しく，子育てにより自分の身が束縛されかねない。女性だけが育児に専念するのは不公平である。また女性の生きがいは，必ずしも子育てだけではない。だから男女が手を携えて子育てをし，生活をしていく必要性がある。これからは男女共同参画型社会をめざしていこうという社会の風潮に変わってきた。母親が女性として，人として育っていくことの援助が子どもに返ってくるのだと思う。ところが現実的にはまだまだ父親の育児参加を期待できな

いことが働く母親の大きな重荷になっている。

　さらに核家族，少子化が進行し，親の育児力が低下し育児不安が拡大してきた。出産以前の子どもとの接触経験や育児体験が不足し，育児の伝承がなされてこなかったため，乳幼児の発達や接し方がわからず大きなストレスを抱えている母親の実態がクローズアップされてきた。たくさんの育児情報が錯綜し，どうしていいかわからないということも不安に拍車をかけている。子育ての協同性を担ってきた地域の役割も崩れ，人びとは情報化，商品化社会のなかで孤立化し浮遊してきたといっても過言ではない。経済的，物質的な豊かさが人に頼るより，物を頼って生きる環境をつくりだしてきた。テレビやテレビゲームがあれば友だちと遊ばなくてもひとりでいられる。子どもたちもふれあいたいのにふれあえない孤立化した生活を強いられてきた。子どもたちにとって「人は信頼できるもの」という生きる力の原動力を養い，安らぎの拠点でもあった家族や家庭がその役割を担えなくなっている。すなわち，家庭が子どもたちにとって一番良い養育の環境とはいえなくなっていることが現代社会の大きな課題であり，それが子育ての背景になっていることを考えなくてはならない。そうした時代や生活をくぐってきた人たちが親になっている。若い保育者にも同じことがいえるのではないか。今世代の育ち，育てられ方，社会環境の変化を考えずして，真の親の理解は困難である。とくに子どもの問題は，親自身の問題の投影であることが多い。子どもを甘えさせてあげられない母親，自分の率直な感情や気持ちを表わせない親，他者の話は聞こうとせず自分だけしゃべりまくる親，何事も他人の判断を仰ぎ自分で決められない親など……その人がそれなりのことをやっているのには，それなりの背景がある。自分がどういう育てられ方をしたかが親になったときどういう育て方をするか，半ば決定してしまうといわれる。世代間連鎖ともいわれる。もし自分も同じ境遇に置かれたとしたら……どうであったか，と考えることが相手の身になること，相手の身になって考えることである。人間関係がぎくしゃくしてきた社会環境なればこそ保育所は，「家庭や地域社会と連携を図り，保護者の協力の下に家庭養育の補完を行い，子どもが健康，安全で情緒の安定した生活ができる環境を用意し，自己を十分に発揮しながら活動できるようにすることにより，健全な心身の発達を図るところにある」(「保育所保育指針」第1章総則) これが保育所における保育の基本である。

2　毎日の出会いと別れに思いを込めて

1　朝の受け入れ——連絡事項は短時間に要領よく

　1日の始まりは登園時の明るい挨拶から。受け入れをする保育者の笑顔と気持ちの良い一声が親子の心をあたためる。「おはよう」と挨拶するだけでなく「○○ちゃん，

おはよう。今日も元気そうね」と声をかけ手を握ったり、肩に手をかけたり身体的ストロークを忘れずに。また保護者にも挨拶をしよう。保育所のように必ずしもクラス担任が受け入れることになっていないとき、担任外の保育者が登園してきた子どもの名前を呼んであげることは、『どの保育者も子どものことを知ってくれている。どの保育者もみんなで子どもたちをみてくれている』という園への信頼を感じ取ってもらえる。

　新入園児の場合は、保護者に子どもの手を握ってもらい、目を見て「必ずお迎えに来るから……」と別れてもらうようにしたい。0・1・2歳児にとって言葉の意味はわからなくとも親の心根は伝わる。置き去りにされるという不安をなくすためにもこの儀式（言葉をかけることは心をかけること）は、是非実行してもらうよう話しておく必要がある。子どもがなかなか離れようとしないときは「離れることはつらいですね。でも○○ちゃんは一泣きすれば気持ちを切り換えられます。ご安心ください」と親を安心させて送り出そう。また休んでいた子が登園したときは「元気な顔が見られて嬉しいわ」と気持ちのこもった言葉を送ろう。体調を崩して休んでいた子にはとくに「治って何より。よかったですね」と親にも嬉しい言葉を忘れずに。『さあ今日もやるぞ』という気持ちが湧いてくる言葉が贈れたら1日のスタートは快調！

　登園時の双方の連絡は、朝の仕事に向かうあわただしい時間帯だけになるべく短時間に要領よく行ないたい。つい長話をする親、親が急いでいるのに呼び止めて話を始める保育者、他の親が話したくても話せなくなるということがないよう気をつけたい。迎えに来る人や時間が変更になるというような大切な連絡は、「受け入れノート」など用意し報告を忘れないようにすることが肝心だ。

2　降園時――実家に帰ったときのような安堵感を

　1日の仕事が終わり迎えにきた保護者に「おかえりなさい。お仕事お疲れ様でした」という保育者の言葉、それで疲れが癒されるとよくいわれる。子どもは親のお迎えをまだかまだかと待ちに待っている。だから迎えにきたときは真っ先に子どものところに行って「帰ってきたよ。元気でいてくれたね」と目を見て再会を喜びあってほしいということを最初の保護者会の折など

写真7-1　「○○ちゃんおはよう。元気そうね」朝の受け入れは明るく楽しくしよう

に伝えるようにしたい。そして保育者は「今日はこんなことがあったんですよ」という一言を。そして報告事項があればそれをきちんと伝えることも忘れずに。その日園でしたけがや傷のことはなるべく担任から話すとよい。保護者が聞いて納得するのは，いつ，どこで，どのようにして起きたか，その際どんな処置をしたか。医者に連れて行った場合は診察の様子や薬のこと，今後の通院についてなどである。

　また，子どもの体調の変化も必ず伝えなくてはならない。発熱や下痢や嘔吐，食欲がなかったことなど。園での様子がわかっていれば慌てずにすむことが，連絡していなかったために，夜遅くなって具合が悪くなり病院に行けなかったということがないよう十分気をつけなければならない。

3 正論を押し付けるのでなく，保護者の悩みに共感する

　保育者としては，子どもの利益を最優先し，たとえば「生活リズムがくずれているのでもっと早く寝かせてください」と話すがいっこうにきいてもらえない。「車のなかでパンをかじらせるのはやめて」「朝食を食べないで登園すると遊ぶ元気がなくボーッとしてしまうから必ずちゃんと食べさせてきてください」と頼んでも変化がないなど，親は子どものことを真剣に考えてくれているのかしら……と保護者への不満が募る。だが，保護者の身になってみれば，「先生のおっしゃることは正しい。しかし早く寝かせようとしても子どもはなかなか寝てくれない。どうしたら早く眠れるようになるのでしょうか……」「朝ごはんを作っても，起きてすぐではなかなか食べようとしない。食べさせていると遅刻をしてしまう。それでつい，食べさせないよりは少しでも食べさせなくてはと車のなかで食べさせることになってしまう」「仕事で親の寝る時間が遅く，朝は起きるのがやっと……」などよく話しあってみれば保護者も悩んでいることがわかる。保育者から正論を訴えられれば訴えられるほど「やっぱり私はだめな親なんだと落ち込むばかり」と本音を語る保護者もいる。「一緒に考えよう」と親を支える保育者になるのか，親のありようを非難し評価するのかである。

　保育者としては，まず「こうあるべき姿（正論）」を保護者に求めるのでなく，親の悩みに共感することが先決である。『子どものことを少しも考えられない親だ』と保育者から見られるつらさはいかばかりか。忙しい共働き生活にあってわかっていてもなかなか思うようにできない悩みを理解してくれる人こそ求められる。自分の悩みに共感されてこそ『どうすればよいのか相談してみよう』という気持ちになる。そこで具体案を保育者と一緒に考える機会が生まれる。「噛みつきをよくします」「指しゃぶりが多くなりました」と子どもの困った事態は知らせるとしても，そのためにどうすればよいのか，噛みつきや指しゃぶりが続く要因（持続因子）は何かを一緒に考え，

効果的な対応を見出していくことこそが支援の真髄である。そして保護者自身が自分で改善できたという体験につなげていくことである。〈指示者ではなく支持者に〉を貫きたい。

4 おとな同士として向きあう

　保護者とのよいコミュニケーションを築くには，支援する側，される側という関係ではなく，子どもの成長を共に支えあう者として対等な関係になること，保育者は子どもたちからは「先生」であるかもしれないが，保護者からはどうだろうか。保護者からも「先生」と呼ばれることに慣れてしまい，つい『指導しなくては……』という思いで関わってしまうことはないだろうか。子どもが道筋をたどって成長していくのを，共に喜びあい支えあう者同士であると考えれば「先生」であるより，対等なおとな同士である。したがって保育者は母親を子の親としてだけでなくひとりの人間，女性として関わることが何より重要である。具体的には子どもという観点だけで話しあうだけでなく，おとな同士として向きあい，時には子どもの話題から離れて話しあうことも必要である。たとえば仕事に対する取組みやニュースの話題や趣味についてなど。「保育者」と「子どもの親」という関係だけでなくおとな同士のコミュニケーションができることをすすめたい。コミュニケーションは相互性である。もし信頼関係が築けなかったとしたらその原因は双方にあるのであり，決して一方だけの問題ではない。保育者の関わり方しだいで保護者も変わることだってあるのではないだろうか。

5 本音で語りあえる関係になる

　保育者が日頃から忙しそうにしていると，保護者は話したいことがあっても遠慮し引いてしまう。忙しくても忙しいと感じさせないことがプロであろう。また話しているうちに保育者も人間として悩みや弱みをもっていると気づいてもらえるような気やすさが親の心を開かせる。個人面談や懇談会の折などにも保育者が率先して自分の失敗談や弱さをさらけ出すこと（自己開示）により，聞き手も痛みや優しさを共有し，自分の問題と向きあえるようになる。また，自分だけが弱みや悩みを抱えているわけではないという安心感を得，話し手に対する親しみが湧くものである。
　また保護者のなかにはいろいろな苦言，苦情を訴えてくる人もいる。不平不満（感情的に不愉快に思うこと），提言（違う意見や考えを出すこと，助言や忠告），示唆（保育者に直接訴えるのでなくそれとなく連絡帳や子どもにほのめかす）などである。

親の苦言が多くなるとつい『またか……』と思ってしまう。だが，よく考えてみると親が要求してくることは，まだ保育者に対して期待している気持ちの表われではないか。本音を言える保育者だと思えばこそ……と考え，まずは傾聴しよう。人間は話すこと（自己表現）によって気持ちが解放され，楽になる。そして自分のイライラや課題，何が壁になっていたのか，に気づく。そして相手に誠実に聴いてもらったという喜びが『自分は大切にされている』と感じ，自分や人を受け入れる気持ちに広がっていく。このように話しあう両者の心が開かれていくと互いの語るところも聞き入れるようになる。話しあうことによって関係を変えていく機会が生まれるとすれば，本音をぶつけてくれる親は恵みである。しかしせっかくの話しあいが相互理解の機会にならなければ意味がない。図7-1の「苦情の受けとめ方と対応法」を参照して欲しい。

　保護者のなかには苦情をもっていても直接言わない人もいる（サイレントクレーマー）。しかし苦情を抱えているため他の人にはおしゃべりし，噂が広がってしまうこともあり得る。そう考えると苦情を言わない人が必ずしも保育者の良き理解者とはいえない。

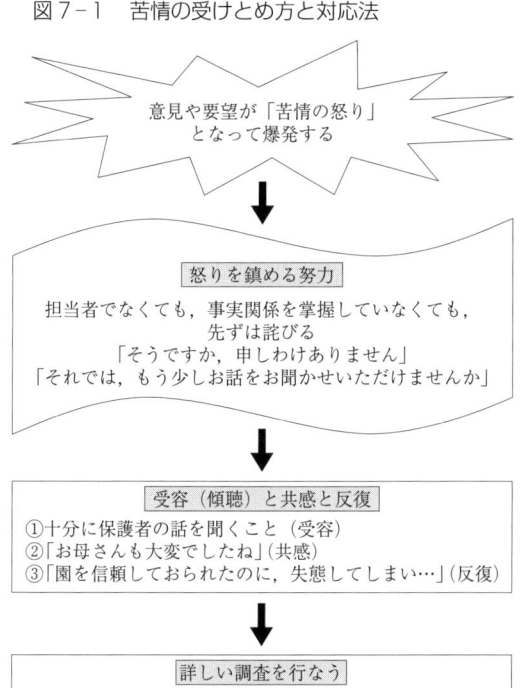

図7-1　苦情の受けとめ方と対応法

```
意見や要望が「苦情の怒り」
となって爆発する
          ↓
     ┌─怒りを鎮める努力─┐
担当者でなくても，事実関係を掌握していなくても，
       先ずは詫びる
「そうですか，申しわけありません」
「それでは，もう少しお話をお聞かせいただけませんか」
          ↓
   ┌─受容（傾聴）と共感と反復─┐
①十分に保護者の話を聞くこと（受容）
②「お母さんも大変でしたね」（共感）
③「園を信頼しておられたのに，失態してしまい…」（反復）
          ↓
     ┌─詳しい調査を行なう─┐
・保育担当者からその時の保育の状況（子どもの状況・職員体制・保育内容）について弁解にならないように原因になったことを客観的に調査する
・原因究明をするあまり保育担当者をあまり責めないように留意する
          ↓
        ──（後略）──
```

出所：小笠原　2002：26〜27頁。

表7-1　言葉の使い方

誤	正
だれ	どちらさま・どなたさま
ありません	ございません
できません	いたしかねます
知りません，わかりません	存じません
ちょっと待ってください	少々お待ちください
してもらえませんか	お願いできませんでしょうか
電話してください	お電話をお願いします／お電話をいただけないでしょうか
来てください	お越しください
行きます	参ります
します	いたします
来ました	お見えになりました
聞いておきます	うけたまわっておきます
どこへ	どちらへ
どうでしょうか	いかがでございましょうか
はあ？　なんでしょうか？	もう一度おっしゃっていただけませんか

（社会福祉法人顕真会「職員業務マニュアル」より）
出所：小笠原　2002。

第2節　子育て支援として連絡帳の活用を

1　連絡帳とは

　連絡帳は一人ひとりの子どもの家庭と園をつなぐ架け橋であり，親と保育者が車の両輪のごとく共にその子どもの育ちを支えあういわば育児日記，さらにわからないことを相談しあったりする子育て支援の役割も果たすものである。ことにまだ言葉で自分の思いや体調，経験した事柄などを伝えられない3歳未満児にとって，家庭と園を毎日往復し相互の24時間の生活ぶりを伝えあうもの。そして送迎を親以外の人に依頼している人，送迎時に担任と会えない親にとっても連絡帳を通して保育者とやり取りができるので安心の拠り所でもある。とはいえ，毎日いろいろな仕事が山積している保育者にとって連絡帳を短い時間にいかに効率よく書くかは，至難の技。そのためには，(1)日頃から子どもをよく観察して保育しながら『今日はこのことを○○ちゃんの連絡帳に書き，親に伝えよう』と書くべき必要な事柄を決めておくことである。よく見ていないと何を書こうかと迷い，書くまでに時間がかかってしまうのだ。(2)誤解を招くような書き方をしないこと，いいかえれば適切な書き方を身につけることである。そこで連絡帳の書き方について学んでみよう。

2　連絡帳の様式

(1)　0歳児クラスの場合は24時間の生活が双方に一見してわかるようなもの（資料7-1参照）。また，食事，排泄，睡眠の状況や時間を細かく記入できるもの，毎日のことなので記入しやすいものがよい。

(2)　1・2歳児クラスの場合は日々の生活の様子，健康状態などチェックしやすいもの（資料7-2参照）。忙しくて書く時間がとれないと訴える保護者にも『これなら毎日チェックできそう』と感じてもらえるような簡潔なものがよい。

第❷節　子育て支援として連絡帳の活用を

資料 7-1　家庭と園の24時間が見通せる連絡帳

〈例〉0歳前期

月　日（　）　お迎え　時　分				
家庭から	検温（　℃）	保育園から	
夕食	朝食	午前	午後
食事	7:00	7:30		
排便	健康　機嫌	排便	健康　機嫌
家でのようす		園でのようす	

P.M.　　　　A.M.
6　　　　　8
7―㊨　　　9
8　　　　　10
―入浴　　　10―㊨
9　　　　　11　｝公園
10　　　　 12
11
A.M.　　　 P.M.
5　　　　　1
6　　　　　2
7　　　　　3―㊨
―㊨　　　　4
8　　　　　5

離乳食初期，中期あたりは，何をどのくらい食べたかということを記入。後期には全体量を記入すればよい。

体調が不調のときなどは，そのようすをくわしく伝え，園で検温，投薬したときは，その時間も記入する。

子どものようすを具体的に書く。「～しました」という報告だけでなく，そのときの表情や保育者の思いも伝わるように。

1日24時間の生活の流れをわかりやすいように。

家庭からの連絡で，子どものようすについて共感することがあったら，一言返事を書くことも，お母さんとの信頼関係を育てるうえで，大切なこと。

▷　子どものことで困ったことや，一緒にお母さんと考えたいことは，連絡帳への記入ではなく，お迎えのときなどにくわしく話すのもよい。

出所：新澤・今井 2000：127頁。

第7章 保護者と信頼関係を築くために

資料7-2 家庭連絡帳

1 歳児連絡帳

月　日　　曜日　　天候　　室温　℃

6時	7	8	9	10	11	12	1
朝食内容							

2時	3	4	5	6	7	8	9
夕食内容							

夜間の睡眠状態	昨夜の就寝時間・今朝目覚めた時間　時～　時	寝つき（良い・悪い）熟睡する　寝起き（良い・悪い）眠り浅く時々泣く
排便状態（回数）正の印で記入	○ 普通便（　）	△ 軟便（　）　× 下痢便（　）
園より		
家庭より		

2 歳児連絡帳

月　日（　）　天候（晴曇雨）　検温（　℃）時

家庭より		園より	
昨夜の睡眠	よく眠った　眠りが浅い（　　　）	午睡	よく眠った　眠りが浅い　眠らない（　　　）
夕食	よく食べた　普通　少ない　食べない（　　　）	昼食	よく食べた　普通　少ない　食べない（　　　）
朝食	よく食べた　普通　少ない　食べない（　　　）	排便	○（　）　△（　）　×（　）
排便	○（　）　△（　）　×（　）	遊び	戸外（　　　）　室内（　　　）
〈連絡〉		〈連絡〉	

出所：今井 1993：206頁。

3　子育て支援になる連絡帳の書き方

1　誰にでもあてはまる書き方になっていないか

　　前述の通り連絡帳は一人ひとりの言動からその子への理解を深めるために家庭と園を結ぶもの，クラスの誰にでもあてはまる一般的な活動や姿より，その子自身の様子が記述されているかどうかである。読んでいる親にわが子ならではの姿が浮かんでこないものはなんとも寂しく，よく見てもらっていないのでは……という不安を与えてしまう。たまたま保護者同士が連絡帳を見せあっていたらほとんど同じ内容で書かれ

第2節　子育て支援として連絡帳の活用を

ており，その後書く気になれなかったという話を聞いたことがある。反対にいつもわが子の姿をVTRで見るように具体的に書いてもらい，一人ひとりについてこれだけ詳しく書いてもらえるということは，保育者が実によく子どもたちを見て理解してくれている証拠と，ますます信頼が深まったと話す保護者もいた。親が一番知りたいこと，それはわが子の園での様子である。そういう親の立場にたって書かれているかどうかである。

〈誰にでもあてはまる概括的で抽象的な書き方〉

| 例1　0歳児　スプリング木馬に乗りながら歌を歌いました。バギーに乗ってのお散歩もごきげんでした。|

コメント：「何をしたか」という記述だけでなく，誰と一緒にどんな歌を歌ったのか？
　　　　　散歩ではどんなものを見て歓声をあげたのかを書くとその子が見えてくる。

| 例2　1歳児　今日はお天気がよかったので園庭に出て元気よく遊びました。お砂場にも行って砂遊びを楽しみました。|

コメント：園庭や砂場で誰とどんな活動をしたのか？　たとえば「〇〇ちゃんは今，プリンが気に入っているのか容器に砂をつめて"プリン，おいしい"と嬉しそうに食べるふりをしていましたよ」など具体的に書き，保育者はその様子を見てどう感じたのかを書く。

2　やりとりがあるか

家庭からの質問や悩みには必ず答えてあげよう。すぐに答えられないことについては「もう少し様子を見てからお返事します」などと書き添え，後日必ず応答してほしいと思う。親の疑問や意見に対して保育者がどう答えてくれるかが，親にとっては最大の関心事である。せっかく質問しているのに何の反応もないと書く気力が失せてし

〈やりとりがない連絡帳〉

	9月12日（木）　1歳児
家庭の生活	今日はよく泣いて夜を過ごしました。あんぱんをもっともっと食べたいと泣き続け，同じ飲料水のパックなのに冷蔵庫を開けては，「これがいい，あれがいい」と泣き続け…。〇〇に泣かれるのが一番こたえます。
園の生活	敬老の日の集会に参加しました。圧倒されて椅子から保育者の膝に。膝の上だと，保育者のおてもやん，ひまわり組の合奏「ドロップス」，おじいちゃんおばあちゃんのまりつき，お手玉などよく見ていました。

コメント：親の悩みに共感する一言「自我が芽生えてくると対応に苦労しますね」がほしい。

〈やりとりがある連絡帳〉

家庭から園へ	夜寝るときに歯をみがくのですが，〇〇ちゃんはほとんど大泣きをします。昨日は少し泣いていたのをさらにそのまま歯をみがいたので，泣きわめき，ふとんにはいってしまい私も怒り狂いました。なんで嫌なのかはわかりませんが，どうしてこんなにも泣くかというほど泣くので，いやになってしまいます。あげくに吐かれるのだから頭に血がのぼります。なんとかならないかと思っています。
園から家庭へ	歯みがき大変でしたね。最近の〇〇ちゃんはオムツ替えのときも"イヤ"とはっきりと拒否するんですよ。"わかった，それじゃあとで"といって対応し，少し経ってまたさそうとスンナリときてくれます。今の時期，自我がでてきて気分等にもよりイヤ！！が芽生えてきていますので，ワンクッション置いて働きかけたり話題をそらしてさそったりすると効果がありますよ。

まう。時には、親と意見の衝突があってもいいと思う。そんなときこそ、「それではぜひ後日時間をとって話しあいましょう」と一歩突っ込んで話しあう機会になれば、いっそう相互理解がすすむ。連絡帳を見ていると、親とのやりとりが成立しない一方通行のものが結構あるのだ。これでは親と保育者をつなぐ架け橋としての連絡帳の意味がなくなってしまう。

3 親の不安をかきたてる書き方

　1年間の最後の懇談会のとき、親から連絡帳の書き方についていろいろ意見を寄せてもらったことがあった。「どういう書き方をされるとうれしかったですか」という質問に対して、「先生が、うちの子をこんなふうにあたたかく見てくれているんだ」と保育者の子どもに対するやさしいまなざしを感じたとき、親の知らないわが子の長所を気づかせてくれる先生の記述など読んだとき、保育所にお願いして本当によかったと、感じてくれたそうだ。反対に、不愉快に感じたときの記述についてたずねると「ちょっとのことで泣いていました」とか「少しも食べませんでした」とか「何も食べませんでした」など否定的に書かれているものと指摘してくれた。そこには保育者のその子への対応や思いが感じられず、つきはなされたようにとられてしまうようだ。親と保育者がひとりの子どもを複眼で見ながら、相互の考え方や思いを伝えあい発見を広げる、そういうものとして連絡帳が意味をもってほしい。親に「もう書きたくない」「書いてもちっとも誠意を示してもらえない」と感じさせてしまうことがないよう配慮したいものだ。

　次に親の不安をかきたてるような否定的な記述例をあげてみた。

〈親の不安をかきたてるような連絡帳〉

家庭から園へ	このところ、帰宅後しつようにまとわりついてきます。ちょっとかまってやると一応満足するのですが、またすぐ寄ってきては、「だっこ、おんぶ」と要求してきます。こちらも夕食の支度が思うように進まず、だんだんイライラしてきます。いけないとは思いつつ、テレビなんかをつけっぱなしにして、そちらに目を向かわせている間に急いで食事の用意をしている現状です。なんだか疲れます。
園から家庭へ	やはりお母さんとの接する時間が少ないようにも思いますが…。だんだんわかってきているだけに対応に苦心しますね。お父さんは夜、お相手してくれますか？ 今日も「指しゃぶり」が、多く見られます。まわりの子がしないだけに目につきます。こちらでもなるべく相手になる時間を多くしようと心がけています。お母さんの疲れが一番禁物です。ゆったりした気持ちで対応してあげることも大事です。がんばってください。

　母親の率直な悩みに対して追いうちをかけるような記述になっていることが残念だ。帰宅し、親にまとわりつく子どもを、テレビで気を紛らわせるのでなくどうしたらいいかを具体的に示してあげてほしいと思う。○○ちゃんに限らず、他の子どもも同じ

ように甘えたがること，それを「そうか，お母さんに抱っこされたいんだね」と真正面から向きあって対応してやると，子どもも安心してまわりに目が向けられるようになるかもしれません，などと伝え，それでも離れられなかったらおんぶして夕食の支度をするのもいいかもしれませんね，と具体的に記述するときっと喜ばれるのではないか。

一番気をつけなければいけないことは，決してま・わ・り・の・子・と比較して書いてはいけないということだ。保育者はつい，まわりの子とくらべて評価しがちだ。だが，比べられる子どもや親の立場になったら，どんなに傷つくことだろう。親が注意された感情のイライラを「どうしてあんただけ指しゃぶりするの！」と子どもにぶつけてしまっては逆効果だ。保育者に注意されたとき，親の感情のもっていき方を考える必要があるのではないだろうか。これは連絡帳の書き方にとどまらず，面談や日常の親との会話でも十分気をつけなければならない。

〈親の悩みや不安を大きくしてしまうような書き方〉

> ○○ちゃんは朝から理由もなく泣くことが多かった1日でした。（園から）
> ↓
> 子どもが理由もなく泣くことはありません。先生はちゃんと見ていてくれたのでしょうか。（家庭から）

4 育児支援になる書き方を──子どもの姿だけでなく保育者との関わりを書く

連絡帳は，子育てに悩んでいる親の気持ちに寄り添い，相談相手になりながら，子育ての見直しができるようアドバイスをしたり，子どもの育ちの道筋を伝えたり，その育ちに見あった関わり方や援助ができるよう親を励まし支えていくものである。

〈気になる姿だけを記述し，対応が書かれていない連絡帳〉

家庭の生活	連休中は車でのお出掛けも多く家にあまりいなかったのだ。がとても元気よく遊んでいました。土曜日の夜と日曜日の昼はたっぷり食べたせいか，1時頃のウンチはとても量が多かったです。また咳が出るようになり，ちょっと心配です。
園の生活	連休疲れかな？　食欲もあまりすすみませんでした。友だち同士の関わりも少しずつ出てきて，よくイザコザを起こしています。
園の生活	どうしても噛まずに口の中にためてしまいます。家では噛んで食べていますか？　自分で食べるようスプーンを渡していますが，どんどん口へ入れたり，お皿をたたいてリズムをとったりしてなかなか食べてくれません。

「よくイザコザを起こしている」「なかなか食べてくれません」という記述に対し，保育者は，その事態をどう見て対処しようとしているのか，具体的に書かれていれば親は不安にならず，家庭でも保育者の対応の仕方を学び気をつけていこうという気持

ちになるのではないだろうか。まずは、親の立場になって書くことを心がけたい。

〈保育者の対応を書き、関わり方を示唆している連絡帳〉

8月28日	2歳児
家庭より	保育園より
引っ越しの準備で、冬物のコート類の入った箱を部屋の隅に置いておいたのですが、その上に登って遊んでいました。そのうち「ビチョビチョ」と言いながら下に降りて来たので、しまった！と思って見ると、箱の上には、なつきのおしっこが……。なつきは、ティッシュを1枚1枚取って箱をふいてはゴミ箱に捨てていました。ちゃんと後始末をしたので、許してやることにしました。	遊んでいるとき、突然おしっこが出てしまって、なっちゃんもびっくりしたことでしょうね。水着に着替えてプールに入るとき、いつもなら真っ先に来るはずのなっちゃんがじっと立ちすくんでいました。おや？と思って見ると、足元に大きな水たまり。友だちが側に来て見ると「なっちゃんのおしっこなんだから！」と怒ったように主張していました。保育者が「なっちゃんおしっこが出たの、わかった？」と尋ねると「うん、わかったよ！」と誇らしげに答えていました。保育者が床を拭いている間、愛しいものを見るようにじーっと水たまりを見つめていました。

5 書きたがらない親への対応

　多くの親のなかには、時に「書くのが苦手だから」「何を書いていいかわからない」「忙しくて書く時間がない」といった理由で連絡帳に何も書いてくれない人がいる。連絡帳の必要性を訴え、少しでもいいから書いてほしいと話すと、「今日は、別に変わったことはありません」といつも同じような一言を書いてくれる親もいるが、それではあまり意味がない。

　なぜ書きたがらないか、その理由を理解し、たとえば何を書いていいかわからないと訴える親には、園の方でぜひ知りたい事柄、たとえば「帰宅するとどんなテレビを見ていますか」とか「最近園では、"いちばーん"になりたくて、食事もあまり噛まずに飲み込んでしまうことがありますが、お家ではどうですか」など。書いてほしい事柄に対して具体的にたずねるようにすると、質問には答えてくれたりする。忙しくて書けないという親には「それではお迎えのときなどにぜひお家の様子など聞かせてください」と話し、親の話を付箋紙などに走り書きし、連絡帳に貼っておくと、保育者が知りたがっていること、メモが子どもの貴重な育児記録になることなどに気づいてくれて、少しずつ書いてくれるようになる。

　子どもが小さければ小さいほど、家庭と園の連携は重要になる。親に喜んでもらおうとその子らしい活動や姿を具体的に書こうとすれば、個々の子どもをよく見つめ、理解が深まり保育が楽しくなってくる。あれもこれも知らせたい書きたいという事柄が生まれてくると、書くことも苦にならなくなるものだ。一人ひとりの子どもを愛しいと思う保育者の心根は必ず文章を通して伝わると考える。

第❷節　子育て支援として連絡帳の活用を

〈子育て支援になる，保育者の子どもへのあたたかい眼差しが感じとれる連絡帳〉

〈日誌の書き方〉　ももぐみ　1歳児組　第6章第1節の資料6-4
ひろしくんの個別記録を基に，連絡帳に書いた例

保育園より	食後，友だちのえいじくんとふざけっこしていたひろしくん，めずらしく立ったままおしっこをしてしまい，黙って立ちつくしていました。私が「ひろしくん，おしっこが出ちゃったのね」と言って拭いていると，「ちがう…みず」という返事。『もうぼくおおきくなったんだ，だからほんとはおしっこなんて失敗したくなかったんだ…』と訴えたかったのでしょうね。ひろしくんの心に大きくなった自分を主張したい自尊心が芽生えてきたことを感じました。 　だから私も「そう，お水が出ちゃったね」と言って拭きとりました。 　2～3歳にかけ，子どもたちの心に『おにいちゃんになった自分，大きくなった自分を認めて！』という思いが広がってきます。おとなからそれを認められることで『自分の気持ちが大切にされた』と感じ，人の気持ちも大切にしたいという思いが，育っていくのだと思っています。心に残る一場面でした。

こんな言葉づかいには気をつけよう

超真剣でした　　　　　　　　～じゃないですか　　　　　ですよね

～けど……　　　　　　　　　なので　　　　　　　　　　やっぱ　　　　　すごーく

全然平気　　　　　　　　　　私的には…　　　　　　　　㊀集まり（「お」の濫用）

あら²（あらあら）　　　　　　ビミョー

〈保護者を傷つける言葉づかい〉

お家でも注意して下さい　　　　　　それでは○○ちゃんがかわいそう…

第3節　家庭との連携を育む行事

1　保護者会（懇談会）

1　年間の見通しを立て，テーマを考える

　　保護者会は，親に代わって日中子どもの保育にあたる保育者と親同士が相互理解を深め，子どもの成長を支えあうパートナーとしての確認をしあう機会である。日々生活している園と家庭が，相互の様子を交換しあい，子どもを再発見する楽しいときになるよう演出してほしいものである。
　　保護者会を年に何回位もつ必要があるかは，園全体で話しあい決定するが，願わくば，各期ごとに1回，すなわち年3～4回位行なうと，親同士の交流も進み連携もしっかりできていくのではないか。開催の時期によって目的や内容が違ってくるので，1年のはじめのときに，年間計画をたて，内容を考えてみる必要がある。また，「今どんなことで悩んでいるか。保護者会で話しあいたい事柄は何か」と親の要望を聞き，それに応える内容で話しあうことで，保護者会に出席したい気持ちをもってもらうよう促すことも大切である。

2　はじめての保護者会

　　はじめての顔合わせとなると誰でも緊張してしまう。まずは緊張をほぐし，なごやかに交わりあえる場にすることがポイントである。
　　室内のテーブルに，日頃子どもたちに読んでいる絵本などをならべて見てもらうのもいい。ビデオで当初の生活の様子を見てもらい，なごやかな雰囲気になったところで始めるというのも一案である。
　　座り方は，出席者全員の顔が見えるように円座にしたり，コの字型に座るのがよいと思う。次になごやかな会に演出する一例をあげてみる。

　　（1）　一緒に歌いましょう

第❸節　家庭との連携を育む行事

今子どもたちと歌っている歌をプリントし保護者にも覚えてもらい，一緒に歌う。

(2) 自己紹介

名前だけでなく，趣味や得意な料理，出身地，親からみた子どものよいところなどを話してもらう。ゲーム的な要素を入れた楽しい自己紹介にしたり，質問コーナーを設けたり，場を盛りたてながら，親近感や連帯感をもてるよう演出してほしい。このときは保育者も親に自分を理解してもらういいチャンス。子どもたちへの思いや家庭での姿などを紹介したり，いい出会いになったと喜んでもらえるようPRする。

写真7-2　子どもたちの日頃の園生活の様子をビデオ撮りし見てもらう

(3) 懇談の内容としては

・入園・新旧当初の子どもたちの様子や生活ぶりをエピソードを交えわかりやすく話す（ビデオで見てもらってもよい）。

・1年間を通してクラスで大切にしていきたい保育内容・子どもの育ちなど，保育者の願いや気をつけたいことを具体的に簡潔に話す。

・親の理解を必要とする「安全保育について」や，「1・2歳児クラスであれば噛みつきについて」など話しておくのもよいと思う。

・家での様子，今，悩んでいること，困っていることについてたずねる。

最初の会では，親から出しづらいことを考慮し，前もって質問用紙を配って，今，ぜひ聞きたいこと，話したいことについて記述してもらい，それを読みながら進めてもよいと思う。

保護者会は，園側からのお願いや注意事項を一方的に述べるだけの場にせず，親と一緒に話しあう場であることを何より大切にしてほしいものだ。そういう意味で毎回，保護者が楽しみに参加できる企画，運営を考えたい。

3　年度の中頃に行なう保護者会

2～3回目の保護者会は，保育参観後にもつことが多いようだ。その日の子どもの姿を見て次のようなことで話しあう。

・参観して気づいたこと，嬉しかったこと。

・自分の子どものことでちょっと気になったこと。

・生活全体を通してぜひみんなで話しあいたいこと。

参観日は，親が見ていることで子どもが緊張したり，興奮したりして，普段の様子を見てもらえないこともある。そのため，日頃の生活や遊びの様子をビデオに撮っておき短い時間に見てもらってもよいと思う。またよく泣いたり，乱暴したり，けんかしたり，親から見ると気になる子どもの親は，あまり居心地がいいものではない。保育者は具体的な場面をふり返りながら双方の子どもの気持ちを伝えたり，泣くこともけんかも子どもの世界には不可欠な自己表現であることなど，親の立場を考えて話すことも忘れないでほしい。またおとなからみるといけないことと思われがちなさまざまなトラブル・葛藤が子どもたちには成長の糧になることを知ってもらうチャンスでもある。

　年度途中に参観とは切り離して懇談のみ行なうときは，親どうしの活発な本音で語りあえる会にしたいものである。

　そのためには，(1)親にとって一番切実な話したい事柄をテーマに選ぶこと，(2)同じ年齢をもつ親として，共通の悩みや心配ごと，たとえば年齢によって異なるが，2歳児クラスであれば「自己主張とわがままについて」，(3)人数が多いときは，誰もが発言できるように2つか3つ位のグループに分かれて話しあう，(4)よく打ち合わせをしたうえで保護者に司会・進行をお願いすることもいいと思う。

4　年度末の保護者会

　1年間のまとめと進級に向けて最後の保護者会を2月か3月に行なう。

① 子どもの成長を喜びあう

　4月当初と現在の子どもの姿を比べられるように，アルバム・ビデオなど活用する。

② 心に残る資料や記録を用意し配布する

　1年間の営みのなかで何かしら心に残る記録，たとえば一人ずつの児童票や連絡帳からその子どもの特徴だったエピソードや言葉の育ちを抜き出し整理する。散歩の日誌から見ても，1年間では歩く距離も活動の場もずいぶん広がっている。さらに友だち関係や知識，興味も育ってきている。クラスによっては，1年間のまとめに親から寄稿してもらい文集をつくり，互いの成長を喜びあう資料にするところもある。

③ 保育の評価を親と共に

　保育者は1年を振り返って，子どもへの思いや保育者としての喜び，反省点など率直に語ってほしい。最後に親に支えられて過ごせた保育活動，親から学んだ事柄など気持ちをこめて話す。園の保育は親の協力があってはじめて充実し効果をあげることができるのだから。

　どの親もまたわが子を見直すいい機会である。決してまわりの子どもとの比較ではなく，その子自身の個性や育ちをそれぞれの親が認められるようになると，この最後の保護者会はほんとうに意味をもつ。保育者は親と子を結ぶ媒介人，子どもは誰より

第3節　家庭との連携を育む行事

も親が好き，それを伝えながら，子どもを思う心で親と保育者がつながっていく。最後の保護者会ではそれを十分に開花させてほしい。

5　保護者会を充実させるために留意したいこと

①　「担任対ひとりずつの親の発言」に陥らないように

　親からの意見が出ないときなど，ひとりずつ順番に話をしてもらうことがよくある。そうするとどうしても保育者対ひとりずつの親の発言になってしまい，参加者の関わりがなく担任とだけ話しているような図式になって，場がしらけてしまう。ひとりの親の発言を他の親の考えにからみあわせ，皆と話題を共有しあえるようにしていくためには，ひとりの意見を「今の○○さんと同じような悩みをもっていらっしゃる方はいませんか」とか「○○さんの悩みを，私はこんなふうにクリアしたという経験をおもちの方，ぜひアドバイスをお願いします」と話題をみんなのなかに投げていく必要がある。一人ひとりの発言を機械的に順番に求めるのでは，懇談にはならない。

②　いつも同じ人ばかり発言して終わらないように

　いつも発言する人が決まってしまい，その人の独演会，これでは困る。途中で「そろそろ意見をまとめてくださいますか」と失礼にならないよう区切りを入れることも大切である。

③　保育者の話に反発したり要求ばかり強い親に対して

　まずはその人の考え方をすっかり話してもらうことである。話している途中で保育者が反論すると会の雰囲気が気まずくなる。ともすると親が聞く耳をもっていないのに聞かせてしまうことはないか。保育者はよい聞き手になってじっくり聴く。すると，自分の思いをすっかり話せたことで，親の気持ちが落ち着き冷静になることが多い。

　親の反発や要求をしっかり受けとめたうえで保育者の保育に対する考え方をていねいに述べよう。しっかり聞いてもらえたという満足感から保育者の話も聞いてみようという思いになってくれるものだ。まわりの親の意見も寄せられるようになると思う。一人ひとりのどの親も大切にする保育者の気持ちや態度こそ，親の信頼を得るものになる。

④　アフターケアをしっかりと

　当日保護者会に出席できなかった親には，当日に配布した資料や会の様子などを伝える。出席してくれた親には，会についての感想やアンケートをとり今後の参考にすることも考えてみる。

写真7-3　保育者を囲んで熱心に話しあわれる保護者懇談会

2 個人面談──面談のすすめ方

　面談までの保育者の準備としては，あらかじめ質問用紙を配り，当日話しあいたい事柄について記入してもらう。それをすることで，保育者の心の準備が整う。難しい問題は，園長や主任の意見を参考にしたり，下調べなどをすることができる。また，担任として親に何を伝えたいか，ポイントを押さえて要領よく話せるようにするため，児童票など記録に目を通し，(1)その子の育ちを物語る具体的な状況，(2)課題（そのことについて担任として今後どのような援助をしていくつもりであるか，具体的な方策を押さえたもの）を整理しておく。

① 保育者の見方を押しつけず，まずは聞こうとする姿勢を示す

　はじめから日頃問題だと感じていることを並べたてて話してしまうと，「うちの子は先生にいい評価をされていない」と警戒されてしまう。保育者が見ている子どもの姿は園という限られた生活範囲のものだ。家庭での子どもの姿を親から聞き理解を深めたいという謙虚な気持ちが親に伝わると，親も構えることなく話し始める。「○○ちゃん，最近園ではとてもよく食べるようになったんですが，お家ではどうですか」「友だちとテレビのヒーローごっこを楽しむようになったんですが，お家ではどんなテレビを見ていますか」など話しやすい雰囲気をつくり，会話がはずむような具体的な事柄から話し始めるといい。その後，園内でのその子の様子が親に見えるように楽しいエピソードをまじえて話す。

② 子どもの悩みや課題には具体的な手だてを考え伝える

　はじめの雰囲気や会話から親の緊張や不安がほどかれ保育者への信頼が生まれると，親は自分からわが子の欠点や弱点，発達上の気にかかることなどを話しだす。「迎えにいくといつも一人で遊んでいるのが気にかかるんです」「この前，○○ちゃんに嚙みついてしまったようですが，家でも気に入らないことがあると私に嚙みつくんですよ」

　子どもの成長を願うもの同士という信頼でつながっていると，親と保育者の共通の課題として言いづらい話も語りあえるようになる。「○○ちゃんがどんなとき嚙みつくのかよく見ていたら，やはり○○ちゃんなりの理由があることがわかってきました。たとえば『友だちの使っている玩具をぼくもほしい！』そう思った瞬間嚙んでしまうのですね。だからなるべく事前に防いで，「○○ちゃんもこの玩具がほしかったの？」って，彼の言いたかった言葉をかわって言ってやると，うれしそうにうなずき「ほしい」って言うんです。園ではそんな対応をしながら，嚙みつきが言葉に変わっていくよう援助しています」。

　子どもの悩みについて，園での具体的な対応を伝えて親の協力を得ることが子育て支援である。以前は，子どもの困った事態を指摘するだけで，親が具体的にどうすれ

ばよいかを示せなかったことが多かった。それでは親の不安に追いうちをかけるだけ。親の気持ちとして困った事態を話題にしてくれたときがチャンス！　どうすれば解決できるか，その具体的な援助を一緒に考え，納得してもらったうえで共にその対応をすすめていく。

③　面談後も話しあう姿勢を大切にする

話しあったことは，そのままにせず折をみて「その後どうですか」と声をかけたり，「また聞かせてくださいね」とアフターケアをし，親がいつでも気楽に話に来られるように促す。

3　保育参観と保育参加

1　参観と参加の違いは何？

園での生活が落ち着いてくる頃合をみはからって保育参観や保育参加を行なうことで，親のさまざまな不安をとりのぞいたり，子どもの育ちや活動，生活の仕方に対する理解を促していくことが必要である。「百聞は一見に如かず」という「諺」があるが，親の心をつかみ，親と一緒に保育実践をすすめていくためには，これらの行事は欠かせない。

(1)　意図やねらいが異なる

保育参観は親との連携をはかるため，園でのありのままの子どもの姿を見てもらうことを目的に行なう行事である。そのねらいとしては，

・家庭と園の様子に違いがないか……自己発揮できているか，
・保育者や友だちとの関わりはどうか……保育者の子どもへの対応の仕方にも注目してもらう，
・保育の場（集団）だからこそ体験できることへの共感と理解を得ること，

などである。それに対して保育参加は，

・親に子どもと一緒に遊んだり関わってもらう（保育を体験してもらう），
・子どもと一緒に楽しくすごす，
・日ごろの親の関わり方（育児の仕方）を再確認する，
・生活習慣の援助のあり方やさまざまな遊び方を知り，家庭生活に生かしてもらう，
・他の子どもたちや親同士のふれあいを楽しみ連携を深める，

などである。

(2)　共通点

・子どもたちの成長を親と保育者が協力して支えあう，
・園での保育内容を高めるため親の協力や声を反映させる，

・孤立しがちな子育ての輪を広げ連帯を強める，

などが考えられる。いずれにしても事前に園としての方針や活動の観点，注意事項など書いた通信を出し，当日の保育に対する理解や協力を得ておくことが大切である。

2 参観の際の注意事項

- 日頃の保育を見てもらうというねらいからはなれて「見せるための保育」にならないよう，子どもや保育者にとって負担や無理のない計画を立てる。
- 参観をした後は，懇談会をもち，親の意見や質問などにきちんと対応し，園への信頼，安心感をもてるようにする。とくに親から保育を批判されると，保育者はどうしても感情的になり弁解したりしてしまう。よかれと思っている保育に立ち止まって振り返る力がどれだけ自分にあるか「自分の保育を親と一緒に考え話しあう絶好のチャンス」と前向きにとらえる。
- けんかをする子，乱暴な子，話を聞けない子などが，親から「困った子」という目で見られないよう，子どもの成長の過程に見られる言動としての親の理解を広げる説明が必要である。
- その日の行動が園生活のすべてではないこと，参観を意識し日頃の行動とは異なる態度になった子どもをフォローする。
- 参観日を特定せず，年間を通していつでも，誰でも参観できることを伝え，父親の参観も計画する。

3 保育参加――0歳児の場合

子どもたちの生活を維持するために，一度に多人数の参加は避け，適切な人数を提示する。当日は，自分の子どもに関わりながらまわりの子どもたちの様子，保育者の子どもたちへの接し方など見てもらう。保護者に一方的に「こうしてほしい」「こうあるべき」を押しつけるのではなく，『子どもにどのように関わるといいのか…』を気づいてもらう絶好の機会，子育て支援の一環として，前向きに取り組みたい。

写真7-4　0歳児クラスの保育参加――親子のふれあい遊びを楽しもう

第4節　保護者とのトラブルを未然に防ぐ対策
——こんな時，どうするか。保育者からのQ&A

1　保育中の怪我——安全保育を考える

Q　ちょっとした傷でも追求する親への対応に困っています
　3歳の男の子で，入園前はおばあちゃんに育てられていたためか，M君は動き回って遊ぶことが苦手です。散歩に行って他児がかけまわっていると，後から一緒に走ろうとしますが，よくころびます。そのつどかすり傷やあざができる。母親は「また怪我をしたんですか」と言い，いやな顔をされてしまいます。ころんでかすり傷をする程度なのに，「家ではめったに傷などつくらない」と言われ，めいってしまいます。先日はテラスで走ってくる友だちとぶつかり，ころんでおでこにこぶをつくり，すぐ冷やして処置をしたのに，「うちの子ばかり怪我をする」と怒っていました。1・2歳の頃によく動き回っていれば，M君のように頻繁にころんだりしないのではないかと思うのです。母親にそれを話すと，ますます怒り出すのではないかと，びくびくしています。　　　　　　（保育年数3年　I保育士）

A　入園時の懇談会などで日頃から保護者と「子どもの傷や怪我について」「安全保育とは何なのか」というようなテーマを話しあっておくことが必要だと思います。
　かつてはすり傷やたんこぶは，子どもの勲章といわれてきました。傷をつくりながら痛みを味わい，治っていく自分の体を感じて，強くなっていくことを大切にしたいという，園側の考えを理解してもらういいチャンスです。「どこからどこまでを怪我というのか」など，園医さんの意見を，あらかじめ聞いておくこともいいと思います。

● 安全保育とは

　本来「安全保育」というのは，子どもたちに怪我をさせないようにすること，大人が守ってやることだけを，指すのではない。小さな傷をつくりながら，大きな怪我にならないよう，子どもが自分で自分の身を守れるようになっていく力を，つけていく

ことを指す。大きくなるにつれて大人がいない所でも、子どもは活動するようになっていく。大人がいなくても、子どもが自分の判断で危険から身を守れるようになっていく力を育てることが、本来の「安全保育のねらい」である。探索や冒険をしながら、子どもたちが遊びの本当の楽しさを味わえるようになっていく過程など、自分たちの子ども時代を思い出しながら話しあえるといいと思う。

● 親との対応

とはいえ、子どもがすり傷やあざをつくってしまった時、保育者が親に「たいしたことはありません」「心配いりません」などと言ってしまうのはどうであろうか。どんな軽い怪我でも、親はわが子の身になって、心を痛め心配するのだ。それが親だと思う。その親の立場になって「傷をつくった状況とその時の対処の方法」など、ていねいに話してあげてほしい。「園ではこういう処置をしておきましたので、様子を見てください」と言い添えておけば、母親はきっと安心するはずである。傷をつくった翌日には、「傷は痛みませんでしたか」という保育者の気づかいが、親にはとてもうれしいものである。

M君の場合、歩き始めてから走り回るようになる時期、存分に動きまわっていなかったために、バランス感覚が十分養われておらず、ころぶのではないかと考えられる。親には、何度もころびながら、やがて自分の手で体を守るじょうずなころび方になっていくこと、園でM君が自在に動き回れる喜びを味わえるよう、戸外活動を十分に取り入れているので、運動能力も育っていくという先の見通しについても、話してあげるとよいと思う。それを聞けば『家庭でも歩く、走るを十分にさせなくては……』と思ってくれるようになるのではないか。

保育者が誠心誠意対応していても、ちょっとしたことから行き違いが生じてしまう。親との関わりで生じた傷を大きくしないうちに回復させるには、保育者の方から親への小さな気づかいをすることを、忘れないようにしたい。その気づかいが親に伝わったとき、傷が癒され、垣根がとりのぞかれていくのではないか。

Q 怪我をさせた子どもの親に、そのことを知らせるべきか

朝の自由遊びの時間、2歳のN君はすべり台の上からすべってきて、下からのぼってきたY君とぶつかり、スロープから落っこち、頭を3〜4cmほど切り、血がふき出しました。私は、他の子どもたちと追いかけっこをしていて、落ちた瞬間を見ていなかったのですが、泣き声を聞き、あわててN君のところにかけつけました。保健室で応急処置をし、外科に連れて行きました。レントゲン検査の結果は大丈夫でしたが、頭を6〜7針縫ったので、包帯やネットで痛々しい姿になってしまいました。医者は保育園で静かにさ

せておけば大丈夫と指示してくれたので，母親に電話をかけ，状況説明と園でした応急処置，医者の治療，レントゲン検査の結果を伝えました。

　こんな大怪我をさせてしまったので，私は母親が夕方迎えにくるまで待ち，あらためて怪我をさせてしまったことを詫び，「お大事にしてください」と伝えました。N君にぶつかった相手については何もふれずにいたのですが，その時母親から「誰とぶつかったんですか，下から上がってくる子がいけなかったんじゃないですか。その子にはちゃんと注意したんですか」と厳しい口調で問われたのですが，私は園長とも相談していたので，「園で生じた怪我は，園の責任なので……」と相手の名前は言いませんでした。ところが親は子どもから相手のことを聞きだし，以後，双方の親同士の関係が悪くなってしまいました。こんな時には，怪我をさせてしまった親にも，知らせるべきだったかどうか悩んでいます。

(保育年数7年　M保育士)

A　頭の怪我は後遺症が心配されますが，レントゲンを撮ってもらえたことで，大きな不安はなくなりよかったですね。

　すぐに迎えにきてもらえる怪我でなくても，前もって親に連絡し，理解を得ておくことは必要だったと思います。想像はしていても頭を包帯でぐるぐるまきにされ，ネットをかぶせられているわが子の姿を目のあたりにすると，大きなショックを感じてしまいます。夕方の迎えの時に担任がしっかり事故のあらましを伝えられたことも，適切な対応であったと思います。が，この事例に見るように，医者に行くような怪我をしてしまった場合，相手の親にそのことを報告しておいてもよかったのではないかと思います。確かに園で生じた事故は園の責任ではありますが，怪我をさせてしまった子どもの親は，それを知っていればきっとN君の家に電話をかけ，気づかいの言葉を伝えるのではないかと思います。園としては，すべり台のところに保育者がついていなかったことで生じた怪我である，と責任を感じ，Y君の親には伝えることはないという判断をなさったことは理解できますが，園の責任であることをきちんと伝え，詫びた上で双方に事実を伝え，トラブルにならないよう支援することが必要だったかもしれません。

　日頃，保育者や園に対する信頼，それも子どもをきちんと見てくれているという信頼感が培われていると，園の対応に納得し，トラブルにならずにすむということもあります。双方の親の性格，特徴など把握した上で，知らせるか否か判断することもありますね。

● 日頃，子どもの行動をよく見てもらっているという信頼が大切

　　ある保育園でこんな話があった。昼寝の時間に，ひとりの子がK君の顔にスプレーを吹きつけてしまったそうだ。担任と園長がK君の家に謝りに行った際，K君のお父さんは怒ってこんなことを言ったそうである。

　　　「今度のことで私が怒っているのは，スプレーをかけた場面を先生が見ていなか

ったことに対してです。実は，前の担任の先生は，毎日迎えに行くと，今日K君はこんな遊びをした，友だちとこんなことがあった，とよく報告をしてくれた。それで子どものことをよく見てくれているんだなあと安心していた。けれども，今度の先生は，日頃の子どもたちの話をしてくれず，本当にわが子のことをよく見てくれているのか，とても不安を感じていた。今度の事件でやっぱり……と思ったのです。」

　日常的に親と信頼関係をつなぐ努力，できるだけ子どもの状況を丁寧に伝えておくことなどが，思わぬ事故が生じた場合の潤滑油になる。

2　噛みつきを防ごう

Q　噛みつきが親の不信感にならないようにするには……

　1歳児クラスの担任をしています。クラスの中に，自分がほしいと思ったものは，友だちがもっていても，すぐ奪い取ろうとして噛みついてしまうT君（2歳）がいます。腕でも足でも，どこにでも噛みついてしまうのですが，一番困っているのは，友だちの頬に噛みつくことです。頬はやわらかいので，大きな噛みつきの傷が残ってしまい，噛まれた子どもの母親から「顔に噛みつきのあとが残ったらどうしてくれるんですか」と叱られてしまいます。T君が噛みついたときは，「だめっ」と厳しく叱り，その後「○○チャンの持っている玩具がほしかったの？　そういうときは『かして』って言って！」と話しています。T君はその時は「うん，うん」とうなずいて聞いていますが，すぐ忘れてしまいます。多いときは日に5〜6回噛みつきます。年度のはじめのころはT君だけが噛みついていたのですが，最近（7月に入ると）T君によく噛みつかれたM子さんやS君まで，噛みつきをおぼえてしまいました。連絡帳などで「何とか噛みつきを防いでもらえないでしょうか」「噛みつかれた子どもの親の身になってください。安心して園にあずけることもできません」と親の不安を訴えられるようになってしまいました。このままでは，ますます被害が広がりそうです。今のうちに何とかくい止める方法はないのでしょうか。

(保育年数8年　A保育士)

A　噛みつきが一番よく発生するのが1・2歳児です。1・2歳の子どもは，自在に動きまわれるようになり，あれもしたい，これもしたい，あれもほしい，これもほしいといった，エネルギッシュな行動，要求がでてきます。このように自分の要求を通そうとする自我意識が強くめばえてくる時期ですが，それを伝えるだけの言葉をもちあわせません。そこで要求を達成させるため，〈噛みつき〉という安易な手段をとるようになります。特に，1〜2歳前半の幼い子どもたちは，コントロールせず，本気で噛んでしまうため，歯跡が

残ってしまいます。噛みつかれる子にとっては，かなりの痛みをともなうショックをあたえてしまいます。そして，この噛みつきがA先生のおっしゃる通り，ひとりだけにとどまらず，噛みつかれた子，見ている子にも広がってしまうことが，現場では悩みです。

噛みつかれた親が嘆くのは当然のことと思います。ぜひ噛みつかれないよう防いであげてほしいと思います。

● 子どもへの対応

まず，噛みつく行為だけをやめさせようとするよりも，その原因を考えてみましょう。T君の場合は，友だちの持っているものが欲しいと思ったことが，噛みつきになるようであるが，「一人ひとりの子が求める好きな玩具は，十分整っているか」「子どもたちのしたい遊びが，ほんとうに楽しめているか」「保育者と追いかけっこやスキンシップの遊びなど，もっと楽しいことがあることを体験することがなされているか」など考えてみてください。

1・2歳児がどんなときによく噛みつくかを，整理して考えてみましょう。噛みつきの多くは，室内で起きている。保育者の言動や保育室の環境をもう一度見直してみましょう。「T君は噛みつきばかりする困った子」と言う見方をしてはいないだろうか。病気の後，戸外で遊ぶことが少ないとき，週末の疲れがでてくる頃，生活のリズムのくずれによる寝不足や，便秘などの理由による生理的不快感が大きいときも，噛みつきが多くなる。

噛みつきを防ぐ手立てとしては，噛みつきをする子どもから，極力目を離さないことである。とはいっても，T君ばかりみていられない事情はよくわかるが，なるべく目をかけることが重要だ。もし，保育者から離れたところでT君が誰かに噛みつきそうになったとき，保育者は真っ先に「T君，先生の方を見て！」と名前を呼び，一瞬保育者のほうへ気を向かせる。その間に走っていって「T君，その玩具が欲しかったのね。それじゃあ先生と一緒に同じものを取ってきましょう」と，T君の気持ちを言葉にする。そういうことが何度か続くと「この人は，ぼくの気持ちをよくわかってくれる人。この人に訴えればなんでも聞いてくれる…」と自分で奪い取るより，保育者に訴えようという気持ちになってくる。

噛みつきが起きてしまったときは，A先生がなさっているように「いけないよ」「痛いからやめて！」と厳しい表情と言葉で，きっぱり伝えて，「一緒に遊びたかったの？」などと，噛みつきの行為の意味を，言葉に添えてやってほしい。噛みついて離さない子どもの場合は，鼻をつまんでやるといい。噛みつかれてしまった子には，冷たい水で冷やしてあげると痛みもやわらぎ，跡も残らないようだ。

親への対応

つぎに，親への対応であるが，園内での子どものトラブルは，保育者の責任で解決するという立場から，嚙みつかれた子どもの親には，嚙みつかれたときの状況，処置を丁寧に伝え，痛い思いをさせてしまったことを，詫びるようにしよう。嚙まれた子どもの親に，誰に嚙まれたかは知らせなくてもよいと思う。しかし，子どもが「○○ちゃんに嚙まれた」と話す場合もある。また，いつも嚙む子がきまっていたり，嚙みつきをする親が心配して「うちの子が友だちに嚙みついたりしませんか」と聞く場合などは，親同士のトラブルにならないために，嚙んだ親に報告することもある。ただし，その場合は，決して家で叱らないと約束してもらう。幼い子どもの場合，その場で叱るのは有効であるが，家に帰ってから，過去のことを叱られるのは逆効果である。

保護者会や園便りで，この時期の子どもの嚙みつき等の，行動特徴などについて，広く親の理解を求めることも大切である。

対応のポイント

① 報告は，保護者から尋ねられる前にする。
② 保護者のショックを受け止める言葉かけをしてから，状況説明をする。
③ 園で起こったことは園に責任がある，という姿勢で謝罪する。
④ 嚙みつきが起こった経緯も知らせるが，嚙んだ子どもを悪者にしないように配慮する。
⑤ 保育者がどんな対応や処置をしたかも伝える。
⑥ お迎えが保護者以外の場合，電話で直接保護者に報告と謝罪をする。

参考文献（第7章）

今井和子『保育に生かす記録の書き方』ひとなる書房，1993年。
小笠原文孝『保護者の要望をどう受止めるか』フレーベル館，2002年。
新澤誠治・今井和子『家庭との連携と子育て支援』ミネルヴァ書房，2000年。

第**8**章

これからの乳児保育とその課題

第1節　子育て支援

1　少子化にともなう子育て支援の動向

　現在，子育て環境は大きな変革期を迎えている。それは，少子化の進行に終止符を打ちたいという国の政策に端を発している。このまま少子化が進行すれば，2050年の総人口は1億59万人となり，現在よりも2割減となることが予想され，国の経済危機に直面する。このことが国の少子化対策に期待をかける大きな理由である。そのため，1994年には，文部，厚生，労働，建設の4大臣合議による「エンゼルプラン」が示され，緊急保育対策のなかに低年齢保育や延長保育などの多様な保育サービスの計画的推進がはかられた。その後，1999年には「少子化対策基本方針」の決定とともに，大蔵，自治，文部，厚生，労働，建設の6大臣合議による「新エンゼルプラン」が策定され，総合的なサービスの実施計画が考えられた[1]。しかし，これらの取組みにもかかわらず，少子化は進行し，2002年には「少子化対策プラスワン」が厚生労働省により取りまとめられた。この間に，家庭で子育てをしている専業主婦の親たちが抱えている深刻な問題も徐々に明らかとなってきた。

　そこで，子育て支援の内容は，これまでの仕事をしている親を対象とした取組みである「仕事と子育ての両立支援」に加え，「男性を含めた働き方の見直し」「地域における子育て支援」「社会保障における次世代支援」「子どもの社会性の向上や自立の促進」の4本の柱が新たに追加された。これが，現在全国の市町村で進められている，次世代を担うすべての家庭を社会全体で支援することを目的とした「次世代育成支援対策（推進法）」である。したがって，これからの子育て支援は，企業や地域をも巻き込んだ取組みへと発展していく予定である。

2 子育て支援の今後の課題

　2003年に打ち出された「次世代育成支援対策推進法」は，全市町村にその実施を義務づけた。この内容は，2000年に21世紀初頭における母子保健の国民運動計画として示された「すこやか親子21」の保健，医療，福祉，教育の各分野間の連携を踏襲した内容であることとされた。これを受けて，各市町村は，2004年にそのためのニーズ調査を行ない，住民のニーズに沿った行動計画を策定し，2005年よりこの事業の実施に取り組んでいる。しかし，その姿勢は，地域によりかなりの違いが見られている。

　わが国の15歳から49歳までの出産可能な女性が，一生のうちに産む子どもの数の平均を表わした合計特殊出生率は，2003年より1.29と過去最低を記録している。今，わが国は，第2次ベビーブームに生まれた子どもたちが出産適齢期を迎え，出生数の増加が見込まれる時期である。それにもかかわらず，減少を続けている。

　このような少子化の原因については，女性の職場進出とそのことによって生じた女性の仕事と子育ての両立の難しさ，住宅事情，教育費の増大といったように，女性の問題と経済的な側面からだけで論じられることが多い。しかし，現在生じている少子化の問題は，国の文化やそれまでの規範的な要因，慣習にも大きく影響されている。たとえば，男女参画型の労働環境について論じる一方で，子育ての責任は母親に押しつけられているという事実や，現在子育て中の親の特徴を十分に把握しないまま，子どもを産めば誰でも母親になれるといった人びとの意識は昔と少しも変わっていないのである。そのことが，母親の育児不安や虐待を増大させ，子どもの反社会的行動を深刻にしてきている。このような状況を，国や行政はどのように理解し，どのような子育て支援策を提供できるのかが今後の大きな課題である。

3 現代の子育て環境

　2003年に出された次世代育成支援の行動計画策定に先駆けて，子育て支援のためのニーズ調査を行なった。[(2)]

　ここに，その結果の一部を用いて，現代の子育て環境を概括する。今後の子育て支援を考えるうえでの一助となれば幸いである。

　対象は3歳未満の子どもを持ち，保育所などの乳幼児教育機関に子どもを預けずに家庭で子育てをしている，ある県の5700名の親たちである。

　一般的には，このような調査に回答する親たちは，子育てに積極的な姿勢や関心を

もった集団であると考えられがちである。しかし，本調査は，アタッチメントを判定し，その結果に意見書を添えて個々に返却するという方法を行なったため，幅広い対象から多様な意見が聞かれ，偏りの少ない集団からの回答であると考える。

調査を行なった県の特徴は，都市部，農村部，漁村部などが混在した中規模都市であり，都市部では大手企業も多く，中央からの人口移動も多い。したがって，本調査は日本の平均的な姿を反映した調査結果であると考えられる。

1 現代の親の特徴

母親の平均年齢は32.6歳，父親の平均年齢は34.6歳で，図8-1に示すように，両親共に30代前半が最も多く，30代後半を含めると30代の親たちは全体の65～70%を占めていた。

30代の親たちが育てられてきた環境は，高度経済成長期の真っ只中にあり，親たちは働くことが唯一の目的であるかのような時代であった。そのため，親子の関係は希薄となり，学力偏重主義の社会は，子どもに対する親の関心を成績向上だけに向かわせた。周囲には物が溢れ，お金さえ出せばあらゆる物が手に入り，物の使い捨てが経済の豊かさを示すような時代であった。この時代は，中規模都市であっても図8-2に示すように核家族が多くなり，そのような家庭で育った子どもたちは，自分とは異なる年齢の子どもや高齢者との交流の機会は少なかった。

図8-3に示す結果は，上述したことを裏づけるものであり，父親，母親が，親になるまでの間に，乳幼児などの子どもの世話をした経験のある親たちは，非常に少なかった。とくに，子育て真っ最中の30代前半の母親の世話体験は他の年代に比べて最も少なくなっていた。父親は，各年代で母親よりも低い割合を示していた。つまり，現在子育て中の親たちの多くは，子どもとはどのような存在であるのかを知らないま

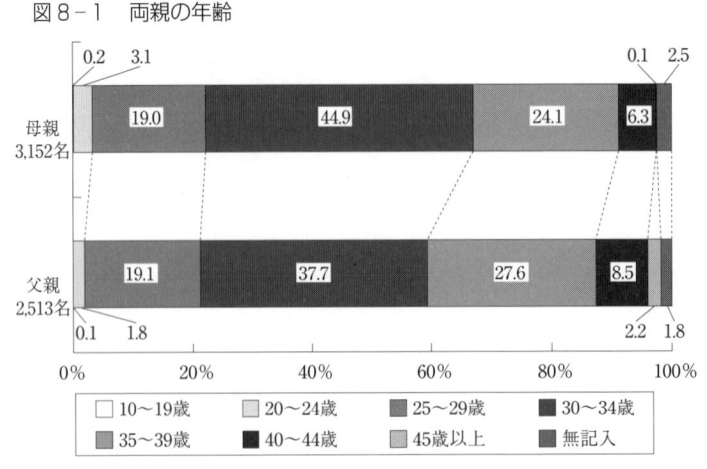

図8-1　両親の年齢

	10～19歳	20～24歳	25～29歳	30～34歳	35～39歳	40～44歳	45歳以上	無記入
母親 3,152名	0.2	3.1	19.0	44.9	24.1	6.3	0.1	2.5
父親 2,513名	0.1	1.8	19.1	37.7	27.6	8.5	2.2	1.8

出所：節末参考文献(2)。図8-2～8-5も同じ。

図8-2　親の幼少期の家族形体

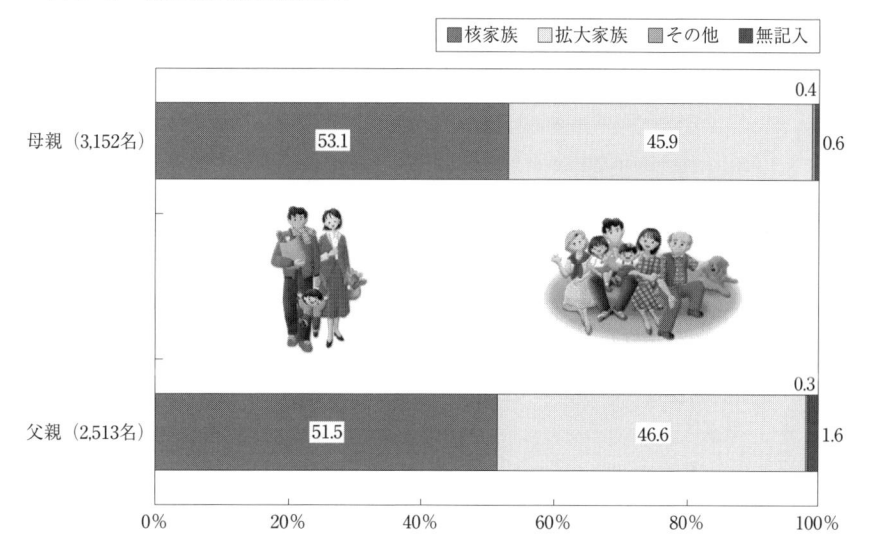

　　　　　　　　　　　■核家族　□拡大家族　■その他　■無記入

母親（3,152名）：53.1 ／ 45.9 ／ 0.4 ／ 0.6
父親（2,513名）：51.5 ／ 46.6 ／ 0.3 ／ 1.6

図8-3　親の乳幼児世話体験の有無

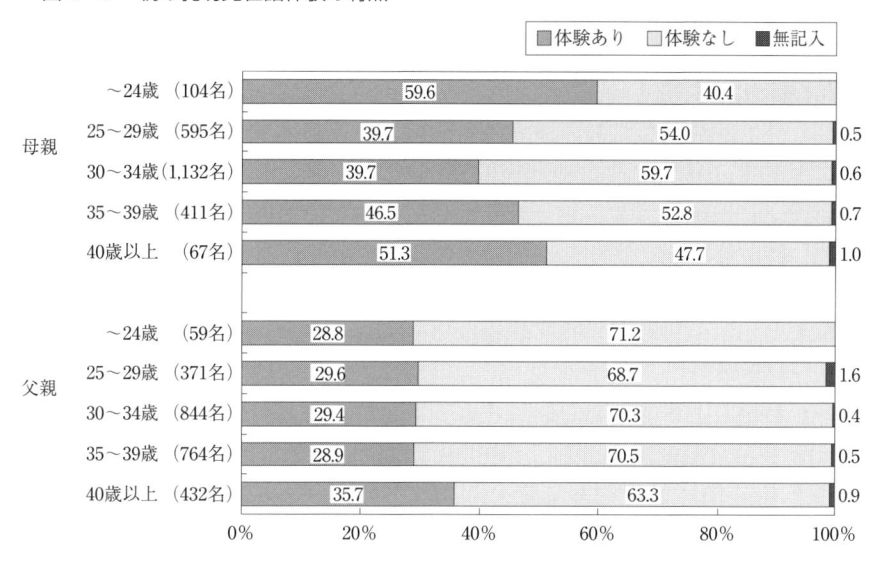

　　　　　　　　　　　■体験あり　□体験なし　■無記入

母親
～24歳（104名）：59.6 ／ 40.4
25～29歳（595名）：39.7 ／ 54.0 ／ 0.5
30～34歳（1,132名）：39.7 ／ 59.7 ／ 0.6
35～39歳（411名）：46.5 ／ 52.8 ／ 0.7
40歳以上（67名）：51.3 ／ 47.7 ／ 1.0

父親
～24歳（59名）：28.8 ／ 71.2
25～29歳（371名）：29.6 ／ 68.7 ／ 1.6
30～34歳（844名）：29.4 ／ 70.3 ／ 0.4
35～39歳（764名）：28.9 ／ 70.5 ／ 0.5
40歳以上（432名）：35.7 ／ 63.3 ／ 0.9

ま親になり，わが子との出会いが子どもと出会う初めての機会である場合が多い。

　このように，子どもと触れあったのはわが子が生まれたときが初めてというような親にとって，最初の子どもの子育てがいかに困難であるかは容易に想像できる。また，さまざまな問題を抱えた親の育児相談からは，現代の社会における子育ての難しさだけではなく，親自身が抱える親子関係や対人関係の問題なども大きな課題となっている。このような状況を考えると，今の時代には子育てでどのようなことが起きても不思議ではないような印象を受ける。

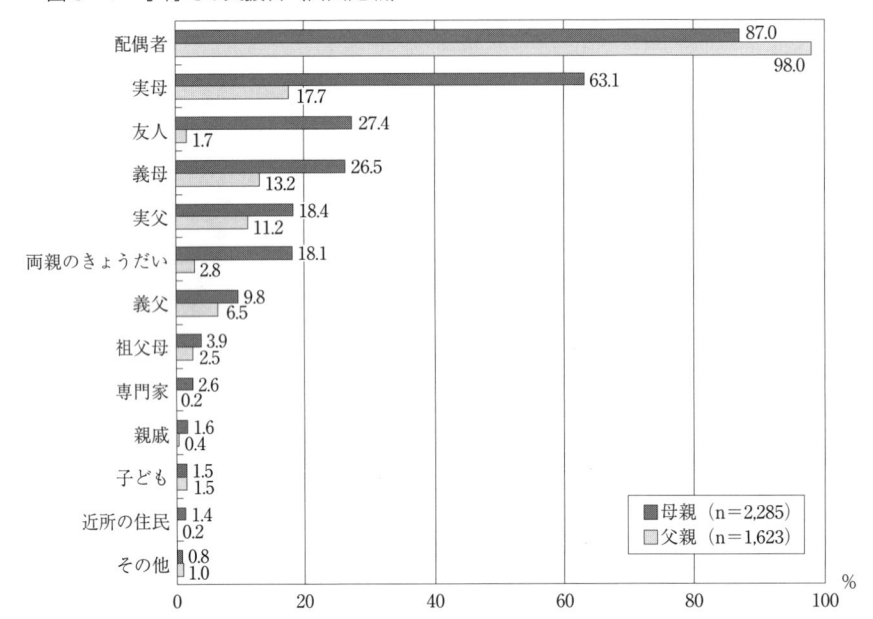

第8章 これからの乳児保育とその課題

図8-4 子育ての支援者（自由記載）

支援者	母親（n=2,285）	父親（n=1,623）
配偶者	87.0	98.0
実母	63.1	17.7
友人	27.4	1.7
義母	26.5	13.2
実父	18.4	11.2
両親のきょうだい	18.1	2.8
義父	9.8	6.5
祖父母	3.9	2.5
専門家	2.6	0.2
親戚	1.6	0.4
子ども	1.5	1.5
近所の住民	1.4	0.2
その他	0.8	1.0

2 子育ての主たる支援者

　保育所や幼稚園などの乳幼児教育機関に子どもを預けている親たちは，保育者や幼稚園教諭，親同士の交流，園の行事などを通して，あるいは配布物などから，何らかの形で大なり小なりの支援や必要な情報を入手する機会がある。しかし，家庭で子育てをしている専業主婦の親に対しては，それらの支援や，必要な情報の入手手段は限られており，公的支援は届きにくいものである。そのような状況のなかで子育ての支援者は重要な存在である。そこで，子育ての主な支援者について，図8-4に示した。図からわかるように，お互いにそれぞれの"配偶者"を主たる支援者であると考えている割合が最も多くなっていた。次いで，母親は"実母"と答えた割合が多く，63.1％を占めていた。父親の場合には，妻だけを子育ての対象と考えている様子がうかがえた。このことから，子育て支援の対象としては，母親の期待が大きい父親や実母も視野に入れた支援の必要性が示唆された。また，近年離婚率も上昇しており，頼る配偶者のいないひとり親家庭を対象とした支援の充実はとくに重要であり，急務であると考える。

　この調査結果で興味深いのは，回答した親たちは保育所などに子どもを預けずに自宅で子育てしている，いわば，地域で暮らす親たちであるにもかかわらず，近所にいる人たちからの支援がきわめて少ないことである。したがって，実際には子どもの育ちを知らない母親が，密室のなかでひとりで子育てを行なっているということである。このことを象徴するように，"その他"では，インターネットにより，顔を知らない人との交流で，自分の育児の悩みを相談する母親や，宗教に頼る父親などがみられた。

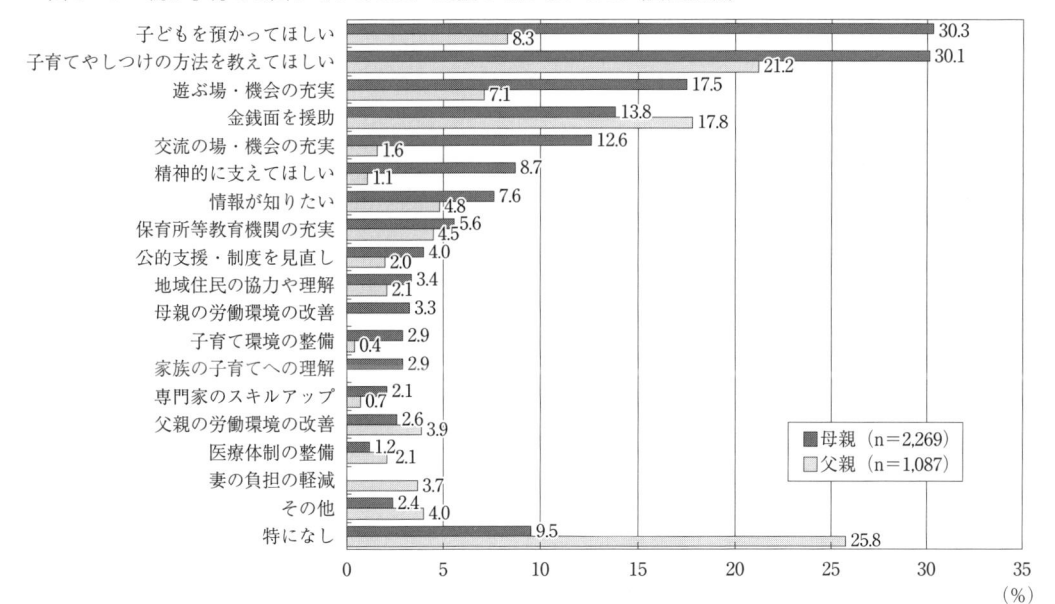

図8-5 親が子育てで困っていること・支援してほしいこと（自由記載）

項目	母親	父親
子どもを預かってほしい	30.3	8.3
子育てやしつけの方法を教えてほしい	30.1	21.2
遊ぶ場・機会の充実	17.5	7.1
金銭面を援助	13.8	17.8
交流の場・機会の充実	12.6	1.6
精神的に支えてほしい	8.7	1.1
情報が知りたい	7.6	4.8
保育所等教育機関の充実	5.6	4.5
公的支援・制度を見直し	4.0	2.0
地域住民の協力や理解	3.4	2.1
母親の労働環境の改善	3.3	2.9
子育て環境の整備	2.9	0.4
家族の子育てへの理解	2.9	—
専門家のスキルアップ	2.1	0.7
父親の労働環境の改善	3.9	2.6
医療体制の整備	2.1	1.2
妻の負担の軽減	—	3.7
その他	4.0	2.4
特になし	9.5	25.8

■母親（n=2,269）　□父親（n=1,087）

3　親が求める支援

　図8-5に示したのは，親が子育てで困っていることや支援してほしいことを自由記載からまとめたものである。母親の強い希望である"子どもの一時預かり"では，「24時間狭い家のなかで向きあって過ごす苦しさから一時的に逃したい」「リフレッシュしたい」「気分転換して再び親子の心地良い関わりをもちたい」という気持ちや，「母親自身の病気や歯科受診」「家族や他の子どもの入院による看病」といったような切実な状況もうかがえた。

　また，父親，母親の両方に高い割合でみられたのは"子育てやしつけの方法を教えてほしい"であった。これは，きょうだいの数も少ないなかで育ち，結婚以前に子どもと触れあったこともないまま親になった，現代の親たちの切実な問題であると考える。このような状況が今日の子育ての問題を引き起こしていると考えられる。

4　子育てしにくい社会環境のなかでの子育て支援

1　子育て支援の方向性

　小児期は，人として生きていくための基礎を学習する時期であり，おとなの手によって，その環境を整えられることが必要である。このような環境が準備されることで，子どもは健全な心身の発達や社会性の発達を保障される機会を得る。しかし，現代の子どもを取り巻く社会は，物質的には豊かであるが，この豊かさがおとなを利便性の

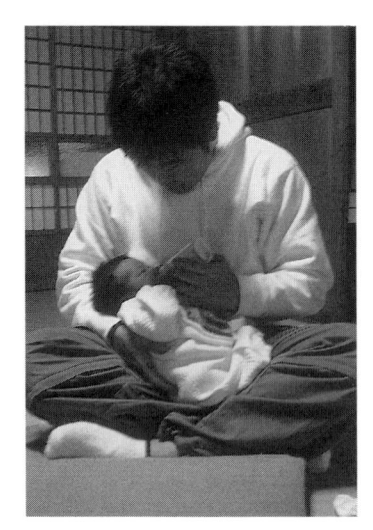

第8章　これからの乳児保育とその課題

写真8-1　父親も含めた支援

追求のみに走らせてしまっている。そのため，子どもの人間性の発達や子育てに費やされる時間は，経済効果に優先され，わが国の将来を託すべき子どもたちの子育てに取組む時間は，親からも社会からも軽視される傾向にある。このようなおとなの生き方は，子どもとの人間的な関わりを希薄にし，しつけをされていない子どもや，生活習慣が乱れている子どもたちを増加させ，子どものこころやからだにさまざまな問題を引き起こしている。[3]-[4]

　このような社会の状況を考えると，今，次世代育成支援に求められることは，単に少子化に歯止めをかけるための対策というよりも，次世代を担う子どもの育つ環境を整えること，そのことに多くのエネルギーを費やされるべきであると考える。

　現在，最も多い子育て支援に対する親の要望は，「子どもの一時預かり」であった。一時預かりのシステムは，周囲に支援が得られない人たちにとっては大変重要なものである。しかし，現在多くの市町村で行なわれているような手軽で，無料で，気軽にわが子を預けられるようなシステムは，親のニーズを満たすことが最優先となり，子どもが中心に置かれてはいない場合が多い。このような支援は親の自立性を阻むことが考えられる。専門家が親と出会うすべての機会は，子どもを預かるだけではなく，子どもを知らない親の親育ての機会であることを念頭に置いて行なわれるべきである。

　支援の数や量を増やすだけではなく，それらの支援を利用することで親が自信をもって親役割を果たしていけるような支援の質を高めていくことが，今，最も求められている。子育てを通して親の成長を促すような支援を受けることで，親がわが子と向き合うきっかけとなることが重要である。そして，それは母親だけの課題ではなく，家族，地域社会全体の課題としてとらえられるようになることも必要である。

2　専門家は過去の出来事から学ぶ姿勢が必要

　子どもが被害に遭う事件が連日のように報道され，このような事件が発生すると，「相談してくれればよかったのに」という意見を述べる専門家が大半である。しかし，はたしてそのようなことで問題は解決するのであろうか。たとえば，躁鬱などの病をもちながら死を選ぶ人は，いのちの電話相談などに必ず何らかのサインを送るものである。そのとき，いのちの電話相談の何人の受け手がそのような緊急事態に対処できるのか。専門家には，そのような問題に対処できる高い資質と能力が求められる。

　ある乳児絞殺の加害者となった母親は，心の病のために精神科を受診していた。このような親が妊娠すればマタニティー・ブルー（産後鬱）の状態が重くなることや，

病をもちながら2人の子どもを育てなければならない大変さは容易に想像できる。また，下の子どもが生まれたことで，幼稚園に行っている上の子どもの赤ちゃん返りに悩まされていたこと，そして，下の子どもの発達の遅れを保健センターで指摘され，そのことを大変気にかけていたことなどもわかっている。このような状況を考え合わせると，病気の母親がひとりで抱えきれる問題ではないことは明らかである。

そこで，夫のことは別にして，母親がこのような事件を起こすまでの経緯を辿ってみると，この間に，幾人かの専門家が母親と関わっている。まず，精神科の医師，産婦人科の医師，助産師，看護師，保健センターの医師，保健師，そして幼稚園教諭である。これだけの専門家が母親の周りにいたにもかかわらず，事件は起こってしまった。このように，多くの専門家は自分の専門分野に関連のあることは本人に伝えるが，そのことでこの母親がどのような状況に陥るのかといったことへの総合的な配慮に欠ける場合が多い。

こういった専門家の対応の悪さへの非難や不満の声，また専門家が何気なく「発達が遅れている」などと言った一言に傷つけられた親たちの怒りの声は，調査結果のなかでも数多く書かれていた。

写真8-2　a　子育て支援センターでの「親子のふれあい遊び」，b　お母さんのエクササイズ，c　夏祭り，d　お父さんの料理教室

現在，さまざまな子育て支援サービスが行なわれているが，この事件のように，一組の親子を取り巻く専門家間の連携のなさが目立つ。どのように素晴らしい支援が企画されていたとしてもそれが親子の支援として機能していなければ，それは"絵に描いた餅"である。それぞれの親子を取り巻く専門家が，個々に必要な連携を取りあい，十分な役割を果たせるようなネットワークを作ることも必要である。

　事件が起これば人びとはいろいろな反応をするが，重要なことは，そのことからどのような支援が必要であるのかを学ぶことである。現代の社会では誰にでも起こりうるような事件が幾度となくくり返されている。そのようなことをくり返さないための手立てを，さまざまな事例から学ぶことは大変重要なことである。

　それは，指導的立場にある行政だけの責任ではなく，すべての専門家，そして地域に暮らす人びと，個々の意識のもち方に大きくかかっているのである。

参考文献（第8章第1節）

(1) 『国民の福祉の動向・厚生の指標』財団法人厚生統計協会，2004年。
(2) 『子育て支援に関するニーズ調査報告書』産学協同研究によるいしかわ子育て支援財団への報告書（研究代表者：木村留美子，平成15年3月31日）。『内灘町における次世代育成支援行動計画策定に関する報告書』平成16年9月～平成17年3月受託研究報告書（研究代表者：木村留美子，平成17年3月31日）。
(3) 木村留美子・竹俣由美子・津田朗子他「養育環境が幼児の社会性の発達に及ぼす影響について」『金沢大学医学部保健学科つるま保健学会誌』27：121-128，2003年。
(4) 木村留美子『子どもって…ね──子育ては子どもとおとなの知恵くらべ』エイデル研究所，2005年。

第2節　保育の動向と課題

1　総合施設「認定こども園」

　就学前の子どもに関する教育、保育を一体としてとらえた一貫した総合施設が「認定こども園」として2006年度より（都道府県知事による認定をうけて）スタートする。ここに幼稚園、保育所に連なる第三の施設が誕生したことになる。入園児童は保護者の就労の有無で区別せず、在宅児を含めた地域の0歳〜就学前の子ども全体を対象とすることが原則とされる。そもそも「総合施設」が検討されるにいたった背景は何か。その経緯をみると第一は、都市部における待機児童問題であり、第二が幼稚園や過疎地域における就学前施設の定員割れ問題、第三が税制三位一体改革である（地方分権や規制緩和、次世代育成に対する要請など）。その基本的機能としては前にも述べたが、(1)就学前の子どもに適切な幼児教育、保育の機会を提供しその時期にふさわしい成長を促す機能を備えること、(2)地域の実情に応じて、地域の子育て家庭に対し子育て支援（子育て家庭への相談、助言、支援。さらに親子の集いの場の提供などを行なう）を実施することである。
　この新しい施設のスタートにあたり最も重要なことは「認定こども園」の目的や目標ではないだろうか。次世代育成、つまり子どもたちが将来次の世代を産み育てていける人に成長していくために、その基本姿勢として大切にしたいことは何か。それをどう構築するかである。
　モデルになっていたこれまでの総合施設では「保育」と「幼児教育」を明確に区分し、全幼児がそろう午前中の限られた時間を「幼児教育」（コアタイム）としてきた。そもそも「保育所」が養護中心であり、「幼稚園」が教育の場という考え方にとらわれていなかっただろうか。保育園においても幼稚園においてもこれまで「乳幼児の生活の構築」を追求し、遊びを中心にした総合活動の展開を柱にしてきたように思う。その遊びのなかにこそ「生活する力」「友だちや仲間と関わる力、社会性の育ち」「探求し学ぶ力」の育ちが保障されるべく、保育者の指導援助が必要だったのではないだ

ろうか。総合施設モデル事業評価についての最終まとめにも「3〜5歳の共通の（利用）時間は，環境を通して行う教育の充実を図ること」という一文があるが，これまでは，コアタイムを午前中の一定時間に位置づけることで「幼児の生活」が分断されてしまう問題点があったように思う。保護者のニーズに迎合するのみならず，子ども中心に園生活を組み立てることを全職員で構築する必要があると考える。もうひとつは総合施設が保育所同様，子育ての社会化を着実に推し進める拠点になることである。そのためにも3歳未満児保育が，地域の多くの家庭の育児のモデルとして生かされるよう質の高い保育を提供してほしいものだ。

2 規制緩和による保育サービスの推進

女性の社会進出，保育需要の高まり，企業の保育サービスへの参入意欲などがあり，総合規制改革会議などさまざまな場で保育に関わる規制緩和が論議され，厚生労働省としても規制緩和を実施することになった（2000年）。主に，以下4点があげられる。

(1) 設置主体制限の撤廃

市町村と社会福祉法人に限定していた保育所設置主体の制限を撤廃し，NPO，株式会社，学校法人などによる保育所設置を可能にした。

(2) 小規模保育所の設置促進

保育所分園の導入および小規模保育所の最低定員を30人から20人に引き下げる。

(3) 短時間勤務保育士の導入の拡大

保育士定数の一部に，短時間勤務者をあてることを可能とする。これまで保育士定数の2割未満とされていた規制も撤廃された。そのため地域によっては正規職員3割，残りの7割が非正規職員で運営されている所，一年契約職員を多く採用するなど保育条件の引き下げが起きている。保育所運営費のなかでも人件費がその80％を占めるという事態は否めないが，コストを下げるために保育の質が問われるようになることだけは避けたいものだ。

(4) 公設民営方式の促進

公立保育所の運営委託先制限を撤廃し，公設民営型保育所の設置促進が児童福祉法において規定されることとなった（2001年）。

現在，わが国の認可保育所の数は以下の表のとおりである。そのうち公立が全体の半分以上を占めている。この公立保育所を民間経営型に変更しようとする動きが急速に進んでいるのである。

民営化の理由は，ひとつには保育所の待機児が急増しているなか，長引く不景気で国や自治体が財政難に陥っているため収容しきれない状況にある。そこでコストを下

表8-1 全国の公私立保育所数

保育所数	22,490か所（前年22,355か所）
公立	12,356か所（54.9％）
民立	10,134か所（45.1％）
定員	2,028,045人（前年1,990,295人）

げ，全体としての収容人員を増やすという方法である。もうひとつは公立保育所のような公的部門を自由経済の市場に任せた方が，利用者の獲得をめぐって適切な競争が起こる。それによって住民のさまざまなニーズに対応しやすくしていくことである。現行制度の下で企業が参入しても競争の原理ではなくやはり従来の福祉の論理ですすめてほしいと願う。保育所は何といっても乳幼児の生活の場であるのだから。

「民営化が予算を切り詰めることのみに関心がいくと，やがてすぐれた人材が集まらなくなるということに国も自治体ももっと敏感であるべきです。それが十数年後の日本にとって大きな損失になる可能性が在るということをよくよく考えるべきでしょう」（汐見ほか 2005：15頁）。

保育は人間形成の営みであり，最も重要なものが人的環境である。人件費を押さえ最小のコストで最大のサービスをという方針で専門性のある優れた人材が集まるだろうか。保育所のレベルダウンにつながらなければと思う。

3　延長保育と乳児保育

認可保育所における職員の配置基準は次の通りである。

表8-2　保育所における職員の配置基準

	乳児	1歳	2歳	3歳	4歳以上
保育士	3：1	6：1		20：1	30：1
その他の配置	1人（乳児6人以上，保健師又は看護師ただし保育士扱い可）				
調理員等	2人（151人以上，3人）（注）最低基準上，おかなくてもよい				
嘱託医	1人（注）最低基準上，必置				

出所：乳児保育研究会 2005。

延長保育が働く親に必要不可欠であることはわかるが，果たして子どもにとっていいことなのだろうか，と疑問を感じながら保育をしている保育者も多いのではないだろうか。降園が遅くなればそれだけ子どもたちの家庭生活が追い込まれ，寝る時間も遅くなり生活が乱れる。長時間保育所にいれば，その分，親子がふれあう時間が少なくなる。子どもの最善の利益を保障していくことと働く親を支えることのジレンマに悩まされる。親の生活や労働がますます厳しくなっていくなかで，保育所はどこまでやればいいのか。保育する者の葛藤は膨らむばかりである。さらに長時間保育には乳児が多い。

図8-6 平日の保育時間

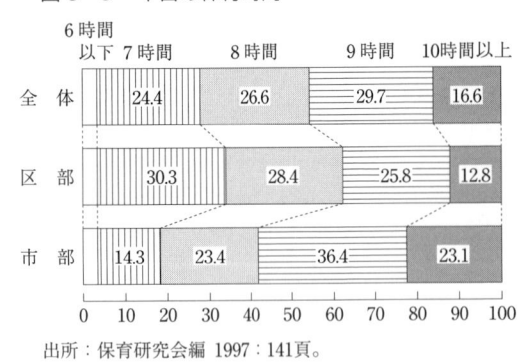

	6時間以下	7時間	8時間	9時間	10時間以上
全体		24.4	26.6	29.7	16.6
区部		30.3	28.4	25.8	12.8
市部		14.3	23.4	36.4	23.1

出所：保育研究会編 1997：141頁。

延長，長時間保育の時間帯に乳児が多くなると，それだけ保育者の手がかかり大変である。この延長保育をいわゆる正規の保育時間の付けたし（おまけの保育）のように考えて過ごしてはいけないと思う。子どもの側からすれば登園から降園までそのすべてが園の生活であり，決して「特例保育」であってはならない。保育所のなかには，延長保育を短時間のパート保育者だけに任せ対応している所もある。しかし，この時間帯を「登園」から「降園」までの全体の保育として位置づけるのであれば，正規保育者が入って保育することはしかるべきである。幼い命を守り育むという保育への責任でもあり，保護者との連携を大切にしていくうえでも不可欠である。またこの時間帯は，正規の保育時間のように子どもの年齢に応じた保育者の配置が守られなくなることが多い。子どもの側から見ると手をかけて欲しくても受け止めてもらえない事態も生じる。そのことが延長保育の問題点である。乳児の情緒の動揺を防ぐためにも，0・1歳児は，クラス別の保育を長くし合同保育になる時間を遅くする。そして延長保育の子どもたちの人数が少なくなるまで，クラス担任が保育するよう配慮している所もある。延長保育にあたっては，多くの園でローテーションを組み保育者が交代で保育するようにしているが，なかには延長保育者を専任として位置づけ（毎日同じ保育者が保育する），クラス担任と連携をとりながら指導計画を立案し前日との保育の連続性を確保する取組みもある。

　確かに子どもの家庭生活は，保育時間が短ければ好ましい生活であり長時間だから良くないとたやすく決められるものではない。保護者が社会で働けることが子どもが生きていける条件なのだからそれを支えていく仕事であることに誇りをもち，保護者の生活の実態，意識，子どもとの関わり，家族の協力のようすなど丁寧にとらえ理解すること，悩みがあれば一緒に考えていくことが大切なのではないかと考える。しかし，それにしても保育時間は長過ぎる。どうしたら共働き家庭の家族で過ごす時間を保障していけるのか。社会全体がこの問題に一丸となって取り組まなければならない。

4　乳児保育の現状と今後の課題

1　乳児保育の現状

　1948（昭和23）年児童福祉法がスタートした当初は，全国の保育所は1476か所，入所児童は13万5503人だった。ところが1960（昭和35）年頃から1975（昭和50）

年頃まで高度経済成長のもと，働く女性が急増し，乳児保育の要求が都市部を中心に急激に高まっていった。当時はまだ乳児を預かる保育所整備が十分なされておらず入所児もきわめて少なかったため，既設の認可保育所に預けることはほとんど不可能だった。しかし，母親の子育てと就労の両立をのぞむ要求は切実なものとなり，保育所作り運動が高まった。1969（昭和44）年局長の「保育所における乳児保育対策の強化について」の通達があり，急速に保育所の整備がなされていった。それでも需要が追いつかず，1970年代には，従来の無認可施設とは異なる育児産業としてのベビーホテルが出現し始めた。保育環境が不十分なため今日まで多くの死亡事故が続いている。そして1980（昭和55）年には保育所数が約2万2000か所，入所児は212万人にいたった。この頃は国が「年次計画」をもって保育所を整備していくこと，すなわち保育所を始めとするさまざまな福祉施設を公的資金を導入して整備していくことが国の課題となっていたのである。ところが当時はまだ社会的に乳児の集団保育に対する理解は不十分で，むしろ乳児保育を必要悪ととらえる人たちも多く，共働き家庭への風当たりは冷たかった。

　乳児保育を実施する保育所の量的拡大が続く一方で，1972（昭和47）年，当時の厚生省は保母養成課程の教科に初めて「乳児保育」を設置した。これまで幼児中心の保育に重きを置いてきた保育所の保育内容に少しずつ変化のきざしが見え始めた。厚生省が保育所保育の手引書として初めて提示した「保育所保育指針」（1965年）には，乳児の部分は「1歳3か月未満児」の年齢区分のなかに一括して組み込まれていた。しかしその後1990年に改訂された「保育所保育指針」の年齢区分には，「6か月未満児」および「6か月～1歳3か月」までと乳児期の保育を浮き彫りにした。そして2000年に改訂された「指針」には「産休明け保育」のあり方や発達が詳細に示されたことはいうまでもない。保育所における乳児保育の実践が社会のニードに応え確実に拡がってきた。だからこそ保育の原点である「一人ひとりの子どもの確かな心の育ちを支える生活」を築いていかなくてはならないと思う。

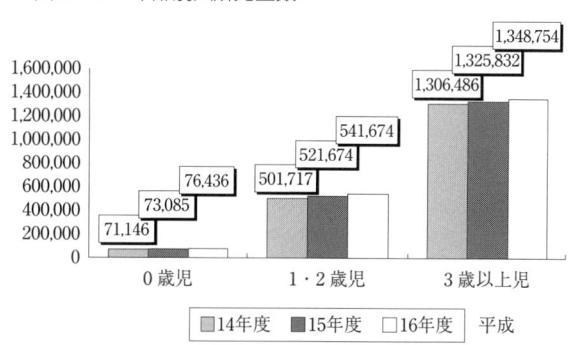

図8-7　年齢別入所児童数

	0歳児	1・2歳児	3歳以上児
平成14年度	71,146	501,717	1,306,486
平成15年度	73,085	521,674	1,325,832
平成16年度	76,436	541,674	1,348,754

出所：全国保育士養成協議会 2005。

第8章 これからの乳児保育とその課題

　2006年1月5日付けの『朝日新聞』によると，2004年における全国の認可保育所に預けられている児童数は約209万人，過去最多になったと書かれている。そのうち3歳未満児はほぼ30%およそ62万人に及ぶ。

　今，乳児保育の要望が著しく高まっていることを次の待機児童数の図表から読みとってみよう。

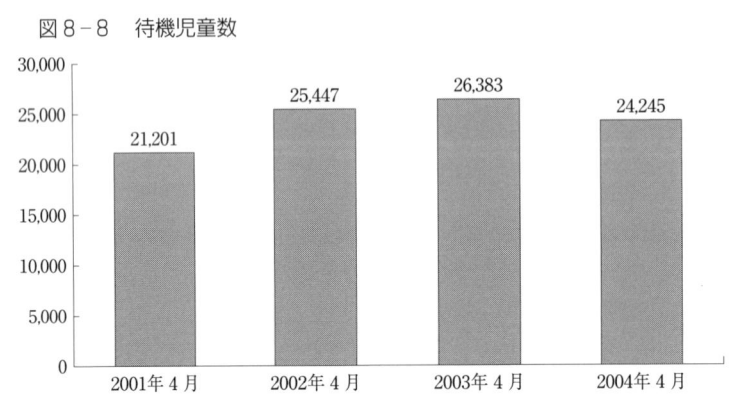

図8-8　待機児童数

2001年4月	2002年4月	2003年4月	2004年4月
21,201	25,447	26,383	24,245

平成16年4月1日現在の保育所の待機児童数は2万4千人。
（H15→H16：2,138人減）
出所：全国保育士養成協議会 2005。

2　乳児保育の課題

① 自我のめばえや自己主張の弱い子どもへの援助

　「3歳未満児は，植物に譬えると地面の下の見えない所で根を張り，生きていく原動力を蓄える時ではないか。ところが根が病んでしまったらその後どんなに時間をかけていい環境のもとに育てたとしても伸び悩む」と，この本の冒頭に述べてきた。人間の子どもは大きくなってからではやり直しができない。最初の3年間に養えなかったことの代償は，生涯にわたって引き摺っていくということを述べてきた。

　そしてその根を養う原動力は「人を好きになること」，エリクソンによる「人への基本的信頼感」を育むことであるとくり返し述べてきた。「基本的信頼感」には，他者信頼と自己信頼がある。乳児は，まずこの世に誕生してきたことを祝福され，自分の喜びや感情に共感したり同調してくれる他者と愛着関係を築きながら次第に信頼できる人との関わりを広げ，自己信頼や自尊感情を育んでいくのである。したがって自己信頼や自尊感情は他者によって育まれるといえる。他者に愛され祝福されて育った子どもはやがて自我に芽生えていく。自己主張の始まりである。子どもは，自己主張しながら自分を意識化し，時には自己主張することで他者とぶつかりあい他者を取り込みながら自分を築いていくことは周知の通りである。要するに自己主張できる自我の育ちが乳児の育ちの重要な発達課題であった。

　ところが自我のめばえが表れず自己主張が乏しい子どもたちが増えている。ちなみ

に1979年に放映されたNHK特集「何が子どもを死に追いやるのか」を製作した清川輝基氏によると「第1反抗期がなかった子ども」が不登校群では60.9％，家庭内暴力群で73.1％もいたということである（清川 2003：82頁）。自己主張する自我が育ってい

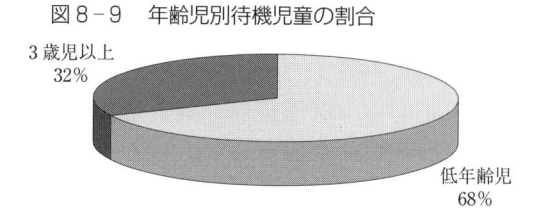

図8-9　年齢児別待機児童の割合

3歳児以上
32%

低年齢児
68%

出所：全国保育士養成協議会 2005。

ないということは，信頼できる他者がいないということである。また，「財団法人日本青少年研究所で高校生のさまざまな意識調査をした結果の一部〈あなたは自分という人間をだめな人間だと思いますか？〉という問いに対し〈自分はだめな人間だと思います〉と答えた高校生は，中国38％，アメリカ46％に対して，日本は73％でした」（佐々木 2005：24頁）とあり，思春期をむかえた日本の高校生の自尊感情の低さに愕然としてしまう。

「親があっても子が育たない」のはなぜなのだろうか。これからの乳児保育の課題は，まず，自我の育ちの危うい子どもたちのことを，さまざまな親（子育てに不安を抱えている親，母子密着型の抑制の強い子育てをしている親，さらに自己抑制ができないよくキレる親など）と共にどう支援していくか。実に難しい課題である。

第2章第1節「養育者への愛着と共生関係はどのように育まれるか」を書かれた木村留美子氏は，保育士の専門性を高め世代間連鎖を断ち切るような援助をしていくことこそ求められると述べている。その専門性を養うことが本書の目的でもあった。

② 相互に学びあう力を等しく

私の知人で長年幼児教育に携わってきた研究者が，保育所を見て回ったおりに「保育所にもお手伝いさんのような保育者がいるね」とおっしゃったことがズキンと胸に突き刺さった。保育所には常勤職員だけでなくパートの職員もいることを伝えたがそういう意味ではなく「受容の意味を捉えられず子どものいうなり。遊びを見守っていると言っているがただ見ているだけ。それでいて子どもからは尊敬されずあまくみられているような保育者」を意味しているとのこと。とくに乳児保育は養護の果たすところが大きいだけにただ安全に世話をしていればすんでしまう。複数担任でもあり自分がひとりで全責任を追わずにすむという気楽さもあり，以前から子持ちの保育者やあまりやる気のない保育者は「乳児クラス」というような傾向がないわけではなかった。近年，乳児保育の重要性が認識されるようになり大分それはなくなってきたが，乳児保育における優れた実践研究はまだまだ乏しいように思う。エリクソンが，豊かな人間関係とは，相互に与え合うものが等しい価値をもっていると双方が実感できる関係だと述べているが，乳児から発信される未知なる力，とくに人と響き合う能力の豊かさ（他者を癒す力），成長の著しさなど乳児から与えられる宝のメッセージを発

見していこうとする学びが弱いのではないだろうか。日々の保育や実践研究を通して乳児から学ぶ力を貪欲にし保護者と共有していくことが求められる。

③　労働環境を整え保護者の家庭帰宅の早期化を

　公立保育所の民間委託の条件に多様な保育メニューを実施することが掲げられている。それによって保育サービスはますます拡大し，必ずしも保護者の要求の有無に限らず延長保育，日曜祭日保育，病後児保育，一時保育などが実施されるようになっていくことは明らかだ。それによって共働きの生活が安定することは望ましいことである。しかしそれだけが子育てしやすい環境作りではない。働く親や子どもたちにとって今一番必要なことは，社会全体が，もっと家族で一緒にいられる環境を整えていくことである。北欧の国でもヨーロッパでも少子化，子育て支援対策の一環として思い切って親の労働時間の短縮を試み，半ば強制的に父親の育児休暇，育児参加を推進してきた。そしてその成果を上げている。国や自治体がもっと積極的に企業などに対し子育てしやすい環境づくりの推進を図っていかなくては日本の家庭はますます子育ての機能を失っていくこと必定だ。ベネッセ（次世代育成研究所）の「第１回乳幼児の父親についての調査報告書2006年」（調査対象，０～６歳就学前の乳幼児をもつ父親約3000人，調査地域，関東首都圏）によると平日父親が帰宅し，子ども（乳幼児）と３時間以上関わっているという父親は19％，全体の２割もいない。２時間以内と答えた人が63.7％もいた。関われない理由は言うまでもなく帰宅時間が遅いことである。父親不在といわれてきた日本の家庭にとって父親が早期帰宅し，家庭で過ごす時間を増やしていくことこそ今日の重要課題ではないだろうか。

　「人はただ自分の愛する人からだけ学ぶものだ」（ゲーテ）

　私が深く心にとめている言葉である。子どもとおとなが互いに学びあいたいと思うようなコミュニケーションこそ求められるのではないだろうか。

参考文献（第８章第２節）

清川輝基『人間になれない子どもたち』柎出版，2003年。
厚生労働省雇用均等・児童家庭局保育課全国保育士養成協議会資料「保育の動向と課題」2005年度。
佐々木正美『乳幼児の発達と子育て』子育て協会，2005年。
汐見稔幸他『保育園民営化を考える』岩波ブックレットNO. 651，2005年。
鈴木佐喜子『時代と向きあう保育下』ひとなる書房，2004年。
全国私立保育園連盟「保育通信」NO. 603，2005年。
乳児保育研究会編『乳児の保育新時代』ひとなる書房，2005年。
ベネッセ「第１回　乳幼児の父親についての調査報告書」次世代育成研究所，2006年。
保育研究所編『延長保育をすすめる』ひとなる書房，1997年。

索 引

あ 行

愛着 ……………………… 36, 72, 93, 251
愛着関係 ………………… 11, 159, 162, 250
愛着行動 ……………………………… 93
愛着心 …………………………… 30, 33
遊び空間 …………………………… 151, 152
遊びの分類 ……………………………… 110
アタッチメント …… 36, 38, 39, 42, 46, 48, 238
　──行動 ……………………………… 37
　──のタイプ ………………………… 39
アフターケア ……………………… 225, 227
安全管理 ……………………………… 84, 87
安全基準 ……………………………… 83
安全基地 ……………………………… 45
安全保育 ……………………… 223, 229
育児支援 ……………………………… 219
育児情報 ……………………………… 209
育児体験 ……………………………… 209
育児の伝承 …………………………… 209
育児不安 ……………………… 44, 209, 237
移行期（1歳前半）食 …………… 95, 96
依存欲求 ……………………………… 97
いたずら ……………………………… 122
一語文 ………………………………… 59, 60
一時預かり …………………………… 241
一時保育 ……………………………… 252
一貫性のある保育 …………………… 189
移動運動 ……………………………… 120
移動の喜び …………………………… 116
いない いない ばあ ………………… 119
衣服調節 ……………………………… 100
異物の誤飲 …………………………… 84
イメージ ……………………………… 132, 183
因果文 ………………………………… 67
インプリンティング（刷り込み現象）…… 10
インプリンティング行動 ……………… 11
歌遊び ………………………………… 129
うつ伏せ寝 …………………………… 84
運動遊び ……………………………… 110, 116
運動機能 ……………………………… 133

運動能力 ……………………………… 96, 98
エインズワース, M. D. ……………… 36, 37
SGマーク ……………………………… 83
STマーク ……………………………… 83
Sマーク ……………………………… 83
絵本 …………………………………… 127, 152
エリクソン, E. H. ……… 38, 108, 250, 251
嚥下機能 ……………………………… 91
嚥下反射 ……………………………… 90
エンゼルプラン ……………………… 236
園便り ………………………………… 80, 234
延長保育 …………………… 247, 248, 252
園庭の環境 …………………………… 154
応急処置 ……………………………… 230
応急手当 ……………………………… 87
おしめ交換 …………………………… 108
おすわり（座位）………………… 9, 55, 117
鬼ごっこ ……………………………… 127
オネショ ……………………………… 46
おはしゃぎ遊び ……………………… 114
お話し ………………………………… 140, 141
おむつ交換 …………………………… 103
思いやり ……………………………… 138
音楽遊び ……………………………… 129
おんぶ ………………………………… 73, 75

か 行

外傷体験 ……………………………… 43
開放期 ………………………………… 191
描く …………………………………… 132
核家族 ………………………………… 209, 238
学力偏重主義 ………………………… 238
かくれんぼ …………………………… 127
過剰摂取 ……………………………… 93
葛藤 …………… 65, 69, 109, 141, 143, 183, 224
家庭 …………………………………… 145
家庭的な雰囲気 ……………………… 144, 161
家庭と（園）の連携 ………… 96-98, 191, 220
家庭内暴力群 ………………………… 251
過保護 ………………………………… 69
噛みつき …………… 86, 211, 223, 226, 232, 233

感覚遊び	114	傾聴	213
感覚刺激	91	頸定（首のすわり）	19, 20
感覚的遊び	110	怪我	87, 229, 230
眼球運動	17	月間指導計画	190
環境構成	144, 146, 183, 193	けんか	109, 141
感受期	90	健康観察	81
感受性	138	健康管理	82
感性	133, 134, 155	原始反射	21
感染症	83	コアタイム	245, 246
期間指導計画	190	誤飲	86
規制緩和	245, 246	行為的発達評価	174, 175, 183
規則遊び	110	降園	248
機能遊び	110	構音器官	54
基本的信頼感	250	合計特殊出生率	237
虐待	45, 237	構成遊び	110, 131
キャリア志向	208	公設民営	246
救急蘇生法	87	声のスキンシップ	79
吸啜運動	91	語音	21
吸啜反射	90	五原味	93
救命救急法	82	心の健康	109
協応動作	97	個人差	15, 120, 176
共感（性）	66, 138, 213	個人別カリキュラム	193
共食	94	個人面談	212, 226
共食共感	94	個性	190
共生関係	251	子育て環境	237
協調性	129	子育て支援	208, 216, 228, 236, 237
協同遊び	110	子育て支援（対）策	237, 252
共同注意	27, 28	子育ての輪	228
共同注視	55, 75	ごたごた期	191
清川輝基	251	国家資格	208
切り傷	86	子どもの一時預かり	242
切る	132	子どもの最善の利益	247
クーイング（鳩音）	22	子どもらしさ	121
苦情	213	個別（的な）対応	151, 159, 161
くつろいだ雰囲気	161	小守唄	79
くつろぐ	144	コリック	24
クラウス，M. H.	11	懇談会	212, 222
クラス規模	191		
クラス懇談会	80	さ　行	
クラス便り	80		
グループ担当制	145	サイレントクレーマー	213
グループ担当保育	162	佐々木正美	127
経済効果	242	参観（日）	224, 228
継続的な関わり	161	産休明け保育	158, 249
		三項関係	56

索　引

3歳児神話 …………………………… 10, 25
散歩 ………………………………… 132, 133
ジェネラル・ムーブメント …………… 20
自我 ………………………… 60, 141, 146
　　──の拡大 ………………………… 141
　　──の育ち ………………………… 251
　　──の統合 ………………………… 108
　　──のめばえ ……… 33, 60, 95-97, 250
自我意識 ……………………… 33, 34, 232
視角の断崖 …………………………………… 7
自我形成 ……………………………………… 53
事故 …………………………………………… 87
自己宇宙の遊戯 ……………………………… 108
自己開示 ……………………………………… 212
自己拡大 ……………………………………… 139
自己確認 ………………………… 61, 67, 139
自己課題 ……………………………………… 112
自己完結 ……………………………………… 127
自己顕示 ……………………………………… 61
自己肯定感 …………………………………… 111
自己主張 ……… 50, 60, 61, 63, 70, 167, 224, 250
自己信頼 ……………………… 52, 159, 250
自己世界の拡大（共有意識） …… 108, 125, 142
自己の統一 …………………………………… 143
自己中心性 …………………………………… 64
自己発揮 ……………………………………… 167
自己表現 ………………………………… 62, 126
事故防止 ……………………………………… 84
自己抑制 ………………………………… 143, 251
視診 …………………………………………… 81
次世代育成 …………………………………… 245
次世代育成支援 ……………………………… 242
次世代育成支援対策（推進法） ……… 236, 237
自然探索 ……………………………………… 132
視線の共有 …………………………………… 53
自然物 ………………………………………… 125
持続因子 ……………………………………… 211
自尊感情 ………………………………… 31, 250
視聴覚障害 …………………………………………… 3
実践の科学 …………………………………… 48
疾病予防 ……………………………………… 82
指導計画 …………… 168, 183, 187, 189, 204-206
児童憲章 ……………………………………… 84
指導上の配慮事項 …………………………… 193

児童票 …………………………………… 177, 224
シナプス ……………………………………… 25
自発性 ………………………… 64, 120, 146, 162
私物化 ………………………………………… 138
社会化 ………………………………………… 110
社会性 ………………… 109, 129, 141, 143, 168
　　──の育ち ……………………………… 94, 168
　　──の発達 ……………………………… 110
社会的笑い …………………………………………… 2
シャッフル …………………………………… 27
週案 …………………………………………… 190
従属文 ………………………………………… 67
執着心 ………………………………………… 141
柔軟な担当制 ………………………………… 170
主観的要素 …………………………………… 183
受動運動 ……………………………………… 117
授乳（期） ……………………………… 90, 163
受容 …………………………………………… 213
受容遊び ……………………………………… 110
情感の共有 …………………………………… 114
小規模保育所 ………………………………… 246
常勤職員 ……………………………………… 251
少子化 …………………………… 209, 236, 237, 242
少子化対策プラスワン ……………………… 236
情緒 …………………………………………… 133
　　──の安定 ……………………………… 96, 141
象徴遊び ………………………………… 57, 110
象徴機能 ………………………………… 67, 126
象徴能力 ……………………………………… 57
食育 …………………………………………… 89
食育基本法 …………………………………… 89
食育計画 ……………………………………… 95
職員の配置基準 ……………………………… 247
食環境 …………………………………… 96, 98
食嗜好 ………………………………………… 93
食事のリズム …………………………… 95, 96
食の社会化 …………………………………… 90
初語 …………………………………………… 59
所有意識 ……………………………………… 142
所有権争い …………………………………… 136
自律 …………………………………… 69, 70, 143
　　──のめばえ ……………………………… 67, 69
自律起床 ……………………………………… 78
自律心 ………………………………………… 111

自律授乳	20
自律性	94
新エンゼルプラン	236
新奇場面	36
新生児	4, 6, 53
新生児模倣	8
身体的ストローク	210
新陳代謝	100
シンボルプレイ	132
随意運動	4, 18, 91
随意的哺乳状態	91
睡眠	77, 78
睡眠中の事故	85
スウォドリング	15
ズーム描写	177
スキンシップ	74
すこやか親子21	237
スティル・フェース	8
砂場の管理	83
生活空間（クロークルーム）	151
生活習慣	159, 168, 187, 192
生活習慣病	93
生活ゾーン	147
生活（の）リズム	77, 95, 96, 194, 211
静観的態度	116
正規の職員	168
成人期	41
税制三位一体改革	245
生存能力	143
生得性	16
生命の保持	96
生理運動	91
生理的早産	73
生理的微笑	52
生理的欲求	194
世代間連鎖	37, 38, 45, 209, 251
積極的な保育	32
摂食機能	90
設置主体制限	246
専業主婦	236, 240
専業主婦家庭	208
専門家間の連携	244
躁鬱	242
早期教育	11, 25

総合施設	245
相互作用	37
相互信頼	159, 161
相互理解	41, 138
咀嚼	90, 91, 167
咀嚼機能	95
咀嚼力	97
外遊び	110

た　行

ダーウィン	2, 3
第一質問期	59, 60
第一反抗期	251
待機児	246
待機児童問題	245
胎児（期）	3, 6
代償	11
体調不良	81
対等な関係	212
代用物	126
対話	66
多語文	67
他者信頼	52, 159, 250
抱っこ	73, 74
縦抱き	75
短期指導計画	190
探索	116, 133, 148
探索活動	97, 119, 120, 123, 143, 148, 167
探索行為	117
探索行動	32, 121
探索反射	90
短時間勤務保育士	246
男女共同参画型社会	208
担当制	145, 160, 171
担当制保育	158, 160, 163
担当保育者	165
団欒	144
地域や家庭環境	190
チームワーク	194
知覚的思考	131
父親の育児参加	208, 252
窒息	84, 85
知的探究心	131
知的発達	120

着脱	100, 101
抽象的な記述	180
聴覚神経	54
長期指導計画	190
長期増強現象	25
長時間保育	248
調理形態	91
チョムスキー, A. N.	16
追視	17
つかまり立ち	118
つくる	132
辻うら遊び	110
伝い歩き	118
つまむ	116
定員割れ	245
デイリープログラム	194
溺死	85
手掌把握反射	21
テレビ	79, 110
デンバーの発達スケール	26
転落・転倒	86
転落事故	85
電話相談	242
トイレットトレーニング	102, 103
トイレの環境	104
登園	248
動機（づけ）	183, 193
動睡眠	77
動線	148, 151
到達度	183
特例保育	248
トッドラー	29
トラブル	139, 141, 143, 224

な 行

内的作業モデル（Internal Working Models: IWM）	37, 41, 43, 44
内容	187, 193
中沢和子	126
泣く	50
喃語	54, 55
2語文	33
日案	190
日曜祭日保育	252
日課表	194
日誌	166, 174, 177
乳（幼）児突然死症候群（SIDS）	20, 82, 85
乳児保育	247-249, 251
入所児童	248
乳幼児教育機関	240
認可保育所	249
認知的世界	109
認知能力	96, 98
認定こども園	245
寝返り	17, 117
ねらい	187, 193
年間（指導）計画	98, 190, 202
軒下遊び	110
ノンレム睡眠	77

は 行

パーテン, M. B.	110
パート（の）職員	168, 251
排泄	100, 102
──の自立	104
排泄感覚	104
灰谷健次郎	175
排尿回数	103, 104
ハイハイ	29, 55, 117
排便の自立	105
排便のトレーニング	105
破壊（こわす行為）	131
はさむ	86
箸使い	93
パスカル	2
発達過程区分	19
発達スケール	14
発達の実態	190
発達のリズム	15
パノラマ描写	177
パラシュート反射	31
貼る	132
反抗	33
反社会的行動	237
反射的哺乳運動	90
反省	183, 193
半素材的遊具	131
ハンドリガード	17, 21, 114, 116

反復……………………………………213
ピアジェ，J.…………………………110
非言語的サイン………………………161
微視的視点……………………………113
非対称性緊張性頸反射………………21
人への基本的信頼……………………159
人見知り………………………………53
ひとり遊び…………………124, 149, 162
ひとり食べ……………………………89
ヒヤリハットレポート………………87
評価……………………………183, 193, 194
病後児保育……………………………252
表情……………………………………8
表象能力………………………………57
プール…………………………………83
複数担当制……………………………166
複数担任………………………………170
2人の関係……………………………136
不登校群………………………………251
プライド………………………………151
ふり……………………………………121
ふり遊び……………………………125, 143
ふり行為………………………………122
不慮の事故……………………………84
プレイ・セラピスト（遊戯療法）…109
フロイト，S.…………………………108
平行遊び………………………………110
ベビーサイン…………………………28
ベビーホテル…………………………249
保育記録………………………………174
保育経過記録…………………………177
保育課程……………………………95, 187
保育サービス………………………246, 252
　──の計画的推進………………236
保育参加……………………………227, 228
保育参観……………………………223, 227
保育時間………………………………248
保育指針…………………………22, 26
保育者の視点…………………………176
保育者の専門性………………………174
保育需要………………………………246
保育所…………………………………240
　──で進める食育………………94
保育所保育指針‥19, 72, 81, 144, 158, 161, 187,
　　189, 209, 249
保育日誌………………………………176
保育年数………………………………190
保育の営み……………………………194
保育の評価……………………………224
保育目標………………………………187
傍観者遊び……………………………110
防災訓練の実施………………………87
ボウルビィ，J.……………………36, 37, 45
補完……………………………………41, 72, 209
北欧の保育所…………………………155
歩行……………………………………119
母国語…………………………………6
保護者会……………………210, 222, 225, 234
保護者との連携………………………248
保護者の要望…………………………189
母子分離……………………………11, 161
母子密着型……………………………251
捕捉反射………………………………90
哺乳行動………………………………90
哺乳能力………………………………5
ポルトマン，A.………………………60

ま 行

マタニティー・ブルー（産後鬱）…242
まとめの時期…………………………191
マンネリ化……………………………176
味覚……………………………………93
　──のトレーニング期…………93
見立て………………………120–122, 125, 143
民間委託………………………………252
無認可施設……………………………249
物の奪いあい…………………………120
物の永続性……………………………119
物の操作………………………………122
模倣…………………8, 110, 120, 123, 135, 143, 148
模倣遊び………………………………110
模倣行為………………………………57
模倣行動………………………………55
もりあがりの時期……………………191
モロ反射………………………………21

や 行

役割交替………………………………142

役割交代	127
やけど	85
柳田國男	110
やりとり遊び	56
誘発的微笑	52
揺さぶられっこ乳児症候群	19
指先の機能	116
指先の発達	116
指さし	31, 53, 55
指しゃぶり	116, 211, 219
ゆるやかな担当制	165
養護	72, 73, 159, 191
──の担当	167
幼児教育	245
幼稚園	240
欲ばり	142
横抱き	74
夜泣き	77
予防接種	82
与薬管理	84

ら 行

落下	85
ラッチング	20
ランチルーム	152
立位歩行	14, 15
離乳期	91
離乳食	163
リフレッシュ	241
利便性	241
梁塵秘抄	111
リリーサー	23, 24
臨界期	10, 11, 77, 90, 167
レネバーグ, E. H.	10, 11
レム睡眠	20, 77
連合遊び	110
連絡帳	166, 174, 177, 214, 216, 218, 224
労働時間の短縮	252
ローテーション	248
ローレンツ, K.	10, 11, 111
ロッツイ乳児院	26, 28
ロバスト	11, 14

わ 行

わがまま	63, 224
笑う	52
わらべうた（遊び）	129, 130, 131, 135
ワロン, H.	142

《執筆者紹介》執筆順，＊は編著者

＊榊原洋一（さかきはら・よういち）第1章
　　編著者紹介参照。

木村留美子（きむら・るみこ）第2章第1節，第8章第1節
　　現職　社会福祉法人白帆会理事長，金沢大学名誉教授。
　　藤田保健衛生大学衛生学部卒業。
　　奈良教育大学大学院教育学研究科修士課程修了（教育学修士）。
　　東京大学医学部母子保健学教室（保健学博士）。
　　米国ピッツバーグ大学留学（客員研究員）。
　　神奈川県立衛生短期大学助教授，筑波大学医療技術短期大学部教授を経て現職。
　　主著　『ロイの適応モデル』（共編著・翻訳）医学書院，1995年。
　　　　　『患者の心理とケアの指針』（共著）金子書房，1996年。
　　　　　『子どもって…』（単著）前田書店，2002年。
　　　　　『相手との関係を見直すことから始める子育て支援』（単著）子どもの発達支援センター，2003年。
　　　　　『子どもって…ね』（単著）エイデル研究所，2005年。
　　　　　北国新聞子育てコラム「子どもって…」平成18～19年の約2年間連載。

＊今井和子（いまい・かずこ）第2章第2・3節，第3章第1・4節，第4章（第4節-5除く），第5章第1節，
　　第6・7章，第8章第2節
　　編著者紹介参照。

高橋美保（たかはし・みほ）第3章第3節
　　現職　白鷗大学発達科学部教授。
　　大妻女子大学家政学研究科修士課程修了。
　　主著　『心と身体を育てる小児栄養』（編著）保育出版，2001年。
　　　　　『保育教育ネオシリーズ　小児栄養演習』同文書院，2006年。
　　　　　食育カリキュラム『こどもの栄養』（財）子ども未来，2003年4月～2006年3月。

中瀬泰子（なかせ・やすこ）第3章第2節，第4章第4節-5，第5章第2・3節
　　現職　入間市おおぎ第二保育園前園長。
　　『0・1・2歳児の保育』（小学館）編集委員。

　　写真提供協力園　入間市おおぎ第二保育園
　　　　　　　　　　品川区戸越ひまわり保育園

　　本文イラスト　　梶谷葉子

《編著者紹介》

榊原　洋一（さかきはら・よういち）
　　現職　お茶の水女子大学名誉教授。
　　東京大学医学部卒業。
　　東京大学小児科講師，お茶の水女子大学教授，副学長を経て現職。
　　専門　小児神経学，発達神経学，特に注意欠陥多動性障害，アスペルガー症候群などの発達障害の臨床と脳科学。
　　主著『オムツをしたサル』講談社，1997年。
　　　　『集中できない子どもたち』小学館，2000年。
　　　　『アスペルガー症候群と学習障害』講談社，2002年。
　　　　『はじめての育児百科』小学館，2003年，他。

今井　和子（いまい・かずこ）
　　前立教女学院短期大学幼児教育科教授。
　　都立高等保母学院卒業。
　　23年間世田谷区と川崎市の公立保育所に勤務し，その後十文字学園女子短期大学，お茶の水女子大学非常勤講師を勤める。
　　東京成徳大学子ども学部教授を経て，立教女学院短期大学幼児教育科教授。2010年3月に退職。子どもとことば研究会代表。
　　主著『自我の育ちと探索活動』ひとなる書房，1990年。
　　　　『子どもとことばの世界』ミネルヴァ書房，1996年。
　　　　『家庭との連携と子育て支援』（共著）ミネルヴァ書房，2000年。
　　　　『0・1・2歳児の心の育ちと保育』小学館，2003年。
　　　　『独自性を活かした保育課程に基づく指導計画』（共著）ミネルヴァ書房，2010年。
　　　　『遊びこそ豊かな学び──乳幼児期に育つ感動する心と，考え・表現する力』ひとなる書房，2013年。
　　　　『主任保育士・副園長・リーダーに求められる役割と実践的スキル』（編著）ミネルヴァ書房，2016年。
　　　　『保育士のための書き方講座』全国社会福祉協議会，2016年。
　　　　『集団っていいな──一人ひとりのみんなが育ち合う社会を創る』（共編著）ミネルヴァ書房，2020年。
　　　　『ことばから見る子どもの育ち──エピソードから読み解く』ひかりのくに，2021年，他。

	今求められる質の高い 乳児保育の実践と子育て支援	
2006年6月20日　初版第1刷発行 2021年3月30日　初版第16刷発行		〈検印省略〉 定価はカバーに 表示しています
編著者	榊　原　洋　一 今　井　和　子	
発行者	杉　田　啓　三	
印刷者	江　戸　孝　典	

発行所　株式会社　ミネルヴァ書房
607-8494　京都市山科区日ノ岡堤谷町1
電話代表075(581)5 1 9 1番
振替口座01020-0-8076番

　Ⓒ　榊原洋一・今井和子，2006　　　共同印刷工業・新生製本

ISBN978-4-623-04670-6
Printed in Japan

今井和子・島本一男 編著 　　　　　　B5 判／美装カバー／196頁／本体2200円
集団っていいな
――一人ひとりのみんなが育ち合う社会を創る――

今井和子 編著 　　　　　　　　　　　B5 判／美装カバー／224頁／本体2400円
主任保育士・副園長・リーダーに求められる役割と実践的スキル

今井和子 著 　　　　　　　　　　　　四六判／美装カバー／248頁／本体1800円
子どもとことばの世界
――実践から捉えた乳幼児のことばと自我の育ち――

今井和子・天野珠路・大方美香 編著 　　B5 判／美装カバー／234頁／本体2500円
独自性を活かした
保育課程に基づく指導計画
――その実践・評価――

今井和子／近藤幹生 監修
MINERVA 保育士等キャリアアップ研修テキスト

全7巻／B5 判／美装カバー／各巻平均 200 頁
本体 1800～2000 円

---

① **乳児保育**
今井和子／矢島敬子 編著

② **幼児教育**
初瀬基樹 編著

③ **障害児保育**
市川奈緒子 編著

④ **食育・アレルギー対応**
林薫 編著

⑤ **保健衛生・安全対策**
小林美由紀 編著

⑥ **保護者支援・子育て支援**
小野崎佳代／石田幸美 編著

⑦ **マネジメント**
鈴木健史 編著

――― ミネルヴァ書房 ―――
https://www.minervashobo.co.jp/